本书由国家社会科学基金资助

南昌航空大学学术文库

中国城镇化进程中的"迁移谜题"及其破解机制研究

Research on the "Migration Puzzle" and Its Solve Mechanism in the Process of Urbanization in China

王秀芝 著

中国社会科学出版社

图书在版编目（CIP）数据

中国城镇化进程中的"迁移谜题"及其破解机制研究／王秀芝著．—北京：中国社会科学出版社，2020.12
ISBN 978-7-5203-7660-0

Ⅰ.①中… Ⅱ.①王… Ⅲ.①农村劳动力—劳动力转移—研究—中国 Ⅳ.①F323.6

中国版本图书馆CIP数据核字（2020）第263929号

出 版 人	赵剑英
责任编辑	孙砚文
责任校对	王佳玉
责任印制	王　超

出　　版	中国社会科学出版社
社　　址	北京鼓楼西大街甲158号
邮　　编	100720
网　　址	http://www.csspw.cn
发 行 部	010-84083685
门 市 部	010-84029450
经　　销	新华书店及其他书店
印　　刷	北京明恒达印务有限公司
装　　订	廊坊市广阳区广增装订厂
版　　次	2020年12月第1版
印　　次	2020年12月第1次印刷
开　　本	710×1000　1/16
印　　张	13.75
插　　页	2
字　　数	219千字
定　　价	79.00元

凡购买中国社会科学出版社图书，如有质量问题请与本社营销中心联系调换
电话：010-84083683
版权所有　侵权必究

目 录

第一章 绪论 …………………………………………………………（1）
  第一节 问题的提出：迁移谜题 ……………………………………（3）
  第二节 国内外研究现状 ……………………………………………（4）
  第三节 研究方案 ……………………………………………………（14）
  第四节 创新点 ………………………………………………………（18）

第二章 中国城镇化进程中的"迁移谜题" ………………………（20）
  第一节 中国农村劳动力转移的现状 ………………………………（20）
  第二节 转移劳动力收入与城乡收入差距 …………………………（33）
  第三节 "迁移谜题"的出现 …………………………………………（47）

第三章 "迁移谜题"的形成机理 …………………………………（49）
  第一节 传统理论中的劳动力转移与收入差距 ……………………（50）
  第二节 城镇化、制度变迁与"迁移谜题" …………………………（52）
  第三节 人力资本视角下"迁移谜题"的形成机理 …………………（56）
  第四节 本章小结 ……………………………………………………（68）

第四章 教育人力资本视角下"迁移谜题"的解释
    ——基于宏观数据的分析 ……………………………………（70）
  第一节 教育人力资本差异对城乡收入差距的影响 ………………（70）
  第二节 基于人力资本对"迁移谜题"形成的探讨 …………………（81）
  第三节 本章小结 ……………………………………………………（85）

第五章 健康、教育视角下的"迁移谜题"
——基于微观数据的实证分析 ·········(86)
第一节 健康人力资本的收入效应 ·········(86)
第二节 健康及教育的收入回报率——转移劳动力与
城乡劳动力的差异 ·········(98)
第三节 基于健康和教育的收入差距分解 ·········(118)
第四节 本章小结 ·········(125)

第六章 职业培训视角下的"迁移谜题"
——基于微观数据的实证分析 ·········(127)
第一节 职业培训对劳动力非农收入的影响 ·········(129)
第二节 职业培训对农户贫困的影响 ·········(142)
第三节 转移劳动力的培训效果 ·········(146)
第四节 本章小结 ·········(153)

第七章 "迁移谜题"的破解机制探讨 ·········(155)
第一节 破解"迁移谜题"的制度背景 ·········(156)
第二节 现有制度背景下农民工的回流决策 ·········(163)
第三节 现有制度背景下农民工的定居意愿 ·········(175)
第四节 "迁移谜题"的破解机制 ·········(186)

第八章 研究结论及对策建议 ·········(190)
第一节 主要结论 ·········(190)
第二节 "迁移谜题"的破解对策 ·········(193)
第三节 研究展望 ·········(202)

主要参考文献 ·········(204)

致　谢 ·········(216)

第 一 章

绪　　论

　　2020 年 2 月 5 日，中共中央国务院《关于抓好"三农"领域重点工作确保如期实现全面小康的意见》发布，这是 21 世纪以来第 17 个指导"三农"工作的中央一号文件。从 2004 年到 2020 年，连续 17 个中央一号文件的出台无不说明"三农"问题对中国经济发展的重要性以及政府对"三农"问题的高度重视。无论在哪个一号文件中，促进农民增收都是重点内容，它是解决我国"三农"问题必须面对的一个核心问题。从中国的现实情况看，外出务工是农民增收的主要渠道，在市场机制的作用下，大量农村劳动力离开家乡、进城寻梦，外出务工农村劳动力的规模从改革开放之初的不到 200 万人剧增到 2019 年的 2.9077 亿人。[①] 外出务工开扩了农民的视野也提高了他们的收入。根据国家统计局公布的数据，在农村居民人均可支配收入中，工资性收入的比重已由 1990 年的 20.2%[②] 上升到 2018 年的 41.02%，务工成为农民增收的重要来源。[③]

　　伴随着大量劳动力由农村向城市转移，中国的城镇化[④]进程也不断加快。城镇化是解决我国农业农村农民（"三农"）问题的重要途径，而连接城镇与农村的便是农村转移劳动力，他们不仅与"三农"问题密切相关，也与"城镇化"问题紧密联系。农村劳动力转移是发展中国家城镇

[①] 数据来源：国家统计局，2019 年国民经济和社会发展统计公报，国家统计局官网，2020 年 2 月 28 日。http://www.stats.gov.cn/tjsj/zxfb/202002/t20200228_1728913.html。如无特别说明，本书中数据均来自国家统计局官方网站，不再重复注释。

[②] 这个比值是工资性收入占农村居民人均纯收入的比。2012 年以前，中国的住户调查一直分城乡分别开展，城镇调查城镇居民可支配收入，农村调查农村居民纯收入。

[③] 本章部分内容已作为阶段性成果公开发表。

[④] 本书中的"城镇化"与"城市化"没有区别，均指"urbanization"。

化水平提高的主要来源,也是推进我国城镇化的重要途径。20世纪90年代以来,伴随着大量的农村劳动力向城市流动,我国的城镇化水平不断提高,已由1990年的26.41%,上升到2019年的60.60%(见图1—1)。截至2019年年末,我国城镇常住人口8.4843亿人,常住人口城镇化率为60.6%,比上年年末提高1.02个百分点。然而,从户籍统计数据来看,我国的城镇化率远低于这个水平。2012年年末,我国以居住地和户籍统计的城镇化率分别为52.6%和35.3%,[①] 相差17.3个百分点;2019年年末分别为60.60%和44.38%,相差16.22个百分点。7年间两者的差距仅减少1.08个百分点。

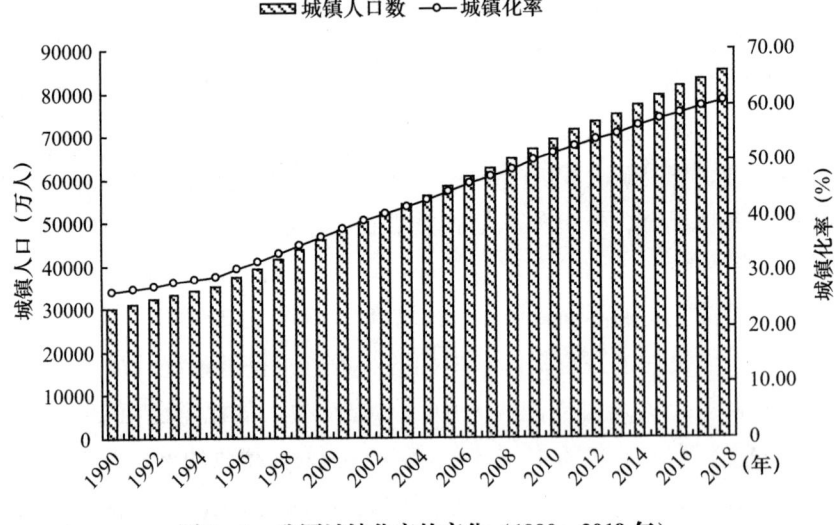

图1—1 我国城镇化率的变化(1990—2019年)

资料来源:2019年数据来自国家统计局2020年2月28日发布的统计公报,其他数据来自2019年《中国统计年鉴》。

常住人口城镇化率和户籍人口城镇化率的落差,表明大量经常住在城镇的农业转移人口还处于"半市民化"状态,形成了一个特殊的社会

---

① 数据来源:权威访谈,怎样实现农业人口"市民梦"——就加快户籍制度改革访公安部副部长黄明,中央政府门户网站,2013年12月17日。http://www.gov.cn/jrzg/2013-12/17/content_2549171.htm。

群体——农民工。他们常年往返于城市和农村之间，成为中国特有的现象，也造就了世界规模最大的人口大迁徙现象。农村劳动力"候鸟"型转移模式造成了劳动力转移与工业化、城镇化的脱节，也成为我国目前亟须解决的重大问题之一。

第一节　问题的提出：迁移谜题

根据传统理论，劳动力从欠发达地区向发达地区转移有助于经济收敛（Braun，1993；Shioji，2001），但国外的经验研究表明，有些国家的地区间劳动力转移缩小了地区差距，而有些则相反（Barro，1991；Barro、Sala-i-Martin，1992），这个理论和经验研究的矛盾称为"迁移谜题"（Shioji，2001）。

从我国的情况来看，统计数据表明，中国农村劳动力转移规模一直保持逐步上升态势。据调查，改革开放初期，我国农村外出务工劳动力不到 200 万人，1989 年增加到 3000 万人，1993 年达到 6200 多万人，2004 年则达到 1.18 亿人（国务院研究室课题组，2006）。2010 年，全国农民工总量为 2.4223 亿人，比上年增长 5.4%，其中，外出农民工[①] 1.5335 亿人，增长 5.5%；2019 年，全国农民工总量 2.9077 亿人，比上年增长 0.8%，其中外出农民工 1.7425 亿人，增长 0.9%。与之并存的现象是，我国城乡收入差距的持续扩大，城乡人均收入比由 1985 年的 1.74 上升到 2019 年的 2.64。[②] 我国近年来的大规模劳动力转移并没有起到经济收敛的作用，甚至是扩大了收入差距，"迁移谜题"问题在我国城镇化进程中同样存在。

党的十八届三中全会和中央城镇化工作会议提出，要坚持走中国特色新型城镇化道路，推进农业转移人口市民化，逐步把符合条件的农业转移人口转为城镇居民。党的十九大明确指出，要"以城市群为主体构

---

① 外出农民工是指年内在本乡镇以外从业 6 个月以上的农民工。
② 数据经作者计算。1985 年的数据为农民平均每人纯收入除以城镇居民平均每人可用于生活费的收入，2019 年的数据为城乡居民人均可支配收入之比。由于使用的是收入比，原始数据未进行消胀处理。

建大中小城市和小城镇协调发展的城镇格局,加快农业转移人口市民化"。城镇化是推动我国经济增长的持久动力(陈锡文,2011),但是,持续了20多年的大规模劳动力流动并没有缩小差距,我国仍然面临城镇化滞后和城乡收入差距扩大两大重要挑战(陈斌开、林毅夫,2013)。如何面对这两个重要挑战,进而破解我国的"迁移谜题",成为我国城镇化进程中的一个重要问题,也是我们选题的出发点。

为什么会产生"迁移谜题"现象?劳动力转移是增加农民收入的一条重要途径,但是这一途径为什么没有缩小城乡收入差距?转移劳动力、农村本地劳动力、城镇劳动力对"迁移谜题"的出现又起着怎样的作用?他们的人力资本特征对"迁移谜题"的产生是否有重要影响?对这些问题的思考和讨论将是本书的研究重点。

劳动力转移和城乡收入差距都是备受关注的重要社会现象,也是受到学者高度重视的关键发展问题。这不仅关系到"三农"问题的解决,更关系到国家的长治久安与协调发展。我国的"迁移谜题"已经出现,这是我国城镇化进程中必须解决的一个重要问题。而要解决这一"谜题",首先要清楚导致这个问题产生的原因,才能对症下药进而破解。就农村劳动力转移为什么没有缩小城乡收入差距问题进行解析,有助于我们进一步了解"迁移谜题"的产生、发展,并寻找到破解途径,这对于推进我国城镇化、推动农村发展、缩小城乡收入差距均具有积极作用,对于政府更为合理地引导农村劳动力流动也有重要的现实意义。

本书从我国农村劳动力转移的历史与现状出发,通过转移劳动力与城镇职工收入的比较以及我国城乡收入差距的变化情况,分析我国城镇化进程中的"迁移谜题"现象,并以人力资本为研究重心,分别从教育、健康、职业培训等方面对我国"迁移谜题"的产生原因进行理论和实证分析,进而寻求我国城镇化进程中"迁移谜题"的破解机制,为制定相关政策、解决我国的"迁移谜题"问题提供理论和现实依据。

第二节 国内外研究现状

关于"迁移谜题"现象,国内外学者从不同方面进行了探讨,存在从不同方面给出的解释:泰勒和威廉森(Taylor、Williamson,1997)采用一个局部均衡模型分析劳动力转移对地区差距的影响，他们认为劳动力流动可以促进区域间劳动生产率和实际工资的收敛，但资本的流动会抵消这种收敛；拉帕波特（Rappaport，2005）建立了一个包含两个地区的理论模型，发现劳动力转移只有很弱的促进经济收敛的效果，没有传统理论显示的那么强烈；一项利用日本数据的分析研究发现，劳动力转移导致的人力资本变化降低了收敛性，但它的程度很小，远远不能解释关于劳动力流动与地区收敛性在理论和经验研究上的差距（Shioji，2001）。不过，与国内的大量研究相比，国外对相关问题的研究并不多。由于我国有持续的大规模劳动力流动，无论是国内学者还是国外学者，都对中国的"迁移谜题"现象投入了较多的关注。总体来看，这方面的研究主要集中在"迁移谜题"的产生原因，研究者们结合不同地区、不同时期的数据，从理论、制度、地区发展差异、人力资本等角度，深入分析了劳动力流动没有起到经济收敛作用的原因，并提出了应对策略。

一 "迁移谜题"产生的理论解释

首先是基于倒"U"形曲线理论的探讨。在城镇化进程中，劳动力流动与城乡收入差距同时扩大的情形，较为符合库兹涅茨倒"U"形曲线理论。在较长的时间内，城乡收入差距会随着劳动力流动和城镇化水平的提高而扩大，达到一定程度后，城乡收入差距会逐步缩小（张启良等，2010）。一些研究也证实了随着劳动力的流动，城乡收入差距将呈现倒"U"形变动的趋势（蔡武等，2013；张柏杨，2014），说明随着农村劳动力流动，短期内城乡收入差距将会扩大，而长期内则会缩小。目前我国还处于倒"U"形曲线的前半段，短期内，随着劳动力流动数量的增加，收入差距将沿着曲线的变化趋势不断扩大，到达转折点后，差距将会下降。

其次是基于理论适用性问题的探讨。既然"迁移谜题"是理论与经验之间的矛盾，那么很有必要探讨西方的劳动力迁移理论在中国是否适用。传统劳动力迁移理论的一个基本前提是劳动力在理性预期下的自由迁移，而在具有特殊国情的中国，存在诸多阻碍流动的障碍，劳动力流动受各种制度因素尤其是户籍制度的影响（张义博、刘文忻，2012），传统理论假设在某些方面并不符合中国现实。除了自由流动外，要素价格均等化理论还强调要素的同质性条件，而我国城乡劳动力的非同质性，使得农村劳动力向城市流动无法通过要素价格均等化理论拉平城乡收入差距（韦伟、傅勇，2004），进而产生"迁移谜题"现象。

除了传统的迁移理论，内生增长理论的技术扩散机制也表明，人口迁移有缩小城乡收入差距的作用，但前提条件是人口迁移要能够使技术由高收入地区向低收入地区扩散，在此条件下才会使经济趋同。而在中国却出现了相反的趋势，高人力资本劳动力为追求高回报从欠发达地区流入发达地区，发达地区技术趋于扩张，而欠发达地的技术水平作用因此趋于降低（樊士德，2011），城乡之间亦如此。并且实际中投向农村的技术相对减少（张启良等，2010），农村人力资本又与技术进步不相匹配（杨新铭、周云波，2008），使得农村总产出与收入相对减少，进而导致城乡收入差距扩大。

一些学者尝试采用不同理论进一步解释我国的"迁移谜题"问题。许召元和李善同（2008）在新经济地理学的框架下引入资本的外部性、劳动力的不完全流动性以及城市经济学中的拥挤效应，建立了一个两区域经济增长模型，为"迁移谜题"提供了一个理论解释；邹璇（2011）建立了一个空间优化理论模型，从要素空间流动的角度进行了解释。但总体而言，这方面的研究还较少。

二　"迁移谜题"的原因探讨及破解策略

（一）制度约束：关键的外部原因

城乡二元结构体制是"迁移谜题"产生的关键因素，导致迁移劳动力权益缺失，不能平等享受公共服务，并且大大提高了转移成本（崔传义，2010）。在城乡二元体制下，一些阻碍劳动力流动的制度性因素可用来解释流动与差距同时扩大的悖论（蔡昉，2005）。这些制度性障碍主要包括户籍制度、土地制度、就业制度、社会福利制度、教育制度和住房制度等。在一系列制度的约束下，劳动力流动不畅、市场扭曲，很难产生缩小城乡收入差距的效应（李勋来，2009），甚至加剧了差距（万广华、朱翠萍，2010），产生了"迁移谜题"现象。

第一，户籍制度。以户籍制度为核心的制度安排，是劳动力在城乡间流动的巨大障碍（李勋来，2009），被视为劳动力流动的"准入门槛"

（严浩坤、徐朝晖，2008），只有符合一定人力资本与物质资本条件的农村劳动力才能实现迁移，这已成为城乡收入趋异的制度根源（谢冬水，2014），是我国劳动力流动未能缩小城乡收入差距的关键因素（张义博、刘文忻，2012）。一项模拟研究表明，如果取消以户籍制度为代表的阻碍因素，现存的收入不平等则会消失（Whalle、Zhang，2004）。在我国的户籍制度下，农村劳动力不能完全自由流动（董长瑞等，2008），农村迁移劳动力的市民化也受到阻碍，农民工的利益缺乏保障，产生了非永久迁移现象，这种迁移模式隐含着较大的经济成本（Au、Henderson，2006），在迁移成本的制约下，中等偏上收入家庭的劳动力流动较多（李实，2003），但他们却无法进入高工资部门（白南生、李靖，2008），从而进一步扩大了城乡收入差距。不过，虽然大多数研究认为户籍制度是导致"迁移谜题"产生的关键因素，但也存在不同观点，一些学者认为它并不能完全解释劳动力流动与城乡收入差距同时扩大的现象（谢冬水，2014），并且，仅靠取消城乡户籍差别难以提高流动人口的收入，也难以让他们"实现市民化"（陈传波、阎竣，2015）。

第二，土地制度。根据世界经济发展的经验，要促进农村劳动力流动，实现城乡二元经济的转型，一个重要的前提是要有有效的农村土地产权制度。在我国，土地制度也是产生"迁移谜题"现象的关键因素。一方面，农民增收受土地资源数量的制约（翟琼，2010），土地的细碎化限制了土地集中和规模经营，农业的生产率为此受到制约（谢冬水，2014）；另一方面，现存的土地制度增加了农村劳动力向外转移的成本负担（李勋来，2009）。不完全的土地转让权限制了土地的流动，进而导致迁移劳动力无法将土地财产变现为资金来负担在城市的生活成本，并使得他们难以永久定居城市，这在一定程度上导致了迁移劳动力在城市的贫困（谢冬水，2014），阻碍了城乡收入差距问题的解决（王学龙等，2012）。因此，要缩小城乡收入差距，一个重要的方法是赋予农民完整的土地转让权，促进农村劳动力顺利向城市转移定居（谢冬水、周灵灵，2016）。

第三，其他制度与政策。我国现存的就业制度、社会福利制度、教育制度、住房制度等大多是城市偏向的，在低成本工业化和高成本城镇化的制约下，农民工的很多利益都得不到保障（"城镇化进程中农村劳动力转移问题研究"课题组，2011）。在就业制度方面，城乡劳动力面临同工不同酬问题，劳动力要素市场被扭曲（严浩坤、徐朝晖，2008；冯涛、罗小伟，2015），并出现劳动力市场分割现象，农民工被禁锢在与城镇职工不同的劳动力市场（李晓宁、姚延婷，2012），工资水平较低，存在对农村劳动力的歧视。并且我国的劳动力市场分割状态是多元的，地区分割和城乡分割并存，二者同时导致了劳动力工资收入差距，使得工资差距没能随劳动力流动而缩小，成为"迁移谜题"产生的又一因素。在社会福利制度方面，社会福利和保障体系也存在城乡差异（陈斌开、林毅夫，2013），无论是在非正规部门还是在正规部门就业的农民工，其社保参保率均不高。在教育制度方面，城市教育资源收费较高，增加了农民工家庭在城市的生活成本，并且现有城市偏向的教育经费对城乡收入差距的扩大产生了重要影响（陈斌开等，2010）。在住房制度方面，农民工被排除在城镇住房体制之外（"城镇化进程中农村劳动力转移问题研究"课题组，2011）。在这些制度的限制下，农民工在城市受到就业、生活上的排斥（白南生、李靖，2008），无法享受平等的待遇和机会，造成城市对农村的剥夺（张启良等，2010），但他们却为城市发展做出了巨大贡献。这些城市偏向型的制度和政策，还影响了农民工发展能力的提高（崔传义，2010），制约了收入均等化效应的发挥，成为城乡收入差距扩大的关键原因之一（程开明、李金昌，2007；陆铭、陈钊，2004；Yang，1999）。尽管劳动力流动一定程度上可以缩小城乡收入差距，但城市偏向的政策又更大程度地扩大了差距，导致了"迁移谜题"的产生。

（二）发展不均：重要的外部原因

发达地区过快的发展速度（Lin 等，2004；韦伟、傅勇，2004）以及农业和非农业生产率的差异（万晓萌，2016）使得目前的劳动力转移仍然不足以缩小现存的差距。由于经济发展水平的差距，农村劳动力转移扩大了收入差距（尹继东、王秀芝，2008）。

首先是城乡发展的不均衡。短期内，城乡在发展基础上的差距难以缩小（翟琼，2010），若在今后的发展中，农业就业率的下降速度比农业产值比重下降的速度更慢，城乡收入差距更有可能会扩大（应瑞瑶、马少晔，2011）。一方面，随着农村劳动力流动，生产要素快速集聚于城市，城市的生产能力进一步提高，实现快速发展；另一方面，农业和非农业劳动生产率差异较大（万晓萌，2016），农村、农业发展相对滞后，导致农民增收滞后（陈锡文，2011），而且有学者指出人口迁移对迁出地增收的作用并不确定（Haan，1999）。在这两方面因素的作用下，目前的劳动力流动还不足以缩小现存的差距。廖显浪（2012）的研究也表明城市的快速发展确实扩大了差距，虽然劳动力流动一定程度上可以缩小收入差距，但发达地区过快的发展速度又扩大了差距（Lin等，2004）。对于流出地而言，劳动力流动率越高城乡收入差距越大（杨建军、李勇辉，2016）。城乡之间不仅发展不均衡，而且分配也不平等，非农产业分配系数上升而农业分配系数却在下降（陈宗胜、黎德福，2006），并且在城市就业中，农民工与城镇职工也存在分配不平等现象。这是导致"迁移谜题"产生的另一重要原因。

其次是城镇化发展模式的制约。我国城镇化的快速发展逐步扩大了城乡收入差距，一个重要原因是目前的城镇化发展模式对城乡收入差距的扩大起到了正向作用（刘维奇、韩媛媛，2013；范晓莉，2012；吴先华，2011）。现有城镇化发展模式的一个弊端是农村流动劳动力市民化滞后，而市民化则恰恰是缩小城乡收入差距的重要途径（吴先华，2011）。在高成本城镇化发展条件下，农民工身份转换滞后，家庭迁移滞后，产生了一系列社会问题（课题组，2011），制约了城乡收入差距的缩小。

最后是城乡产业发展的差异。农村产业结构存在一定问题，农村迁移劳动力流出地的第二三产业薄弱，留守农民就业不足，不能充分利用劳动力剩余时间，致使其非农收入较低（崔传义，2010）。而城市产业较为集聚，农村劳动力的流入进一步强化了集聚效应（李晓宁、姚延婷，2012）。人口和产业在空间上的集聚将产生规模效应，促进迁入地人均收入增长，进而成为导致城乡收入趋异的力量（余吉祥、沈坤荣，2013）。同时，非农产业的地区集聚和劳动力地区流动是一个相互强化的过程，最终将导致地区差距扩大（范剑勇等，2004）。

（三）人力资本外流与迁移的盲目性：重要的内部原因

在刘易斯（Lewis，1954）的经典理论中，农村劳动力向城市的流动是二元经济向一元经济转变的关键。但是，他过度强调了农村剩余劳动力向工业部门转移数量的作用，忽视了附着在劳动力身上的人力资本因素。舒尔茨（Schultz，1961）则认为人力资本的积累是社会经济增长的源泉，并强调造成城乡贫富差距悬殊的原因是教育的不公平。对于我国的大规模劳动力流动现象，许多研究指出，大量具有较高人力资本的农村劳动力外流，更倾向于扩大收入差距（张辽，2013；樊士德，2011；夏德孝、张道宏，2008；赵伟、李芬，2007）。因此，谁在迁移以及迁移的模式在一定程度上决定了迁移能否缩小收入差距（邢春冰，2010）。如果迁移是随机性的而不是选择性的，则可能会对城乡收入差距起到缩小的作用；如果高人力资本的农村劳动力流动到城市，并不再回流，则可能会扩大收入差距（严浩坤、徐朝晖，2008）。那么到底谁在迁移？迁移的模式又是怎样的？很多学者对此进行了研究。

我国的农村劳动力迁移是选择性的，迁移模式一般是非永久性迁移。农村劳动力具有异质性（甄小鹏、凌晨，2017），迁移劳动力呈现年轻化、男性化和高人力资本化特征（匡远凤，2018；温小林等，2012；郭剑雄，2011）。在这种选择性和非永久性迁移下，一方面，城市利用了迁移劳动力的青壮年黄金时间，吸收了"人口红利"，而农村却负担了迁移劳动力的成长和养老成本（崔传义，2010），且农业由于优质人力资本的流出而大大延滞了其发展速度，这种"一促一抑"的内在机制引致了城乡收入差距（匡远凤、詹万明，2016），进而导致我国城乡收入差距扩大。另一方面，迁移与否受到劳动力自身人力资本高低的影响，迁出的往往是具有相对较高人力资本的农村劳动力（余吉祥、沈坤荣，2013；徐世江，2013）。因为，只有高人力资本的迁移劳动力才能实现稳定就业（蔡昉，2005）。

近年来对人力资本方面进行的探索主要集中于人力资本流动和人力资本溢出视角。农村迁移劳动力一般具有相对较高的人力资本（徐世江，2013），他们从农村转移到城市预示着农村教育资金以相对高质量的人力资本形式向城市转移（黄丙志、刘燕，2006）。由此，农村优质劳动力便被发达地区和城镇"筛选"后吸收，助力迁入地人均收入增长，恶化了城乡之间经济发展条件（樊士德，2011）。更为重要的是城乡人力资本具有不同的溢出效应，农村人力资本具有强烈的外溢效应，而城市人力资本具有强烈的内溢效应（侯风云、徐慧，2004）。由此，中、高层次人力资本的外溢加剧了城乡收入差距的扩大，是"迁移谜题"产生的重要原因（龙翠红、洪银兴，2012；朱长存等，2009；李治国，2008）。不过，也有观点认为高技能人力资本流动有助于缩小城乡收入差距,而低技能人力资本流动会扩大城乡收入差距(蔡武、陈广汉,2013)。这与赵伟和李芬(2007)的观点相矛盾,他们认为低技能的劳动力流动可延缓收入差距,而高技能劳动力流动更倾向于扩大城乡收入差距。国外学者对国际移民和收入差距的研究也存在相似观点,他们认为,从穷国向富国的劳动力流动主要是技术移民,这会长期加剧世界收入分配的不平等(Andrew Mountford、Hillel Rapoport,2011)。而且由于迁出的主要是高技术人员(Vianney Dequiedt、Yves Zenou,2013),国际迁移会削弱迁出国的人力资本存量,进而影响其发展(Gerhard Sorger等,2013)。

还有研究指出,劳动力流动并没有缩小城乡收入差距,这与迁移的盲目性密切相关。在我国,农村劳动力流动很大程度上仍存在着盲目性(梁明等,2007)。在就业信息不对称的情况下,农村劳动力盲目迁移,不仅会增加流动的经济成本和心理成本,还会影响其有效择业和收入的提高,进而不利于城乡收入差距的缩小(张庆、管晓明,2006)。而且在无序、盲目流动的同时,农民工还缺乏维护自身利益的意识与能力,这进一步增加了城乡收入差距。

(四)其他原因

长期以来,我国户籍人口城镇化率远低于常住人口城镇化率,2019年,两者相差16.22个百分点。这个差异显示,大量农村转移劳动力并未实现永久性迁移,这也是导致"迁移谜题"的一个原因。一些早期的研究显示,我国的劳动力迁移规模还不足以缩小收入差距(Lin等,2004),如果成功实现城乡迁移的农民工规模扩大,将有助于缩小城乡收入差距(朱云章,2010)。尽管这些研究较早,但近十余年来绝大部分农民工不能实现永久性迁移的现象并未改变。

此外,数据统计的困难及统计上的偏差也是造成"迁移谜题"的原因之一。一方面,现行的调查制度不能覆盖全部的"常住流动人口",进而高估了城乡收入差距(蔡昉、王美艳,2009);另一方面,在劳动力流动中,统计上居民身份的转换成为扩大城乡收入差距的又一原因(应瑞瑶、马少晔,2011)。那些转换身份的居民一般是较为富裕的农村劳动力,在所有居民收入不变的条件下,城乡人口的重新分组也会在统计上扩大城乡收入差距(阮杨等,2002;钟甫宁,2010)。

（五）破解策略

针对我国"迁移谜题"的产生原因，学者们大都提出了相应的破解策略，已有的研究主要集中在放开户籍制度、完善土地制度、改革城市偏向的政策、发展农村经济等方面。但是，相对而言，这部分的研究较为薄弱。

破解"迁移谜题"，创造劳动力自由流动的制度环境是关键，需通过一系列相关改革剥离附着在户口上的福利（蔡昉，2005），扭转政府在价格、投资及财政支出等方面的城市偏向（程开明、李金昌，2007），维护农民及外出农民工的各项合法劳动权益和应得补偿（黄丙志、刘燕，2006）。提升农业生产率、改善农业生产条件（赵红军，2010）、推进农村发展也是重要的一环。

同时，一些学者从人力资本方向提出了相关政策建议。基于农村人力资本的流动与外溢，应加大农村人力资本投入，大力补偿农村人力资本损失，并改善农村人力资本发展环境（龙翠红、洪银兴，2012；黄丙志、刘燕，2006）。破解"迁移谜题"，政府和市场的作用不可忽视，杨蔚等（2008）的研究表明政府的作为可以很大程度上决定人口迁移机制作用的发挥，而市场化的促进作用则有赖于劳动力市场的进一步完善。而钟甫宁（2010）的研究却显示劳动力市场在调节城乡收入差距方面发挥了较大的作用。因此，破解"迁移谜题"问题，政府和市场都应发挥作用。

三 文献述评

以上文献研究表明，"迁移谜题"在不同国家的城市化进程中都可能存在，但是在不同国家的不同经济发展阶段，对"迁移谜题"的解释存在差异。对此，许多学者都给予了高度关注，并且从不同角度进行了解释。在我国，制度因素是"迁移谜题"产生的重要原因，但除此之外，还需要从其他方面进行探讨。尽管已有一些相关研究，但从系统角度来看，现有研究还存在如下不足：

第一，理论研究过少。从理论上探讨"迁移谜题"问题的文献较少，且现有研究也缺乏相应的深入分析。此外，很少有学者对西方理论在中国的适用性问题提出质疑，更少有人对传统理论进行补充或建立新理论，以解释中国特有的"迁移谜题"现象。

第二，成因讨论过多，解决方案讨论过少。从现有研究的关注点来看，过多地集中于对劳动力转移未能缩小差距这个现象及原因的分析，而鲜有对我国"迁移谜题"破解机制的深入探讨，机制研究缺乏系统性，且过多地停留在对放开户籍制度的关注上。在劳动力流动与城乡发展问题上，国家调控与市场调控二者缺一不可，目前尚缺少对政府与市场双重作用的研究。

第三，研究缺乏系统性。多数研究都是从某一方面开展分析，比如，对制度尤其是户籍制度方面的"抱怨"过多，对其他因素导致的"迁移谜题"问题的分析较少。现有研究对"迁移谜题"形成机理的系统研究较为缺乏，对其整个形成过程还不清楚，而这种分析结果往往具有很强的政策含义。我国城镇化进程中的"迁移谜题"问题有其理论依据，也有其历史必然。因此，应该根据现有理论，结合中国国情分析其形成机理，为破解"迁移谜题"问题提供理论支持。

"迁移谜题"已成为我国城镇化进程中必须要解决的重要问题之一，如何破解需要首先清楚导致这个问题产生的原因，才能对症下药。相对于外部因素的探讨而言，对"迁移谜题"成因内部因素的分析较为欠缺，已有研究大多基于人力资本视角，但主要集中于宏观，忽视了微观上的研究，其主要表现是所用数据大多来自宏观统计。同时，对人力资本的关注主要集中在正规教育上，教育是构成人力资本非常重要的一部分，但人力资本不仅包括教育，还包括健康、经验、培训等，且健康人力资本越来越备受关注，然而除教育之外从人力资本的其他方面来研究"迁移谜题"的颇为稀少，缺乏综合考察人力资本各方面因素的研究。基于此，结合教育、健康以及职业培训等方面来探寻"迁移谜题"问题显得尤为重要，有待进一步深入研究。并且，目前对异质性人力资本流动作用的探讨较少，且缺乏从不同人力资本差异视角开展的研究。

鉴于此，结合中国国情深入分析"迁移谜题"问题需要研究者付出更多的努力，不仅是在研究方法上的改进，还需要在研究视角上进行创新。基于上述分析，本研究试图从制度变迁和人力资本两大视角，分析我国城镇化进程中"迁移谜题"的形成机理，探寻其破解机制，寻找破解对策。

第三节　研究方案

在设计研究方案之前，为了能够更清晰地表述研究的对象和问题，在此先对本书中涉及的几个主要概念进行说明。第一，"迁移谜题"。本书中的"迁移谜题"是指大规模农村劳动力转移没有缩小城乡收入差距的现象。传统理论认为劳动力从欠发达地区向发达地区转移有助于经济收敛，而我国却面临着城乡收入差距与劳动力转移规模同时扩大的现象，劳动力转移没有有效缩小城乡收入差距，本书中的"迁移谜题"是指这种现象。第二，劳动力流动。本书中使用的劳动力流动、劳动力迁移、劳动力转移是一个概念，主要指农村劳动力外出务工谋生的迁移。本书也将农村转移劳动力、农村迁移劳动力、农民工作为一个概念使用。由于第五章、第六章、第七章中使用的是来源不同的微观调查数据，它们对农民工、流动劳动力的定义存在差异，因此，在这些章节，我们只能使用不同调查的定义，并在各章节用脚注形式进行说明。此外，由于分析的需要，在第五章我们对使用的城镇劳动力、农村迁移劳动力、农村本地工人概念也进行了详细的界定。第三，人力资本。一般而言，人力资本主要包括教育、健康、培训、经验等，其中，教育、健康及职业培训是本书重点关注的方面。

一　研究思路

本书着重分析我国城镇化进程中"迁移谜题"的形成机理，探索其破解机制并提出相应对策。研究遵循"问题描述—理论分析—实证检验—破解机制设计—破解对策探讨"的逻辑思路展开。首先，提出研究问题的背景及意义；其次，对我国劳动力转移与城乡收入差距的历史及现状进行描述分析，从现象中研究二者之间的联系；再次，对"迁移谜题"的形成机理进行理论分析，基于城乡生产函数，在农村转移劳动力未被完全市民化的假设下构建理论模型，从人力资本角度分析劳动力转移对城乡收入差距的作用；然后，使用不同来源数据从宏观和微观两个层面进行实证分析，从教育、健康、职业培训等方面寻求对"迁移谜题"的解释；最后，结合理论分析和实证分析结果，基于对现有制度背景下农民工在城乡之间选择的实证分析结果，提出我国"迁移谜题"的破解机制及相应对策。具体思路如图1—2所示。

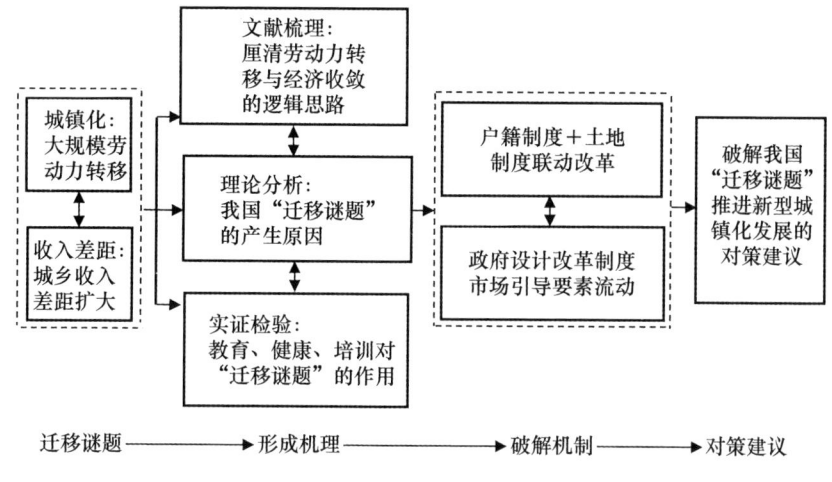

图1—2 研究思路

二 研究内容

基于上述思路，本书围绕我国城镇化进程中的"迁移谜题"问题展开，重点分析我国的"迁移谜题"现象，人力资本视角下"迁移谜题"的形成机理，教育、健康、职业培训等人力资本要素对"迁移谜题"的影响，以及"迁移谜题"的破解机制及对策。本书共分为八个部分，主要内容如下：

第一章为绪论。分析"迁移谜题"的产生背景及本研究的意义；梳理国内外相关研究，通过分析现有文献，厘清"迁移谜题"的产生原因；介绍本书的研究思路、主要内容、研究方法及创新点。

第二章是中国城镇化进程中的"迁移谜题"。从我国农村转移劳动力的规模、流向、性别分布、年龄分布、文化程度分布等方面分析转移现状；分析我国农村转移劳动力的就业与收入情况，并与城镇职工收入进行对比；测算城乡收入差距，研究城乡收入差距变化趋势。从劳动力转移与城乡收入差距的发展现状中，探究我国"迁移谜题"的出现。

第三章是"迁移谜题"的形成机理。梳理劳动力转移与收入差距之间关系的传统理论，从理论层面分析城镇化、制度变迁与"迁移谜题"

之间的关系；并依据人力资本理论，研究教育、健康、职业培训等人力资本要素在"迁移谜题"形成中的作用，提出理论假设。本章主要基于城乡生产函数，引入人力资本因素，在农村转移劳动力未被完全市民化的假设下构建理论模型，从人力资本角度分析劳动力转移对城乡收入差距的作用，探讨二者之间的关系，从理论上研究人力资本视角下"迁移谜题"的形成机理。

第四章是教育人力资本视角下"迁移谜题"的解释。本章从两种人力资本差异视角来解读我国城镇化进程中劳动力流动与城乡收入差距同时扩大的"迁移谜题"形成机制：一是根据城乡劳动力人力资本差异，分析城乡劳动力所具有的不同人力资本对城乡收入差距的影响；二是根据转移劳动力的人力资本差异，将其分为低、中、高三个层次，分析具有不同人力资本的农村劳动力转移对城乡收入差距的影响，用经验数据对理论进行验证。

第五章是健康、教育视角下的"迁移谜题"，从健康、教育两个方面实证分析劳动力转移与收入差距的关系。首先借鉴明瑟收入方程，使用"中国家庭追踪调查（CFPS）"2010年、2012年和2014年数据，运用简单OLS估计和工具变量法，实证研究健康人力资本对居民收入的影响，并对比健康人力资本收入效应的地区差异和城乡差异以及健康人力资本与教育人力资本的收入效应差异；然后根据CFPS 2012年数据，运用明瑟收入方程及分位数回归方法分析城镇劳动力与农村迁移劳动力、农村迁移劳动力与农村本地工人在健康、教育回报上的差异；最后运用Blinder-Oaxaca分解法，分析人力资本因素对收入差距的解释程度。

第六章是职业培训视角下的"迁移谜题"。首先，实证分析了职业培训对非农收入的影响，探究职业培训在反贫困过程中发挥的作用，并将劳动力样本按教育程度划分为三个组，运用倾向得分匹配法从技能型和非技能型培训的视角来比较异质性培训对不同教育程度劳动力非农收入的影响，分析不同类型的职业培训对不同文化程度劳动力生产效率提升的作用。其次，实证分析了职业培训对农户贫困的影响概率，基于CFPS中的农户家庭数据，通过Logit模型估计职业培训对农户贫困影响的概率，并探究其作用强度的大小。最后，使用"中国家庭收入调查（CHIP）"2007年和2008年数据，实证分析了转移劳动力的培训效果，基于倾向得分匹配估计法，估计个人培训、企业培训、政府培训的平均处理效应，研究转移劳动力培训效果，探究哪种培训方式更有优势。

第七章是"迁移谜题"的破解机制探讨。首先，对与我国"迁移谜题"形成密切相关的户籍制度改革和土地制度改革的政策进行了梳理，分析破解"迁移谜题"的制度背景；其次，使用"中国流动人口动态监测调查（CMDS）"2017年数据分析了现有制度背景下农民工的"回流"现状及影响因素，并以农村劳动力主要流入地长三角城市群为研究对象，实证分析了农民工城市定居意愿的影响因素；最后，基于上述分析及前五章的分析结果，探讨"迁移谜题"的破解机制。

第八章是研究结论及对策建议。依据前述研究，得出主要结论，以此为依据分别从政府和市场两个维度提出破解"迁移谜题"的对策建议，并分析了研究存在的不足及将来的研究方向。

三 研究方法

本书使用的主要研究方法有以下几种：

第一，文献研究法。充分借鉴国内外关于劳动力转移、人口迁移、城乡收入差距、人力资本提升、教育、健康、职业培训、农民工市民化等方面的研究成果，根据现有研究，梳理我国城镇化进程中"迁移谜题"的产生机制。

第二，描述统计分析。结合各类统计数据及调查数据，对我国农村劳动力转移及城乡收入差距进行描述分析。主要包括农村转移劳动力的规模、流向、年龄结构、受教育水平、职业培训、就业；农村转移劳动力的就业、收入及其与城镇职工收入的比较；城乡收入差距的现状及趋势等。

第三，理论模型法。基于城乡生产函数，构建理论分析模型。在农村转移劳动力未被完全市民化的假设下，就转移劳动力人力资本差异、城乡劳动力人力资本差异对城乡收入差距的影响做出理论分析。并基于二元经济理论和收入均等化理论，探讨"迁移谜题"的形成机理。

第四，计量经济分析。基于理论假设，运用计量经济分析方法，从宏观和微观两个层面进行实证研究。宏观部分采用多元回归和岭回归方法，微观部分采用分位数回归、工具变量法、倾向得分匹配法和 Logit 回归等方法进行实证分析。

第五，Blinder-Oaxaca 分解法。在微观分析部分，采用 Blinder-Oaxaca 分解法，研究城镇劳动力与迁移劳动力、迁移劳动力与农村本地工人的收入差异构成，进而研究人力资本因素对收入差距的解释程度。

第六，比较分析法。主要包括农村转移劳动力收入与城镇单位就业人员收入的比较；健康人力资本对我国东部、中部和西部地区，城市和农村地区居民收入影响的差异；不同时期我国户籍制度、土地制度相关政策的比较等。

第四节　创新点

本研究的创新之处可以归纳为以下三点：

第一，丰富了从人力资本视角探讨"迁移谜题"的理论分析。在农村转移劳动力未被完全市民化的假设下，运用城乡生产函数，引入人力资本因素，推导得出了在劳动力转移情况下，城市和农村中不同层次人力资本对产出的影响，进而构建理论模型，分析了教育和健康人力资本对收入差距的作用：城乡人力资本差异会对城乡收入差距扩大起到正向的作用；农村具有低、中、高人力资本的劳动力向城市的转移对城乡收入差距会产生不同的作用，农村向城市转移的中高人力资本对城乡收入差距扩大有正向作用，农村向城市转移的低层次人力资本对城乡收入差距扩大有负向作用；城镇劳动力与迁移劳动力、迁移劳动力与农村本地工人在教育上的差异将导致收入差距；城镇劳动力与迁移劳动力、迁移劳动力与农村本地工人在健康上的差异将导致收入差距。

第二，拓展了对我国"迁移谜题"问题的微观研究视角。不仅从宏观层面探讨了教育人力资本在"迁移谜题"现象产生中的作用，而且基于全国样本，从微观层面分析了教育、健康、职业培训在"迁移谜题"中的作用：城镇劳动力的教育回报率高于迁移劳动力，迁移劳动力的教育回报率高于农村本地工人，教育水平差异是导致城乡劳动力收入差距的重要因素，从教育人力资本方面来看，农村劳动力的永久性迁移会导致城乡收入差距扩大；健康人力资本对"迁移谜题"的解释较弱，但是如果迁移的劳动力不再回到农村，健康人力资本外流会使城乡收入差距扩大；职业培训在提高农村劳动力收入水平，改善农村家庭贫困进而缩小城乡收入差距方面有积极作用。

第三，设计了"迁移谜题"的破解路径和破解机制。在现有制度背景下，破解"迁移谜题"的关键在于提高农村居民收入，核心是深化农村土地制度改革，将三权分置政策落到实处，切实拓宽农民财产性收入来源。基于我国户籍制度改革和土地制度改革，从两个维度设计了"迁移谜题"的破解路径：以户籍制度和土地制度联动改革为条件，实现劳动力在城乡之间的自由流动，以解决农村劳动力自由流动问题；在政府和市场的共同作用下，提高农村人力资本水平、实现城乡劳动力市场一体化，解决劳动力要素同质问题。

第 二 章

中国城镇化进程中的"迁移谜题"

要研究"迁移谜题"的产生原因及其破解机制，探寻劳动力转移与城乡收入差距之间的关系，首先应了解我国农村劳动力转移与城乡收入差距的现状、发展趋势及转移劳动力的基本特征，把握农村劳动力转移特征、城乡收入差距发展趋势，从现象中了解农村劳动力转移对城乡收入差距的作用。本章将使用国家统计局农民工监测调查及其他统计数据，对上述现象进行分析。①

第一节 中国农村劳动力转移的现状

在中国，农村转移劳动力基本上都是流向城镇务工，他们成为一个新的群体——农民工。中国的特殊国情造就了这个群体，数量之大，史无前例，在世界上也绝无仅有。每年春节前后由他们带来的全球最大规模的人口迁徙，也成为社会关注的焦点之一。大规模的农民工成为各大城市制造业、建筑业、服务业的主力军，为中国的经济发展作出了巨大贡献，但是由于种种原因，他们也成为中国经济发展过程中一个身份非常尴尬的群体。目前，国家统计局开展了两项与农民工有关的调查，一项是 2008 年开始的农民工监测调查，② 从输出地农村的角度反映农民工

---

① 如无其他说明，本章数据均来自国家统计局每年发布的《农民工监测调查报告》。
② 农民工监测调查反映全国农民工规模、流向、分布、就业、收支、生活和社会保障等情况，调查范围是全国31个省（自治区、直辖市）的农村地域，以省为总体，按照科学抽样方法在 31 个省（自治区、直辖市）的 1527 个调查县（区）抽取了 8930 个村和 23.5 万名农村劳动力作为调查样本。采用入户访问调查的形式，按季度进行调查。

的规模、流向和分布；另一项是2015年起开展的农民工市民化监测调查，[1] 从输入地城镇的角度反映新型城镇化进程中农民工现状以及基本公共服务均等化情况。在本节，我们将依据国家统计局《农民工监测调查报告》中这两项调查[2]的数据，以及其他统计数据和相关调查数据，对中国农村劳动力转移的现状进行分析。

一 农村转移劳动力的规模及流向

（一）农村转移劳动力规模

近些年来，我国农村劳动力转移规模不断扩大（见图2—1），农民工总量由2008年[3]的2.2542亿人上升到2019年的2.9077亿人，年均增长率为2.34%。其中，外出农民工[4]人数由2008年的1.4041亿人增加到2019年的1.7425亿人，年均增长率为1.98%；本地农民工[5]数量由2008年的8501万人增加到2019年的1.1652亿人，年均增长率为2.91%。本地农民工的年均增长速度比外出农民工的增长速度高出近1个百分点。

虽然农民工的规模一直逐步上升，但是农民工总量的增速却出现了减缓的趋势。图2—2表明，农民工总量与本地农民工除了2009—2010年急剧增加之外，从2011年开始，三个变量的增长速度均处于下降趋势，一直到2015年才有所缓和。从2010年到2016年，外出农民工的年增长率相比较于上一年而言，一直在下降，2017年增速有所提高，但2018年又降到0.5%之下。农民工总量的增速在2010年达到最高（5.42%）之后呈现逐年下降趋势，在2016年和2017年略微上升之后又急速下降，

---

[1] 农民工市民化监测调查是为准确反映在新型城镇化建设中农民工在城镇就业生活、居住状况和社会融合等基本情况而进行的，国家统计局于2015年建立农民工市民化监测调查制度。调查范围是全国31个省（自治区、直辖市）的城镇地域，随机抽取4.08万户进城农民工样本，由调查员使用手持电子采集终端（PDA），直接入户面访的形式，每年10月开展年度调查。

[2] 这两项农民工调查共同构成了国家统计局农民工调查的有机整体，为制定农民工政策提供了可靠依据。其中，《农民工监测调查报告》自2011年起每年4月左右在国家统计局官方网站发布前一年开展农民工调查的结果；自2017年4月开始，在报告中同时发布农民工市民化调查的结果。

[3] 农民工监测调查制度于2008年年底建立，并于每年4月发布上一年度数据，故除农民工总量外，其他均为2008—2018年的数据。

[4] 外出农民工指在户籍所在乡镇地域外从业的农民工。

[5] 本地农民工指在户籍所在乡镇地域以内从业的农民工。

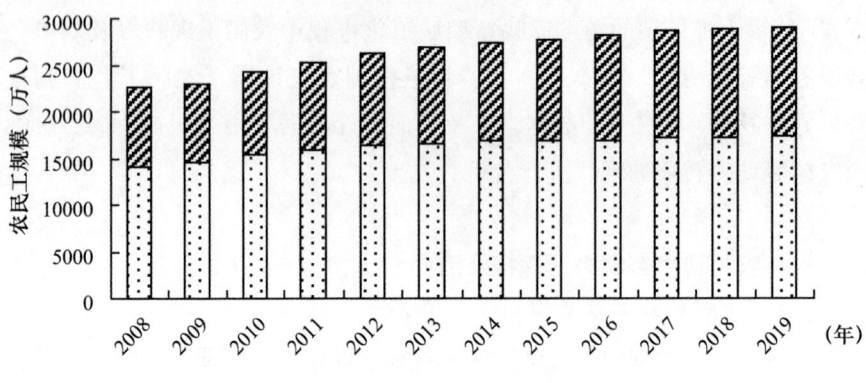

图 2—1　我国农民工规模的变化（2008—2019 年）

数据来源：2019 年数据来自国家统计局于 2020 年 2 月 28 日发布的《2019 年国民经济和社会发展统计公报》，其他年度数据来自历年《农民工监测调查报告》。

2019 年的增速为 0.84%。本地农民工的增速在 2011 年达到最高，之后逐年下降，在 2016 年略有上升之后，又出现直线下降态势，2019 年的增速为 0.71%。整体来看，农民工的总量逐年增加，而增长速度却逐渐下降。且由图中趋势可以看出，我国农民工规模或将趋于稳定。

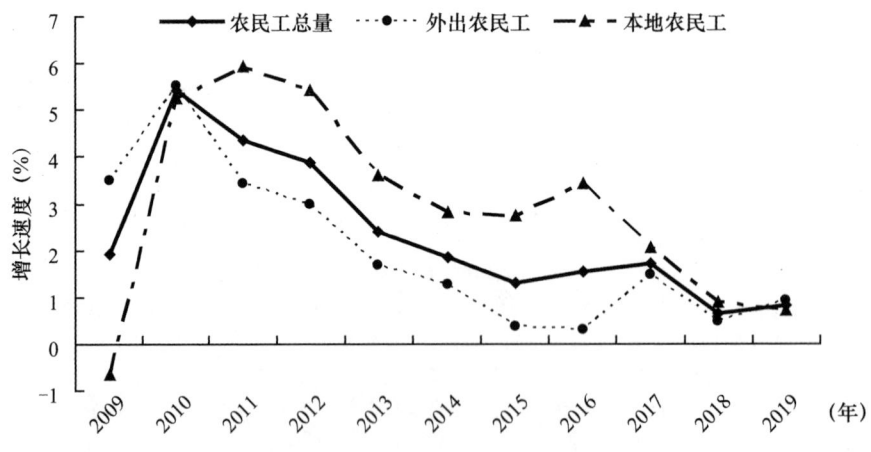

图 2—2　农民工规模增长速度（2009—2019 年）

数据来源：作者的计算，原始数据来自《2019 年国民经济和社会发展统计公报》和历年《农民工监测调查报告》。

(二) 农村转移劳动力流向

结合本书研究目的，先将关注点投向外出农民工。从流出地来看，2008年到2018年的11年间，三大地区的外出农民工占全部外出农民工比例变化不大，中部地区[①]一直是农民工输出最多的地区，东部地区[②]和西部地区[③]的差异不大，除2009年和2010年外，西部地区外出农民工占比均略高于东部地区，是农民工输出的第二大地区（见表2—1）。不过，三大地区外出农民工的流向存在较大差异，东部地区的大部分外出农民工都是省内流动就业，而中部、西部地区的大部分外出农民工则是跨省流动，但中西部地区省内流动农民工的比重呈不断上升趋势。2008年，中部、西部地区外出农民工选择跨省流动的分别占71.0%和63.0%，2018年，这一比重分别降为60.6%和49.6%，分别下降10.4个百分点和13.4个百分点（见表2—2）。

表2—1　　　　　　　　分地区的外出农民工流出比例　　　　单位:%

年份	东部地区	中部地区	西部地区
2008	29.7	37.6	32.7
2009	31.9	36.5	31.6
2010	31.8	36.6	31.6
2011	31.6	36.6	31.8
2012	31.5	36.7	31.8
2013	29.7	38.7	31.6
2014	29.7	38.5	31.8
2015	29.3	39	31.7

---

① 2008年至2015年《农民工监测调查报告》的中部地区包括山西、吉林、黑龙江、安徽、江西、河南、湖北、湖南8省；2016年和2017年《农民工监测调查报告》的中部地区包括山西、安徽、江西、河南、湖北、湖南6省。

② 2008年至2015年《农民工监测调查报告》的东部地区包括北京、天津、河北、辽宁、上海、江苏、浙江、福建、山东、广东、海南11个省（市）；2016年和2017年《农民工监测调查报告》的东部地区包括北京、天津、河北、上海、江苏、浙江、福建、山东、广东、海南10个省（市）。

③ 西部地区包括内蒙古、广西、重庆、四川、贵州、云南、西藏、陕西、甘肃、青海、宁夏、新疆12个省（市、自治区）。

续表

年份	东部地区	中部地区	西部地区
2016	27.7	37.1	31.6
2017	27.4	37.2	31.8
2018	27.3	37.2	31.9

注：从2016年开始，农民工监测调查报告将全国分为东部、中部、西部、东北四个地区，在此之前，东北的辽宁划在东部地区、吉林和黑龙江划在中部地区。因此，表中2009年至2015年三个地区流出比例相加为100%，2016—2018年则小于100%，少的部分为东北地区占比。

数据来源：原始数据来自历年《农民工监测调查报告》，部分数据经计算整理。

表2—2　　　　不同地区外出农民工在省内外务工的分布　　　　单位:%

年份	东部地区 省内流动	东部地区 跨省流动	中部地区 省内流动	中部地区 跨省流动	西部地区 省内流动	西部地区 跨省流动
2008	79.7	20.3	29.0	71.0	37.0	63.0
2009	79.6	20.4	30.6	69.4	40.9	59.1
2010	80.3	19.7	30.9	69.1	43.1	56.9
2011	83.4	16.6	32.8	67.2	43.0	57.0
2012	83.7	16.3	33.8	66.2	43.4	56.6
2013	82.1	17.9	37.5	62.5	45.9	54.1
2014	81.7	18.3	37.2	62.8	46.1	53.9
2015	82.7	17.3	38.9	61.1	46.5	53.5
2016	82.2	17.8	38.0	62.0	47.8	52.2
2017	82.5	17.5	38.7	61.3	49.0	51.0
2018	82.8	17.2	39.4	60.6	50.4	49.6

注：2016—2018年的东部地区不包括辽宁，中部地区不包括吉林和黑龙江。

数据来源：原始数据来自历年《农民工监测调查报告》，部分数据经计算整理。

从流入地来看，东部地区仍然是外出务工农民的主要选择地区，超过一半的农民工选择在东部地区务工。不过，近三年在东部务工的农民工规模增量不大，在中部、西部地区务工的农民工增长较快，特别是西部地区。2016年至2018年，在西部务工的农民工分别增加275万人、270万人和239万人，增速分达5.3%、4.9%和4.2%；中部地区务工的农民工增量分别为147万人、166万人和139万人,增速分别为2.6%、2.9%和2.4%(见表2—3)。由此带来的结果是流入东部地区的农民工比重不断下降,而流入中部、西部地区的农民工比重则逐渐上升(见图2—3)。

表2—3　　　　　农民工流入地的区域分布　　　　单位:万人,%

流入地区	2015年	2016年 规模	2016年 增速	2017年 规模	2017年 增速	2018年 规模	2018年 增速
东部地区	16008	15960	-0.3	15993	0.2	15808	-1.2
中部地区	5599	5746	2.6	5912	2.9	6051	2.4
西部地区	5209	5484	5.3	5754	4.9	5993	4.2
东北地区	859	904	5.2	914	1.1	905	-1.0
其他地区	72	77	6.9	79	2.6	79	0.0

注:东部地区包括北京、天津、河北、上海、江苏、浙江、福建、山东、广东、海南10个省(市);中部地区包括山西、安徽、江西、河南、湖北、湖南6省;西部地区包括内蒙古、广西、重庆、四川、贵州、云南、西藏、陕西、甘肃、青海、宁夏、新疆12个省(市、自治区);东北地区包括辽宁、吉林、黑龙江3个省;其他地区指港、澳、台及国外。

数据来源:2016—2018年《农民工监测调查报告》。

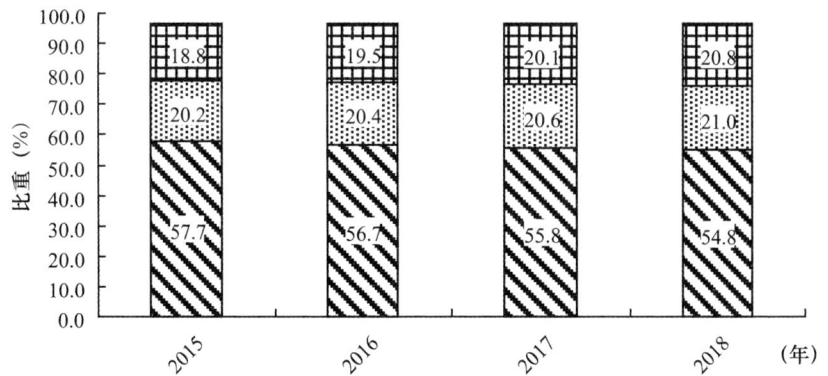

图2—3　农民工流入地分布(2015—2018年)

数据来源:作者的计算,原始数据来自2016—2018年《农民工监测调查报告》。

二 农村转移劳动力的基本特征

（一）农村转移劳动力的性别及年龄分布

农村转移劳动力以男性为主。2010年，农民工中男性占65.1%，女性占34.9%；此后，男性农民工占比逐年增加，到2014年上升到67%，但之后又出现下降态势。2014年以来，女性农民工占比逐渐增加，到2018年，农民工中男女比重分别达65.2%和34.8%。可以看出，尽管近四年女性农民工比重有所增加，但是男性农民工依然占主体（见表2—4）。

表2—4　　　　　农民工的性别构成（2010—2018年）　　　　单位:%

性别	2010年	2011年	2012年	2013年	2014年	2015年	2016年	2017年	2018年
男	65.1	65.9	66.4	—	67	66.4	65.5	65.6	65.2
女	34.9	34.1	33.6	—	33	33.6	34.5	34.4	34.8

注：缺少2013年数据。

数据来源：历年《农民工监测调查报告》。

从年龄分布来看，16—30岁的青壮年农民工占比呈现出逐步下降趋势，且下降速度较快，而31—50岁及50岁以上的中年、老年农民工占比则呈现出逐步上升的态势（见图2—4）。

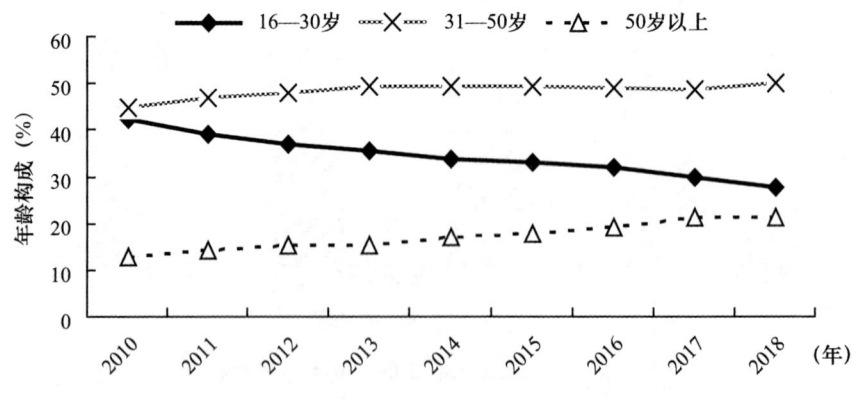

图2—4　农民工的年龄分布（2010—2018年）

数据来源：历年《农民工监测调查报告》。

2004年,农民工中16—30岁的占61.3%(国务院研究室课题组,2006),而由图2—4可知,这一年龄段的农民工占比由2010年的42.4%下降到2018年的27.6%,下降了14.8个百分点。31—50岁年龄段的农民工所占比例由2010年的44.7%上升到2018年的50.0%,上升了5.3个百分点。而50岁以上年龄段的农民工占比则由2010年的12.9%上升到了21.3%,上升了8.4个百分点。这种年龄结构的变化带来的结果是,农民工平均年龄由2004年的28.6岁上升到2018年的40.2岁,可见农村外出劳动力进一步向着中年化趋势发展。

(二)农村转移劳动力的文化程度

农村转移劳动力主要以初中学历为主,占全部农民工的60%左右,不过,这个比重呈逐年下降的趋势。2001年,农民工中具有初中文化程度的占65.7%,2018年该比重降为55.8%,17年间下降9.9个百分点。与此相似,小学及以下文化程度的农民工比重也逐年下降,不过降幅较为缓慢。2001年,农民工中只有小学及以下文化程度的占19.6%,2018年降为16.7%。与此相对应的是,高中及以上农民工比重的上升,2001年,农民工中具有高中及以上文化程度的占14.7%,2011年上升至23.0%,2018年为27.5%(见表2—5),前10年的升幅较快。低学历农民工占比的下降及高学历农民工占比的提高,使得农民工整体的文化程度呈现进一步上升的趋势。

表2—5　　　农民工文化程度构成(2001—2018年)　　　单位:%

文化程度	2001年	2011年	2012年	2013年	2014年	2015年	2016年	2017年	2018年
未上过学	1.7	1.5	1.5	1.2	1.1	1.1	1.0	1.0	1.2
小学	17.9	14.4	14.3	15.4	14.8	14.0	13.2	13.0	15.5
初中	65.7	61.1	60.5	60.6	60.3	59.7	59.4	58.6	55.8
高中及以上	14.7	23.0	23.7	22.8	23.8	25.2	26.4	27.4	27.5

数据来源:2001年数据来自国家统计局农调队调查,其他来自历年《农民工监测调查报告》。

再来分析外出农民工和本地农民工的文化程度。数据显示,外出农民工的文化程度普遍高于本地农民工。为了更好地说明这个问题,我们将高中及以上文化程度的农民工细分为高中和大专及以上。由表2—6中数据可知，在外出农民工中，具有大专及以上文化程度的农民工比重远高于本地农民工。2013年，外出农民工中具有大专及以上文化程度的占8.2%，比本地农民工的5.1%高于3.1个百分点；2018年，外出农民工中具有大专及以上文化程度的占13.8%，比本地农民工的8.1%高出5.7个百分点。另外，外出农民工中未上过学和小学文化程度占比则低于本地农民工。而外出农民工与本地农民工中具有初中和高中文化程度的比重差异不大（见表2—6）。

表2—6　　外出农民工和本地农民工文化程度构成（2013—2018年）　　单位：%

		未上过学	小学	初中	高中	大专及以上
外出农民工	2013年	0.9	11.9	62.8	16.2	8.2
	2014年	0.9	11.5	61.6	16.7	9.3
	2015年	0.8	10.9	60.5	17.2	10.7
	2016年	0.7	10.0	60.2	17.2	11.9
	2017年	0.7	9.7	58.8	17.3	13.5
	2018年	—	—	—	—	13.8
本地农民工	2013年	1.6	18.9	58.4	16.0	5.1
	2014年	1.6	18.1	58.9	16.2	5.2
	2015年	1.4	17.1	58.9	16.6	6.0
	2016年	1.3	16.2	58.6	16.8	7.1
	2017年	1.3	16.0	58.5	16.8	7.4
	2018年	—	—	—	—	8.1

注：缺少2018年部分数据。
数据来源：历年《农民工监测调查报告》。

（三）农村转移劳动力的技能培训

农村劳动力转移是推动城乡一体化的重要途径，也是促进城镇化的关键因素。随着我国劳动力转移规模的不断扩大，国家对农民工增收问题非常重视，而农村转移劳动力技能短缺是制约其增收的关键因素，加强转移劳动力培训便成为其提高技能、获取更多收入的重要途径，也是解决农民工问题的重要内容（"我国农民工工作'十二五'发展规划纲要研究"课题组，2010）。为此，国家相关部委先后出台系列文件，旨在提高转移劳动力技能[①]。2014年颁布的《国家新型城镇化规划（2014—2020）》，也将农民工职业技能培训作为重要的一部分。在此背景下，农民工参加技能培训的比例趋于提高，2017年接受技能培训的农民工比重为32.9%，较2011年提高了1.7个百分点，其中，接受过非农职业技能培训的比例为30.6%，比2011年提高了4.4个百分点（见表2—7）。虽然参加非农职业技能培训的农民工比重呈现出增加趋势，但近三年有小幅下降。而在2001年，仅有16.8%的农民工接受过技能培训。

表2—7　　农民工参加技能培训情况（2001—2017年）　　单位:%

培训状况	2001年	2011年	2012年	2013年	2014年	2015年	2016年	2017年
接受过技能培训	16.8	31.2	30.8	32.7	34.8	33.1	32.9	32.9
接受过非农职业技能培训	—	26.2	25.6	29.9	32.0	30.7	30.7	30.6

数据来源：2001年数据来自国家统计局农调队调查，其他来自历年《农民工监测调查报告》。

分年龄段来看，随着年龄的增加，农民工接受技能培训的比例出现先提高后下降的趋势。在各年龄段中，接受过技能培训比例最高的是21—30岁组，2014年，该年龄段的农民工中有38.3%的人接受过技能培训，37%的人接受过非农职业技能培训。从2012年到2014年，无论哪个年龄段，农民工接受技能培训和非农职业技能培训的比例均呈逐年上升态势（见表2—8）。

表2—8　　　　分年龄段农民工参加技能培训情况　　　　单位:%

年龄	接受非农职业技能培训			接受技能培训		
	2012年	2013年	2014年	2012年	2013年	2014年
20岁及以下	22.3	29.9	31.4	24.0	31.0	32.6
21—30岁	31.6	34.6	37.0	34.0	35.9	38.3

---

① 如：2003—2010年全国农民工培训规划（农业部等，2003）、关于切实做好返乡农民工职业教育和培训等工作的通知（教育部，2009）、关于进一步规范农村劳动者转移就业技能培训工作的通知（人社部，2009）、关于进一步做好农民工培训工作的指导意见（国务院，2010）等。

年龄	接受非农职业技能培训			接受技能培训		
	2012年	2013年	2014年	2012年	2013年	2014年
31—40岁	26.7	31.8	34.0	32.0	34.1	36.1
41—50岁	23.1	27.8	29.9	30.5	32.1	33.7
50岁以上	16.9	21.2	24.0	25.5	25.9	28.8

数据来源：2012—2014年《农民工监测调查报告》，2015年以后的报告中未统计该项目。

三 农村转移劳动力的居住与生活

城镇化水平要提高，农民工就需要在城镇留下来，其中住房是一个关键条件。根据农民工监测调查数据，2015年，能够在务工地自购住房的外出农民工仅占1.3%；有14%的外出农民工在乡外从业但回家居住，而在2008年这个比重为8.5%；有超过15%的外出农民工住在工地工棚和生产经营场所，有超过1/3的外出农民工靠租赁住房解决居住问题，这两个比重的变化均不大；有28.7%的外出农民工住在单位宿舍，比2008年下降6.4个百分点（见表2—9）。

表2—9　　　　外出农民工的住宿情况（2008—2014年）　　　　单位:%

住宿情况	2008年	2009年	2010年	2011年	2012年	2013年	2014年	2015年
单位宿舍	35.1	33.9	33.8	32.4	32.3	28.6	28.3	28.7
工地工棚和生产经营场所	16.8	17.9	18.2	16.1	16.5	17.7	17.2	15.9
租赁住房	35.5	34.6	34.0	33.6	33.2	36.7	36.9	37.0
务工地自购房	0.9	0.8	0.9	0.7	0.6	0.9	1.0	1.3
乡外从业回家居住	8.5	9.3	9.6	13.2	13.8	13.0	13.3	14.0

注：2016—2018年农民工监测调查报告未提供相应数据。
数据来源：历年《农民工监测调查报告》。

再来分析进城农民工[①]的居住情况。国家统计局于2015年开展的

---

① 进城农民工指居住在城镇地域内的农民工。城镇地域为根据国家统计局《统计上划分城乡的规定》划分的区域，与计算人口城镇化率的地域范围相一致。

"农民工市民化监测调查"对居住在城镇地域内的进城农民工的居住情况进行了调查。数据显示，进城农民工的居住条件正逐步改善，购房比例有所提高，居住困难的进城农民工占比下降，人均居住面积有所提高，居住和生活设施进一步改善（见表2—10）。

表2—10　　　　　　进城农民工购房与租房情况　　　　　　单位：%

住房来源	2015年	2016年	2018年
租房	64.8	62.4	61.3
#租赁私房	62.9	61.0	—
购房	17.3	17.8	19.0
#购买商品房	15.7	16.5	17.4
单位或雇主提供住房	14.1	13.4	12.9
以其他方式解决居住问题	3.8	6.4	—
购买保障性住房和租赁公租房	—	<3	2.9

数据来源：原始数据来自2016年《农民工监测调查报告》，部分数据经计算整理。

2004年，农民工自购房的不足5%（国务院研究室课题组，2006）。与十几年前相比，农民工自购房比重存在较快增长。2018年，在进城农民工中，购房的农民工占19.0%，比2015年提高1.7个百分点，其中购买商品房的农民工占17.4%，比2015年提高1.7个百分点；租房居住的农民工占61.3%，比2015年下降3.5个百分点；但是，享受保障性住房的农民工仍然非常少，仅为2.9%，比上年提高0.2个百分点（见表2—10）。可以看出，尽管进城农民工的购房比重有所提高，但绝大多数进城农民工仍然是租赁私房。

尽管如此，进城农民工的住房情况还是有所改善。2016年，进城农民工人均住房面积为19.4平方米，与上年基本保持一致。其中，人均住房面积在5平方米及以下居住困难的农民工户占6%，比上年下降2.3个百分点；人均住房面积在6—15平方米的农民工户占37.4%，16—25平方米的农民工户占25.5%，均比上年提高2.1个百分点；但是，人均住房面积在26平方米以上的农民工户占比略有下降（见表2—11）。2018年，进城农民工人均居住面积为20.2平方米，比上年增加0.4平方米。

人均住房面积在 5 平方米及以下居住困难的农民工户占 4.4%，比上年下降 0.2 个百分点。

表 2—11　　　　　　　　进城农民工住房情况　　　　　　　单位:%

人均住房面积	2015 年	2016 年	2017 年	2018 年
5 平方米及以下	8.3	6.0	4.6	4.4
6—15 平方米	35.3	37.4	—	—
16—25 平方米	23.4	25.5	—	—
26—35 平方米	13.7	12.6	—	—
36 平方米及以上	19.4	18.5	—	—

注：缺少 2017 年、2018 年部分数据。
数据来源：原始数据来自 2016—2018 年《农民工监测调查报告》，部分数据经计算整理。

与此相一致，进城农民工的居住条件也有所改善，2018 年，87.7% 的进城农民工户有自来水，比 2015 年提高 1.5 个百分点；82.1% 的进城农民工户有洗澡设施，比 2015 年提高 7 个百分点；71.9% 的进城农民工户有独用厕所，比 2015 年提高 2.5 个百分点；63.7% 和 63.0% 的进城农民工户拥有电冰箱和洗衣机，分别比上年提高 3.6 个和 4.6 个百分点，比 2015 年提高 9.4 个和 11.4 个百分点；92.1% 的进城农民工能上网（计算机或手机），比 2015 年提高 13.7 个百分点；24.8% 的进城农民工户拥有汽车（生活和经营用车），比 2015 年提高 8.9 个百分点（见表 2—12）。总体来看，农民工的居住和生活设施均有所改善。

表 2—12　　　　　　进城农民工居住和生活设施情况　　　　　　单位:%

居住和生活设施	2016 年 比重	2016 年 增加	2017 年 比重	2017 年 增加	2018 年 比重	2018 年 增加
自来水	86.5	0.3	87.0	0.5	87.7	0.7
洗澡设施	77.9	2.8	80.2	2.3	82.1	1.9
独立厕所	69.6	0.2	71.4	1.8	71.9	0.5
电冰箱	57.2	2.9	60.1	2.9	63.7	3.6
洗衣机	55.4	3.8	58.4	3.0	63.0	4.6

续表

居住和生活设施	2016年 比重	2016年 增加	2017年 比重	2017年 增加	2018年 比重	2018年 增加
上网（计算机或手机）	85.5	7.1	89.6	4.1	92.1	2.5
汽车（生活或经营用车）	18.6	2.7	21.3	2.7	24.8	3.5

数据来源：2016—2018年《农民工监测调查报告》。

此外，进城农民工对所在城市的归属感和认同感也有一定程度的提高。在2018年的调查中，有38%的进城农民工认为自己是所居住城市的"本地人"，与上年持平。而从进城农民工对本地生活的适应情况看，认为对本地生活非常适应和比较适应的分别占19.6%和61.5%。分城市类型看，城市规模越大，农民工对所在城市的归属感越弱，对城市生活的适应难度越大（见表2—13）。在500万人以上大城市中，只有16.8%的农民工认为自己是所居住城市的"本地人"。

表2—13　　　　　进城农民工对所在城市的归属感　　　　　单位：%

城市类型	认为自己是本地人 2016年	认为自己是本地人 2017年	对本地生活非常适应 2016年	对本地生活非常适应 2017年
合计	35.6	38.0	16.0	18.4
500万人以上城市	15.3	18.7	12.1	14.3
300万—500万人城市	23.9	25.3	14.6	17.5
100万—300万人城市	39.2	43.1	16.1	19.7
50万—100万人城市	46.7	48.7	18.1	20.1
50万人以下城市和建制镇	63.0	63.2	21.0	23.0

注：城市类型按城区常住人口规模划分。2018年《农民工监测调查报告》中未公布该数据。
数据来源：2017年《农民工监测调查报告》。

第二节　转移劳动力收入与城乡收入差距

提高收入是农民外出务工的最直接原因。长期以来的二元经济结构导致的城乡收入差距是造成我国大规模劳动力在城乡间流动的最直接因素。在本节，我们以农民工监测调查数据和宏观经济数据为依据，对我国农村转移劳动力收入及城乡收入差距情况进行分析，从现象上了解我国的"迁移谜题"问题。

一 农村转移劳动力的就业与收入

首先来看农村转移劳动力的就业情况。受制于普遍不高的文化程度，制造业和建筑业一直是农村转移劳动力外出就业的首选行业，2004年以来，在这两个行业就业的农民工所占比重每年都超过了50%。虽然农民工就业的行业分布情况变化较小，但在行业分布中却也表现出一定的变化特征。十余年来，在制造业中就业的农民工比重呈先上升再下降的倒"U"形变化趋势，由2004年的30.3%上升到2008年的37.2%，随后又下降为2018年的27.9%；建筑业就业比重则呈"先下降、再上升、再下降"的波浪形变化特征。交通运输、仓储和邮政业，住宿餐饮业近十年的就业比重变化不大，批发零售业就业比重逐年上升，服务业分布比例则呈现震荡波动趋势（见表2—14）。

表2—14　　　　农民工行业分布（2004—2018年）　　　　单位:%

年份	制造业	建筑业	交通运输、仓储和邮政业	批发零售业	住宿餐饮业	居民服务和其他服务业
2004	30.3	22.9	3.4	4.6	6.7	10.4
2008	37.2	13.8	6.4	9.0	5.5	12.2
2009	36.1	15.2	6.8	10.0	6.0	12.7
2010	36.7	16.1	6.9	10.0	6.0	12.7
2011	36.0	17.7	6.6	10.1	5.3	12.2
2012	35.7	18.4	6.6	9.8	5.2	12.2
2013	31.4	22.2	6.3	11.3	5.9	10.6
2014	31.3	22.3	6.5	11.4	6.0	10.2
2015	31.1	21.1	6.4	11.9	5.8	10.6
2016	30.5	19.7	6.4	12.3	5.9	11.1

续表

年份	制造业	建筑业	交通运输、仓储和邮政业	批发零售业	住宿餐饮业	居民服务和其他服务业
2017	29.9	18.9	6.6	12.3	6.2	11.3
2018	27.9	18.6	6.6	12.1	6.1	12.2

数据来源：2004 年数据来自国务院研究室课题组（2006），其他年份的数据来自历年《农民工监测调查报告》。

再来分析农村转移劳动力的收入情况。图 2—5 给出了 2002 年到 2019 年农村转移劳动力的收入及增长情况。由图可知，农村转移劳动力的人均月收入一直保持逐年增加趋势，而且在一些年份的增长速度较快。如 2010 年，农民工人均月收入的增长率达 19.3%，剔除物价上涨因素，[1] 实际增长率为 15.5%，比同年度城镇国有单位就业人员平均实际工资增长率 8.9%[2] 高出 6.6 个百分点，比城镇集体单位就业人员实际工资增长率（12.9%）高 2.6 个百分点。2011 年，农民工人均月收入增长率达 21.2%，剔除物价上涨因素（2011 年居民消费价格比上年上涨 5.4%），实际增长率为 15.0%，[3] 比同年度城镇国有单位就业人员平均实际工资增长率 7.7%[4] 高出 7.3 个百分点，比城镇集体单位就业人员实际工资增长率高 1.1 个百分点。2013 年后，农民工人均月收入水平的增长速度开始逐年下降，由 2013 年的 13.9% 降为 2014 年的 9.8%，2015 年开始，增速较为平稳，在 6%—7%（见图 2—5）。

---

[1] 2010 年居民消费价格指数为 103.3%。数据来自国家统计局网站《2010 年国民经济和社会发展统计公报》。

[2] 数据来源：2011 年《中国统计年鉴》。2010 年，城镇单位就业人员平均实际工资指数（上年＝100）为 109.8，其中，国有单位就业人员为 108.9，城镇集体单位就业人员为 112.9，其他单位为 110.7。

[3] 2011 年农民工实际人均月收入 = 2049/1.054 = 1944（元），比上年增长 =（1944/1690 - 1）×100% = 15.0%。

[4] 数据来源：2012 年《中国统计年鉴》。2011 年，城镇单位就业人员平均实际工资指数（上年＝100）为 108.6，其中，国有单位就业人员为 107.7，城镇集体单位就业人员为 113.9，其他单位为 109.6。

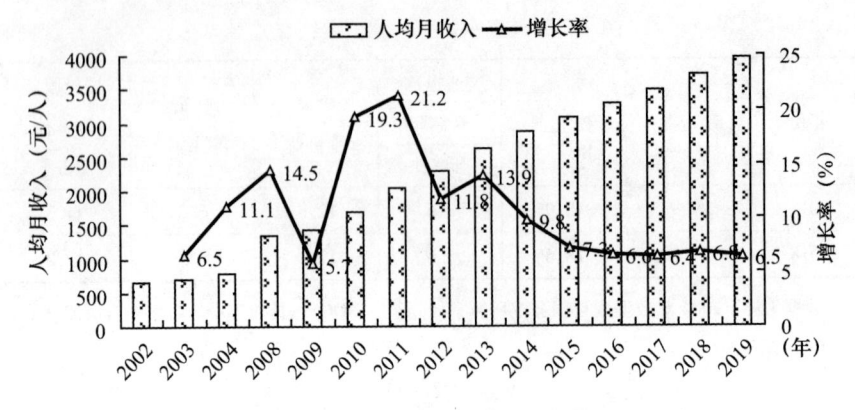

图 2—5　农民工月均收入水平的变化（2002—2019 年）

注：2008 年的增长速度为 2004—2008 年的年均增长速度，用几何平均法计算得到。

数据来源：原始数据来自国务院研究室课题组（2006）、历年《农民工监测调查报告》和 2019 年《国民经济和社会发展统计公报》。

由前述分析我们知道，大多数农村转移劳动力以初中学历为主，这种文化程度使得他们在建筑业、制造业、服务业中从事技术含量不高的工作，因而他们的收入也较低。尽管在一些年份，农民工的人均月收入水平增长速度较快，但从绝对量来看，他们与城镇居民的收入水平还存在较大差距。2002 年，农民工的人均月收入仅为 659 元，如果按每年工作 10 个月计算，[①] 一个有两个孩子、夫妻双方均在外务工的举家外出农民工家庭的人均年收入为（659×10×2）÷4=3295（元），这个收入比同年农村居民人均纯收入 2476 元高 33.1%，但仅为同年度全国城镇居民人均可支配收入 7703 元[②]的 42.8%，这还不包括城镇居民享受的其他相关福利。如果按农村外出务工劳动力每年工作 12 个月计算（事实上，这个很难达到），则人均年收入为（659×12×2）÷4=3954（元），比同年农村居民人均纯收入高 59.7%，但仍为同年城镇居民人均可支配收入的 51.3%。按照同样的方法，我们分别对 2008 年、2012 年、2017 年和 2018 年的情况进行计算（见表 2—15）。

[①] 根据 2016 年《农民工监测调查报告》中的数据，农民工年从业时间平均为 10 个月。

[②] 农村居民人均纯收入和城镇居民人均可支配收入数据来自国家统计局网站《2002 年国民经济和社会发展统计公报》。

表 2—15　　　　农村居民、外出农民工和城镇居民家庭人均
收入的比较

单位：元，%

年份	农村居民	外出农民工家庭		城镇居民
		假设一：每年工作10个月，两个孩子	假设二：每年工作12个月，两个孩子	
2002	2476	3295（42.8）	3954（51.3）	7703
2008	4761	6700（42.5）	8040（50.9）	15781
2012	7917	11450（46.6）	13740（55.9）	24565
2017	13432	17425（47.9）	20910（57.5）	36396
2018	14617	18605（47.4）	22326（56.9）	39251

注：①假设外出农民工家庭夫妻双方均在外务工并有收入；②2017年、2018年农村居民为人均可支配收入，其他年份为人均纯收入；城镇居民各年份均为人均可支配收入；③括号内为外出农民工家庭人均收入占当年城镇居民人均可支配收入的百分比。

数据来源：农村居民和城镇居民人均可支配收入来自历年统计公报；外出农民工家庭为作者的计算，原始数据来自历年农民工监测调查报告，2018年国民经济和社会发展统计公报。

2018年，农民工人均月收入为3721元，同样地，如果按每年工作10个月计算，一个有两个孩子、夫妻双方均在外务工的举家外出农民工家庭的人均年收入为18605元，比同年度农村居民人均可支配收入14617元高27.3%，是同年度城镇居民人均可支配收入39251元的47.4%；如果按农村外出务工劳动力每年工作12个月计算，则人均年收入为22326元，比同年农村居民人均纯收入高52.7%，但仍为同年城镇居民人均可支配收入的56.9%。由表2—15中括号内数据可知，从2002年到2018年，外出农民工家庭人均收入与城镇居民人均可支配收入的差距在慢慢缩小，但是缩小的速度非常慢，而这还没有考虑家中还有无收入来源的老年人，以及有三个及以上孩子的农民工家庭。由此可以看出，在现有条件下，即使是举家外出、无养老负担，农民工家庭与城镇居民的收入差距依然很大。我国城镇化进程中的"迁移谜题"问题一直存在。

上述分析的是全国的情况，我们再来看一下农民工收入的地区差异。表2—16给出了自2002年以来，在不同地区就业的外出农民工月收入水平。数据显示，农民工收入存在地区差异，三大地区中，东部地区的农民工人均月收入最高，中部地区和西部地区务工的农民工人均月收入相

差不大，有的年份中部地区高于西部地区，有些年份西部地区高于中部地区。2002年以来，农民工地区收入差异程度呈现先增大、再减小、再增大的态势，在某些年份，东部、中部、西部地区就业的农民工收入差距并不大，如2008年至2014年。2015年后，外出农民工收入的地区差异逐渐增大。

表2—16　农民工在不同地区务工的月均收入（2008—2018年）　单位：元/人

年份	全国	东部地区	中部地区	西部地区
2002	659	669	623	589
2003	702	709	643	644
2004	780	798	724	701
2008	1340	1352	1275	1273
2009	1417	1422	1350	1378
2010	1690	1696	1632	1643
2011	2049	2053	2006	1990
2012	2290	2286	2257	2226
2013	2609	2693	2534	2551
2014	2864	2966	2761	2797
2015	3072	3213	2918	2964
2016	3275	3454	3132	3117
2017	3485	3677	3331	3350
2018	3721	3955	3568	3522

注：2016—2018年东部地区不含辽宁，中部地区不含吉林和黑龙江。

数据来源：国务院研究室课题组（2006），历年《农民工监测调查报告》。

图2—6给出了2002年、2008年、2012年和2018年四个年份各地区农民工人均月收入与全国平均水平的比较情况。图中数据显示，2002年，东部地区就业的农民工人均月收入略高于全国平均水平，中部地区和西部地区低于全国平均水平，且两个地区的差异较大，中部地区是全国平均水平的0.95，而西部地区仅为全国平均水平的0.89。2008年和2012年，三个地区的差异较小，尤其是2012年。2018年，东部地区和中西部地区的差距又拉大，在东部地区务工的农民工人均月收入是全国平均水

平的 1.06 倍，而在中西部地区务工的农民工人均月收入分别是全国平均水平的 0.96 和 0.95。

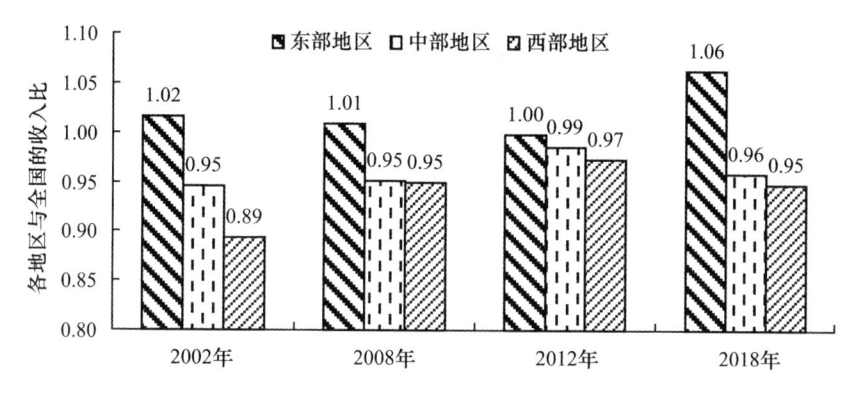

图 2—6　不同地区农民工月均收入与全国的比较

注：①图中数据为各地区外出农民工月均收入与全国水平的比值；②地区划分上，2016—2018 年东部地区不含辽宁，中部地区不含吉林和黑龙江。

数据来源：作者的计算，原始数据来源于国务院研究室课题组（2006），历年《农民工监测调查报告》。

综合上述分析，进入 21 世纪以来，无论是在哪个地区就业的外出务工农村劳动力，其收入水平都有了较大幅度的提高。并且，他们月均收入的增长速度高于城镇单位就业人员平均工资增长速度。但是，从绝对数来看，一个纯粹依靠外出务工生活的农村家庭与城镇居民家庭还存在着较大差距。那么，如果不从家庭角度，仅从不同行业就业的角度来看，农村转移劳动力与城镇职工收入之间的差距又有多大呢？在下一部分，我们将从这个视角来分析我国"迁移谜题"的现状。

二　农村转移劳动力与城镇职工收入的比较

根据前面的分析，农村转移劳动力主要在制造业、建筑业、服务业等行业工作，我们将对在这些行业就业农民工的收入与城镇职工的收入进行比较。

首先看近年来各行业农民工的人均月收入变化情况。根据表 2—17 的数据，不同行业就业的农民工收入存在较大差异。在农村转移劳动力就业的各行业中，收入最高的是交通运输仓储和邮政业，2011年，在该行业就业的农民工月均收入为2485元，比上年增长27.0%，增速在六个行业中位居第一，其收入水平是最低的住宿餐饮业的1.38倍；2015年，在该行业就业的农民工月均收入为3553元，比上年增长7.7%（增速第一），是收入最低的居民服务业的1.32倍；2016年，在该行业就业的农民工月均收入为3775元，同比增长6.2%，是收入最低的批发零售业的1.33倍；2018年，在这个行业就业的农民工的月均收入为4345元，增速为7.3%（位居第三），是收入最低的住宿餐饮业的1.38倍。数据显示，收入较低的行业有住宿餐饮业、批发零售业、居民服务业，不过这三个行业的收入差异并不大。

表2—17　　分行业农民工月均收入与增速（2011—2018年）　　单位：元,%

行业	2011年 收入	2011年 增速	2015年 收入	2015年 增速	2016年 收入	2016年 增速	2017年 收入	2017年 增速	2018年 收入	2018年 增速
制造业	1920	21.4	2970	4.9	3233	8.9	3444	6.5	3732	8.4
建筑业	2382	22.4	3508	6.6	3687	5.1	3918	6.3	4209	7.4
批发零售业	2024	17.9	2716	6.4	2839	4.5	3048	7.4	3263	7.0
交通运输仓储和邮政业	2485	27.0	3553	7.7	3775	6.2	4048	7.2	4345	7.3
住宿餐饮业	1807	19.6	2723	6.2	2872	5.5	3019	5.1	3148	4.3
居民服务和其他服务业	1826	20.1	2686	6.1	2851	6.1	3022	6.0	3202	6.0

数据来源：历年《农民工监测调查报告》。

调查显示，几乎所有的农村转移劳动力都选择在城镇就业，以2015年的数据为例，流入地级以上城市的农民工为1.119亿人，占外出农民工总量的66.3%，流入小城镇的共5621万人，占33.3%，两者相加共99.99%。而在跨省流动的农民工中，有80%流入地级以上大中城市，省内流动的农民工有54.6%流入地级以上大中城市。因此，我们以城镇单位就业人员平均工资与农民工月均收入来进行对比。根据《中国统计年鉴》数据进行整理的城镇就业人员在上述六个行业的历年月平均工资如表2—18和表2—19

所示。可以看出，城镇单位就业人员的行业收入存在差异，并且城镇非私营单位就业人员的平均工资明显高于私营单位就业人员。

表 2—18　　　按行业分城镇非私营单位就业人员月平均工资（2011—2017 年）

单位：元

年份	制造业	建筑业	批发零售业	交通运输、仓储和邮政业	住宿餐饮业	居民服务和其他服务业
2011	3055	2675	3388	3923	2291	2764
2012	3471	3040	3862	4449	2606	2928
2013	3869	3506	4192	4833	2837	3202
2014	4281	3817	4653	5285	3105	3490
2015	4610	4074	5027	5735	3401	3734
2016	4956	4340	5422	6138	3615	3965
2017	5371	4631	5933	6685	3813	4213

数据来源：作者的计算，原始数据来自 2017 年、2018 年《中国统计年鉴》。

表 2—19　　　按行业分城镇私营单位就业人员月平均工资（2011—2017 年）

单位：元

年份	制造业	建筑业	批发零售业	交通运输、仓储和邮政业	住宿餐饮业	居民服务和其他服务业
2011	2012	2176	1899	2162	1740	1712
2012	2351	2576	2269	2347	1994	2006
2013	2670	2907	2550	2762	2279	2290
2014	2971	3237	2825	3241	2457	2548
2015	3246	3476	3053	3375	2657	2767
2016	3510	3734	3299	3559	2893	2985
2017	3749	3912	3530	3821	3074	3201

数据来源：作者的计算，原始数据来自 2017 年、2018 年《中国统计年鉴》。

按照《中国统计年鉴》中的主要指标解释，城镇私营单位就业人员是指在工商管理部门注册登记，其经营地址设在县城关镇（含县城关镇）以上的私营企业就业人员，包括私营企业投资者和雇工。这里面应该包括部分农村转移劳动力，他们的收入水平应该与农民工最接近。因此，我们将农民工分别与城镇私营单位就业人员、城镇非私营单位就业人员的收入情况进行对比。

为了更好地进行对比，需要对这些指标进行说明。第一，《中国统计年鉴》中给出的是城镇非私营单位和私营单位就业人员的年平均工资，而历年《农民工监测调查报告》中给出的是农民工月均收入，考虑到数据可比性，我们统一以年收入为标准。与前述分析相同，我们根据2016年《农民工监测调查报告》中的数据，农民工从业时间按10个月计算。第二，根据《中国统计年鉴》中的主要指标解释，就业人员平均工资由报告期就业人员工资总额除以报告期就业人员平均人数得到。其中，工资总额是指在报告期内直接支付给本单位全部就业人员的劳动报酬总额，包括计时工资、计件工资、奖金、津贴和补贴、加班加点工资、特殊情况下支付的工资。工资总额是税前工资，包括单位从个人工资中直接为其代扣或代缴的房费、水费、电费、住房公积金和社会保险基金个人缴纳部分等。并且，不论是以货币形式支付的还是以实物形式支付的，均列入工资总额的计算范围。然而，绝大多数农民工只有在外务工而获得的货币收入，其他社会保险很难享受。根据2016年《农民工监测调查报告》的数据，2015年和2016年，没有签订劳动合同的农民工分别占全部农民工的63.8%和64.9%，显然，这些连劳动合同都没有签的农民工，更谈不上单位为其缴纳的养老、医疗等社会保险基金，他们的收入更多的是按劳计酬的货币收入。因而用这个收入与城镇单位就业人员的平均工资进行对比存在一定缺陷。但是，由于并无其他来源的可比数据，在此我们只能使用能够获取的，按农民工月均收入推算的年均收入来和城镇单位就业人员的平均工资进行对比。我们主要关注农民工就业较多的三个行业：制造业、建筑业、居民服务和其他服务业（以下简称"服务业"），按上述方法得到的这三个行业的收入对比如图2—7、图2—8和图2—9所示。

由图可知，农民工与城镇单位就业人员收入差异最大的是制造业，服务业次之，建筑业最小，且每个行业在各个年份之间的差异不大。

根据前述分析，制造业是最多农民工选择的行业，2017年以前，在制造业中就业的农民工超过30%。2017年仍有29.9%的农民工在制造业就业（见表2—14），他们的平均月收入为3444元，按每年工作10个月计算，

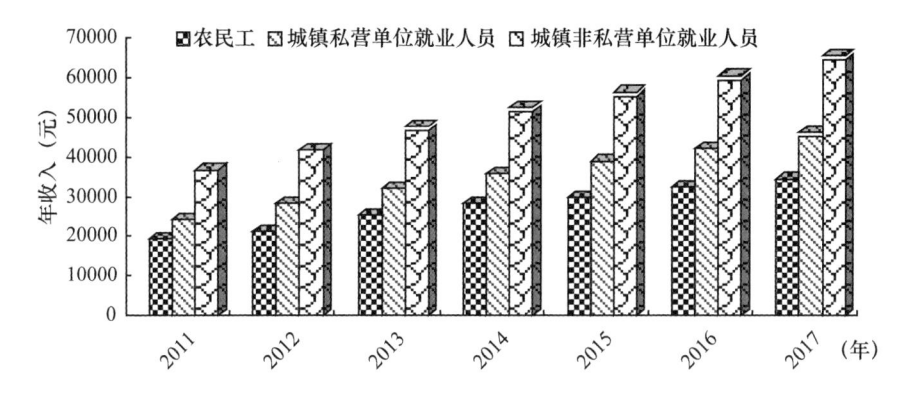

图 2—7　制造业就业的农民工与城镇单位就业人员收入对比（2011—2017 年）

注：农民工年收入按每年工作 10 个月计算。

数据来源：原始数据来自历年《农民工监测调查报告》和《中国统计年鉴》。

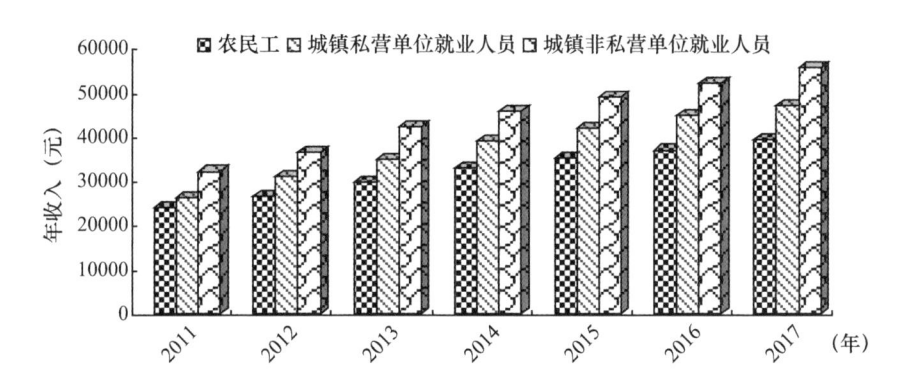

图 2—8　建筑业就业的农民工与城镇单位就业人员收入对比（2011—2017 年）

注：农民工年收入按每年工作 10 个月计算。

数据来源：原始数据来自历年《农民工监测调查报告》和《中国统计年鉴》。

将其年收入与城镇私营单位和非私营单位就业人员的平均工资进行对比（见图 2—7），可知在 2017 年，城镇私营单位就业人员的年平均工资是农民工年均收入的 1.31 倍，而城镇非私营单位就业人员的年平均工资是农民工年均收入的 1.87 倍。2017 年，在建筑业，这两个比值分别为 1.20 倍和 1.42 倍；在服务业，这两个比值分别为 1.27 倍和 1.67 倍。

由前述分析，我们知道，由于大量农民工并没有其他福利，所以农民工与城镇单位就业人员的收入差距应该比这些数据更大。这也反映出

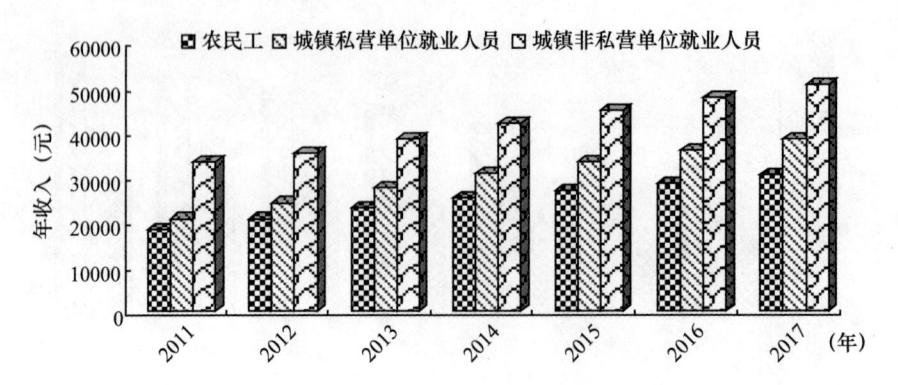

图 2—9 服务业就业的农民工与城镇单位就业人员收入对比（2011—2017 年）

注：农民工年收入按每年工作 10 个月计算。

数据来源：原始数据来自历年《农民工监测调查报告》和《中国统计年鉴》。

"迁移谜题"存在的制度根源。

三 城乡收入差距现状及趋势

大量在城市务工的农村转移劳动力是我国的特有现象，如果说这些农民工是城市与乡村之间的一个过渡群体，那我们再来分析城镇居民与农村居民之间的收入差距。

2012 年以前，中国的住户调查一直按城乡分别开展，城镇调查城镇居民可支配收入，农村调查农村居民纯收入。其中，城镇居民家庭可支配收入指家庭成员得到可用于最终消费支出和其他非义务性支出以及储蓄的总和，它是家庭总收入扣除缴纳的个人所得税、个人缴纳的社会保障支出，以及记账补贴后的收入；农村居民家庭纯收入指农村住户当年从各个来源得到的总收入扣除家庭经营费用支出、税费支出、生产性固定资产折旧、赠送农村内部亲友后的收入总和，人均纯收入则是按人口平均的纯收入，反映的是一个地区农村居民的平均收入水平。由于分别调查，农村与城镇居民收入的统计口径有所不同，数据也不完全可比。2012 年第四季度起，国家统计局建立了城乡统一的一体化住户调查，统一了城乡居民收入指标名称。但是，由于《中国统计年鉴》只给出了 2013 年以后的农村居民人均可支配收入，2013 年以前的数据未给出；农村居民人均纯收入数据只给到了 2015 年，并且对于"农村居民人均纯收入"和"农村居民人均可支配收入"之间的换算并未说明。因此，考虑到数据的可比性，本书在此使用 1985 年至 2015 年城镇居民人均可支配收入和农村居民家庭人均纯收入进行对比。

改革开放以来，我国经济实现了快速发展，收入水平不断提高，人民生活质量不断改善，无论是城市还是农村人均收入都实现了大幅度提高。统计数据表明，经农村居民消费价格指数消胀后，我国农村居民人均纯收入由 1985 年的 397.6 元上涨到 2015 年的 2321.55 元，是 1985 年的 5.84 倍；[①] 经城市居民消费价格指数消胀后，我国城市居民人均可支配收入由 1985 年的 739.10 元上涨为 2015 年的 6438.66 元，是 1985 年的 8.71 倍。30 年来，不仅城镇居民的人均可支配收入远远大于农村人均纯收入，而且城市居民人均可支配收入增长幅度也高于农村人均纯收入的增长幅度。直观上，城乡间的收入差距不断扩大，那么实际上城乡收入差距是否在不断扩大呢？下面用城乡人均收入比进行简单的分析。

以城乡人均收入比来表示城乡间的收入差距（见图 2—10），2015 年城乡名义人均收入比为 2.95，实际人均收入比为 2.77，[②] 低于 2014 年的比值。但整体来看，城乡收入差距不断扩大，城乡实际人均收入比由 1985 年的 1.86 上升到 2015 年的 2.77。1985—2015 年，城乡实际人均收入比呈现出波动上升趋势。第一次较大的波峰出现在 1994 年，城乡实际人均收入比达到极大值为 2.59，随之不断下降，并在 1997 年形成波谷，之后继续上升，在 2009 年处再次达到极大值为 3.12，该年的城乡实际人均收入比大于 1994 年，也是这 30 年来的最大值，继 2009 年后，城乡实际人均收入比开始下降。但城乡实际人均收入比是否会一直下降，还是会像 1997 年那样达到谷底后继续上升，目前还不能准确判断，需使用后续数据进一步研究，但从趋势线来看，很有可能城乡实际人均收入比在达到波谷后，会迎来进一步的提高，使城乡收入差距再次扩大，不过，这还需用之后数年的数据进行验证。

为了分析城乡收入差距的变化趋势，以城乡实际人均收入比作为被

[①] 作者的计算，原始数据来自历年《中国统计年鉴》。下同。
[②] 数据经作者计算整理。城乡实际人均收入比为经价格指数消胀后的城镇居民人均可支配收入与农村居民人均纯收入之比。

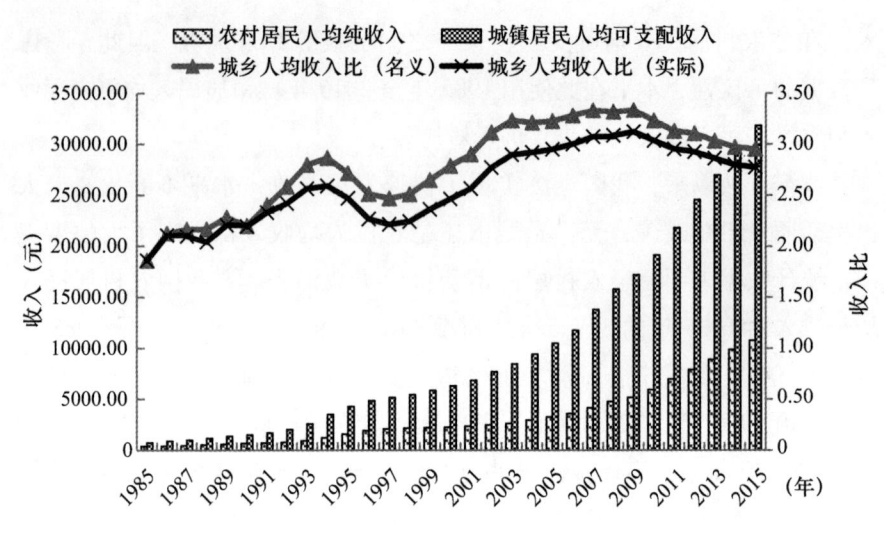

图 2—10　城乡人均收入及比值（1985—2015 年）

注：收入为名义值。

数据来源：原始数据来自历年《中国统计年鉴》。

解释变量，以时间为解释变量建立回归方程，并使用 1985—2015 年的数据简要估计城乡收入差距随时间的变化趋势，所用模型如式（2—1）：

$$d_t = \alpha_0 + \alpha_1 t + \alpha_2 t^2 + \varepsilon_t \quad (2\text{—}1)$$

其中，d_t 为城乡实际人均收入比，t 为时间变量，t^2 为时间变量的平方，ε_t 为随机扰动项。回归分析结果（见表 2—20），估计得到 t 的回归系数为 0.064，且在 1% 的水平上显著，而 t^2 的估计系数为负但不显著（显著性水平为 5%），说明在其他条件不变的情况下，城乡实际人均收入比随时间而递增，城乡收入差距随着时间而扩大。

表 2—20　　　　　　　模型式（2—1）的 OLS 估计结果

解释变量	OLS
因变量：城乡实际人均收入比	
t	0.064 ***
	(0.014)
t^2	−0.001
	(0.000)

续表

因变量：城乡实际人均收入比	
解释变量	OLS
Constant	1.866***
	(0.100)
观测值	31
R^2	0.794

注：*** 表示系数在1%的水平上显著，括号内为标准误。

第三节 "迁移谜题"的出现

通过上述数据分析可以发现，我国存在着转移劳动力规模增加与城乡收入差距扩大并存的现象。近年来，我国农村劳动力转移规模逐步扩大，同时城乡收入差距不断波动上升，并且经数据验证城乡收入差距表现出随时间而增长的态势，而且劳动力转移规模与城乡收入差距都有进一步扩大的趋势（见图2—11）。

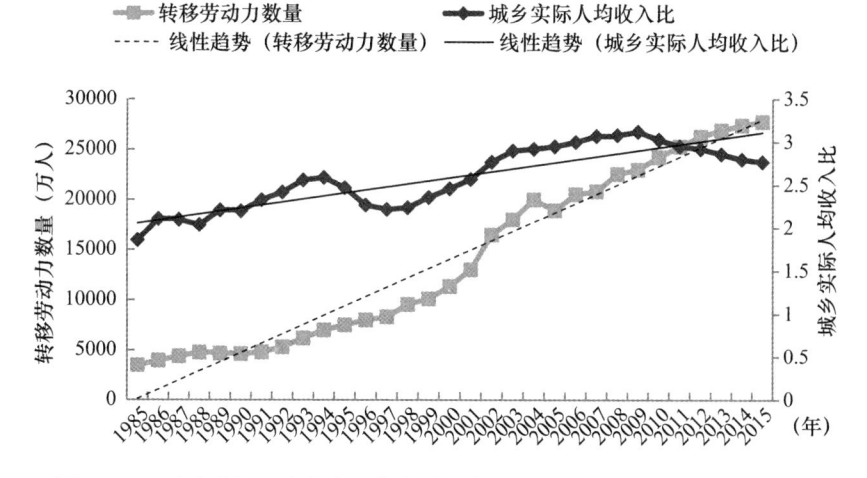

图2—11 城乡实际人均收入比与劳动力转移规模的变动（1985—2015年）

数据来源：城乡人均收入比原始数据来自历年《中国统计年鉴》，转移劳动力规模原始数据来自谭永生（2007）的计算整理及历年《农民工监测调查报告》。

由图2—11可以看出，转移劳动力的数量不断快速上涨，相较而言，城乡收入差距在波动中平缓上升，虽然城乡收入差距与劳动力转移规模同时扩大，但是并不能依此判断农村劳动力转移对城乡收入差距起到了扩大的作用，可能存在某些无法观测的趋势因素同时影响了二者。那么到底大规模劳动力转移对城乡收入差距起到了怎样的作用，是有收敛作用还是有发散作用，需进一步研究。

我们使用1985—2015年的城乡实际人均收入比数据及转移劳动力规模数据做一个简单的回归分析，估计城乡收入差距与劳动力转移规模的关系。所用模型如下：

$$\ln d_t = \beta_0 + \beta_1 \ln l_m + \beta_2 t + \varepsilon_t \qquad (2\text{—}2)$$

其中，$\ln d_t$为城乡实际人均收入比的对数，$\ln l_m$为转移劳动力数量的对数，t为时间变量，ε_t为随机扰动项。

使用最小二乘估计的结果发现，转移劳动力数量的系数显著为正，城乡实际人均收入比与劳动力转移数量存在正相关关系，一定程度上说明了农村劳动力大规模转移并未有效缩小城乡收入差距，而且还表现出扩大的作用。

整体来看，我国城镇化进程中的大规模劳动力转移并没有起到缩小城乡收入差距的作用，在我国城镇化进程中仍存在着"迁移谜题"问题。

第三章

"迁移谜题"的形成机理

传统理论中,劳动力从边际生产率很低的农业部门向边际生产率高的非农业部门转移,能够缩小这两个部门间的边际生产率差异,进而缩小城乡收入差距。然而根据第二章的分析可知,在我国,一方面农村劳动力转移规模不断扩大,另一方面城乡收入差距依然较大,收入差距并没有随着劳动力由农村向城市的转移而缩小。由第二章第一节的描述统计分析可知,2001 年以来,我国农村外出劳动力有两个值得关注的变化特征,一是农民工的"中年化"趋势,二是农民工的文化程度不断提高。2018 年,有近 30% 的农民工具有高中及以上文化程度,并且接受过技能培训的比例也不断增加。根据经济学理论,人力资本投资的形式可归结为普通教育、在职培训、健康保健和劳动力流动。教育和培训无疑是人力资本构成的重要部分,而农民工的"中年化"则可视为人力资本投资中的"劳动力流动",因为那些在 2018 年步入 50 岁行列的农民工中可能有大部分在 2001 年已经进城务工,而那时,他们还处于 31—50 岁组。因此,总体上看农民工的人力资本水平在不断提高,那么,这种提高对于"迁移谜题"的出现有影响吗?作为人力资本主要构成要素的教育、健康、职业培训等在其中起到的作用是否相同?为此,本书在后续各章中将主要围绕这些问题展开。

在本章,我们将从传统理论出发,以人力资本为线索分析传统理论假设与我国现实的矛盾;再从城镇化和制度变迁视角剖析我国"迁移谜题"现象;最后,基于人力资本视角对我国"迁移谜题"的形成机理进行探讨,提出理论假设,为后续各章的实证分析奠定理论依据。

第一节 传统理论中的劳动力转移与收入差距

一 二元经济理论

1954年，刘易斯发表了《劳动力无限供给条件下的经济发展》，在这篇文章中，他创立了二元经济模型，也称作"两部门模型"。此后费景汉和拉尼斯（Fei、Rains，1961）对其进行了修正，进一步完善了农业剩余劳动力转移的二元经济理论，该理论指出发展中国家存在着传统农业部门和现代工业部门两大经济部门，传统农业部门的边际生产率远远低于现代工业部门，存在着大量剩余劳动力，且工资率较低。在不受限制的条件下，农村劳动力会从边际生产率较低的农业部门向边际生产较高的工业部门转移，工业部门不断吸收农业部门的剩余劳动力，直到将农业部门的剩余劳动力吸收完毕。农业和工业两部门之间的边际生产率差异和收入差距，成为劳动力流动的主要动因，只要两部门之间存在生产率和收入上的差异，在没有任何障碍的条件下，剩余劳动力可以从农村向城市不断转移。这种劳动力转移不仅可以促进经济增长，还可以使二元经济结构逐渐消减，是缩小城乡收入差距的一种重要机制。

刘易斯—费景汉—拉尼斯模型作为分析二元经济问题的经典模型，为研究劳动力转移与城乡收入差距提供了理论支撑及进一步的研究思路。然而该模型与我国的现实情况存在矛盾，我国大规模劳动力转移之所以没有缩小城乡收入差距，出现"迁移谜题"现象，与此矛盾密切相关。二元经济理论要求劳动力在城乡间的流动没有任何障碍，而现实中我国存在着各种制度性障碍，劳动力无法自由流动，并且劳动力的流动也会受个体特征的约束，劳动力要想向城市流动需要满足某些条件。人力资本作为这些要求中的重要条件，是推动劳动力流动的重要因素，与决定是否迁移密切相关。而二元经济模型过分强调物质资本积累的作用，对人力资本重视不够，并且过分强调现代工业部门的扩张而忽视了农业的发展。因而，这种理论前提假设与我国实际情况存在一定程度背离的现实，使得"迁移谜题"现象在我国发生。

二 托达罗的劳动力迁移模型

1969 年,美国经济学家托达罗针对刘易斯模型、费景汉—拉尼斯模型的缺陷,将城市失业与欠发达国家的劳动力迁移结合起来,建立了一个新的劳动力迁移模型(Todaro,1969),并做了进一步的发展和完善(Harris、Todaro,1970)。托达罗模型是在发展中国家城市失业问题日益严重、同时农村劳动力加速迁移到城市的背景下提出的。托达罗认为,应当扩大农村中的就业机会,以缩小城乡就业之间的不平衡;由于拓展城市少量的就业机会,可能引来大量的农村剩余劳动力供给,导致更多的人失业,因此开创城市就业机会对解决城市就业问题没有帮助;农村居民的受教育程度越高,其向城市转移的预期收入就越高,因而不加区别地发展教育事业会进一步加剧劳动力的迁移和失业;政府干预城市工资水平,特别是制定最低工资线,并且对城市失业人口给予最低生活补贴,会导致要素供给的价格扭曲,引致更多的剩余劳动力进入城市,使城市的失业率更高;应当重视农业和农村的发展,鼓励农村的综合开发,增加农村的就业机会,提供教育和卫生设施,发展电力、供水和交通,改善农村的生活条件等,从而缓解农村人口向城市的流动(Todaro,1969;Harris、Todaro,1970)。

托达罗的劳动力迁移模型正确地反映了人口和劳动力在比较经济利益的驱动下向较高收入的地区或部门流动的理性经济行为;只要存在相对来说收入高的就业岗位和就业机会,就会对收入较低、就业不足的劳动力产生持续的引力效应;对迁移成本的计算与预期是影响劳动力作出迁移与否决策的重要因素之一。

从托达罗的迁移模型中可以看出,人力资本水平已经成为影响劳动力转移的因素之一,因此,托达罗模型隐含的政策含义包括了人力资本政策的内容,他认为应该重视农村人力资本投资,提高农村劳动力的技能,增强劳动力在城市发展及就业的能力。在托达罗的后续研究中,随着人力资本理论的发展和完善,明确导入了人力资本的研究思路,更好地解释了劳动力流动的个人选择性问题,即年轻人、高学历者、有特殊技能者流动倾向比较强的这个现象。这说明,人力资本投资开始进入了发展经济学家的视野,成为分析劳动力转移的一个重要因素。

三　收入均等化理论

经济学对劳动力流动的解释主要基于收入均等化理论，依据该理论，人们有向可以获得收入最高的职业或地理位置流动的倾向，因此收入的差异成为流动的动机，而通过流动，同质劳动力收入上的差别便可消减，进而实现收入均等。

收入均等化理论认为在自由流动下，同质要素可获得同等报酬。若在能力相同的劳动力中出现了收入差异，可能是因为在工作条件上存在差别，或是在迁移中存在着某些流动成本。

在城乡间实现收入均等的过程中，劳动力流动是关键，然而要想实现收入均等，前提条件是要素同质且能够自由地流动，无成本地寻找就业机会，进而实现就业。收入均等化理论要求要素同质，此要素不仅包括劳动力，还包括其他要素禀赋，然而我国的实际情况与这些假设条件并不相符。在我国，一方面，农村剩余劳动力不能自由流动，并且在流动过程中存在着各种流动成本；另一方面，不仅我国的城乡劳动力是不同质的，而且转移劳动力也是不同质的，他们的不同质主要表现在受教育程度、健康、培训等人力资本上。还有一个不能忽视的实际情况是，我国城乡间所具有的其他要素禀赋也存在较大差异。

归纳而言，我国的劳动力流动并不满足收入均等化理论成立的条件：第一，我国大量的农村劳动力并不能满足自由流动的条件；第二，劳动力转移存在成本费用；第三，城乡要素禀赋不同，劳动力具有异质性。因此，该理论在我国并不适用。

综合上述分析，人力资本无论是在劳动力就业还是在劳动力流动中都起到了非常重要的作用，不容忽视。因此，在后续分析中，我们将围绕转移劳动力的人力资本研究劳动力异质与"迁移谜题"产生之间的关联。

第二节　城镇化、制度变迁与"迁移谜题"

一　城镇化与"迁移谜题"

城镇化是农业人口转变为非农业人口、人们不断向城镇聚集的过程，某国或某地区城镇化水平的高低一般通过城镇常住人口占总人口的比重来体现,城镇化率越大,说明城镇化水平越高。在城镇化过程中,城镇人口和城镇数量增加,城镇规模扩大,国家或地区的经济发展水平和生产力水平显著提高,产业结构得到优化升级,人民收入和生活质量也得到一定程度的改善。一般而言,在经济发展的初级阶段,城镇化进程缓慢上升,达到一定程度之后增速加快,之后增速又有所下降,并趋于平缓。推动城镇化进程,有利于产业结构的优化升级,促进城乡协调发展,提高人们生活水平,因而城镇化成为经济发展的一个重要动力。

目前,我国仍处于城镇化水平加速上升阶段,城镇化率与欧美国家之间仍存在较大差距,仍然有很大的上升空间。根据经济学理论,随着城镇化水平的提高,越来越多的农村劳动力流入城市,他们的收入不断增加,这有利于缩小城乡收入差距,但事实上我国收入差距扩大的现象一直未得到改善。

结合我国实际情况来看,城镇化水平对于城乡收入差距的作用可以划分为两个方面的结果:一方面,在城镇化进程当中,农村劳动力流入城镇后收入得到提高,而城镇通过吸收外来的农村劳动力,增加了城镇的劳动力供给,导致城镇居民收入的下降,最终缩小了城乡之间的收入差距。同时,流入城镇的农村劳动力将所获得的更高收入在农村消费之后,这一部分资金在农村进行流转,可以提高农民的收入,进而缩小城乡收入差距(傅振邦、陈先勇,2012)。此外,城镇化降低了户籍制度对收入差距所造成的影响,并且由于城镇化水平的提高,农村基础设施建设不断完善,农民可以从中获得更多的利益,有利于城乡收入差距的缩小(李子叶等,2016)。另一方面,因为我国户籍制度的存在,大量在城镇工作的农民工无法真正享受公共服务上的平等对待,而一些受教育程度较低且自身技术不强的农民在城镇生活,收入无法得到真正的提高,但是大规模的农民工进入城市却提高了当地的劳动生产率,导致收入差距扩大(吕炜、高飞,2013;肖尧,2013)。并且,富裕的农民往往比贫穷的农民更加容易转变为城镇居民,因此从统计方面来说,城镇化反而会拉大城乡之间的收入差距(阮杨等,2002)。

还有观点认为,城乡居民收入差距与城镇化水平之间呈现倒"U"形的关系。这种关系符合库兹涅茨倒"U"形曲线理论,在城镇化的早期阶段，一些具备劳动技能和资本的农村转移劳动力流入城市，引起城乡收入差距的扩大；在城镇化发展到一定阶段时，更多农民工流入城市，造成农村劳动力的稀缺，农村居民的收入上升，导致城乡居民之间的收入差距进入稳定期，最终又呈现缩小趋势（周云波，2009；杨森平等，2015）。

总的来说，城镇化水平与城乡居民收入差距之间存在一定的联系，但是这种关系是正是负，由于研究方法和模型的不同，学界得出了不同的观点。尽管观点不一致，但他们都认为城乡居民的收入差距与城镇化密切相关，因此，要破解"迁移谜题"问题，可以从城镇化角度入手。

二 制度变迁与"迁移谜题"的产生

制度变迁是指旧制度被替代或改变、新制度产生的一个动态过程，是由一种效率更高的制度代替原来的制度。针对制度变迁是否存在主体这一问题，学界存在两种不同的观点：一是以哈耶克为代表人物的演进主义变迁观，该观点认为制度变迁不存在主体，其过程是自然演进的，制度并非经过设计或发明而形成，它孕育于人们并未预见到的行为。二是以诺思为代表人物的构建理性主义变迁观，该观点认为制度变迁是有主体的，并且存在政府、团体和个人三个层次的主体，制度是由一系列人们有意识的行为创造出来的。客观地说，制度变迁存在主体，但又不完全取决于主体，所有制度变迁行为都是由客观条件所决定。

将成本与收益进行比较是制度变迁的动因，也就是说，只有当预期收益高于预期成本时，才会引起制度变迁的发生；而预期成本高于预期收益则不会更改原来的制度。诺思认为，制度变迁可以划分为渐进性变迁和突发性变迁两种。同时，从其他角度考虑，制度变迁还可以划分为诱致性变迁和强制性变迁、需求诱致型变迁和供给主导型变迁两种模式。此外，诺思将制度变迁的过程分为五个阶段，即形成制度变迁的初级行动集团或第一行动集团、制订制度变迁的方案、确定制度变迁方案、形成制度变迁的次级行动集团或第二行动集团、两个行动集团一同建立新的制度并完成制度变迁。他认为，制度创新与潜在利润之间存在一定的时间间隔，也就是制度变迁存在时滞，而这种时滞的产生与路径依赖之间有着密切的联系。路径依赖问题与物理学中的"惯性"相类似，新制定的制度在很大程度上会受到以往制度的影响，一旦选择了某条关于制度的路径，就很有可能顺着这条路径继续下去。倘若这条路径不好，则会产生负效用。

几十年来，中国一直实施严格的户籍制度和城市导向的发展战略，束缚了农村人口向城市的流动、制约了农村的发展，由此而导致的城乡不平等阻碍了中国的城镇化进程，造成收入差距扩大的问题。

制度变迁理论中的路径依赖原理可以用来解释我国城乡居民收入差距不断扩大的原因，依照原来的路径，我国采取计划和市场相结合、户口政策限制农民的权利、生产要素价格双轨制，通过"新三驾马车"推动城镇化的进程，最终的结果就是造成城乡差距（董全瑞，2013）。并且，从制度变迁角度进行考虑，个人收入分配制度变迁也会导致城乡之间的差距（冯招容，2002）。还有学者认为，我国的体制变革虽然会引起收入差距过大，但这类问题的解决并不仅是体制内的问题，体制变革并不是城乡差距的"元凶"（靳涛、李帅，2015）。由此可以看出学者们对于这一问题的共同观点，即制度变迁会影响城乡收入差距。

制度环境的变化也会对农村劳动力转移行为产生影响。从新中国成立初期到改革开放，关于农村劳动力转移，我国的制度设计经历了从"自由迁移"到"严格控制"、从"离土不离乡"到"离土又离乡"、从"消极应对"到"积极引导"三个发展阶段（国务院研究室课题组，2006）。新中国成立初期，国家采取的是让农村居民向城市自由迁移的政策。但是，从1958年颁布《中华人民共和国户口登记条例》之后，我国采取了严格控制农村人口向城市迁移的政策。党的十一届三中全会以后，农村率先改革，大量农民进入乡镇企业。20世纪80年代后期，随着对外开放和城市改革的深入，东部沿海经济快速发展，国家调整限制政策，准许农民在不改变身份、不改变城市供给制度的前提下进城务工。这一制度设计带来的结果是，农村外出务工劳动力由改革开放初期的不到200万人激增到1989年的3000万人，"农民工""民工潮""外来妹"等新名词应运而生。1992年邓小平南方谈话后，农民外出务工就业又出现新的高潮，1993年达到6200多万人，比1989年翻了一番多。90年代中后期，大量国有企业改革，面临"下岗分流、减员增效"带来的城市下岗失业人员和城镇新增就业人员，一些城市对农民工就业采取了限制性措施，农民工数量增长速度有所放缓。进入21世纪，珠三角一带出现的"民工荒"现象引发了我国对农民工问题的又一次大讨论，2003年和2004年，国务院办公厅连续两次下发通知，要求各级政府切实改善农民进城就业环境，做好管理和服务工作；2004年2月，21世纪第一个围绕"三农"问题的一号文件直指农民增收，提出"改善农民进城就业环境，增加外出务工收入"。至此，农民外出务工又进入了一个新的发展时期。2004年当年，我国农民工数量达到1.18亿人，占农村劳动力的23.8%；2019年，我国农民工数量达2.91亿人，比2004年增长146.6%。

由此可见，制度设计、制度变迁与"迁移谜题"的产生有一定关系，制度以及政策方面的因素一方面推动了大量农村劳动力向城镇的迁移，另一方面对城乡收入差距也产生了巨大影响。因此，要探寻"迁移谜题"的破解机制，需要重点考虑制度设计。

第三节　人力资本视角下"迁移谜题"的形成机理

根据前述分析，无论是传统经济学理论下的劳动力流动，还是不同制度约束下伴随大量农村劳动力流动的中国城镇化发展，人力资本在其中的作用都非常重要。自舒尔茨提出人力资本理论以来，人们越来越重视人力资本在经济发展中的重要作用。人力资本是指凝聚在劳动者身上的一种资本类型，可以用劳动者的教育程度、技能水平以及健康状况来表示。舒尔茨指出现代经济发展不能像以往一样单纯依靠自然资源和人的体力劳动，在生产中可以通过提高体力劳动者的智力水平来增加要素的产出效率，从而代替原有的生产要素，因此，人力资本对经济增长的作用大于物质资本，人力资本积累是社会经济增长的源泉。

人力资本理论于20世纪60年代在西方经济学界迅速发展起来，越来越多的学者们开始从人力资本的视角来研究收入和贫困问题。其中，最为突出的是贝克尔（Becker），他系统地阐述了形成人力资本的各类投资及其产生的收益，在人力资本形成、正规教育、在职培训、其他人力资本投资的支出与收入以及年龄—收入曲线等方面，都强调了教育与培训对形成人力资本的重要作用。贝克尔认为，用于教育、在职培训、卫生保健、劳动力迁移等方面的支出，都是一种投资行为。人力资本不仅意味着才干、知识和技能，而且还意味着时间、健康和寿命。人力资本表现为人的能力与素质，与人的本身不可分离。人力资本与物质资本最大的区别就是人力资本生产率受到人本身努力程度的影响。

总而言之，人力资本理论认为人力资本存量低下且人力资本投资不足是制约收入提高的根本原因，并指出教育和培训是人力资本投资的重要途径，能够有效地提高劳动力收入。在本节，我们将分别从教育、健康、职业培训视角，分析人力资本视角下"迁移谜题"的形成机理。

一　教育水平对收入差距的作用机理

舒尔茨认为导致贫穷的关键原因是人口质量低，他强调城乡贫富差异悬殊，根本在于教育的不平等。农民受教育机会少，劳动力素质差。要缩小城乡差距，改变农村发展落后的情况，就要加大农村教育投入，提高农民受教育水平，使农民和城市居民一样，可以接受同等的教育，提高广大农民的素质。因此，教育水平提高是人们收入增长和收入差距缩小的根本原因，人力资本投资可以使个人收入社会分配的不平等现象趋于减少。

舒尔茨的研究成果揭示，收入是与教育投入密切相关的问题。劳动者的受教育机会越多，受教育水平越高，就业的机会就越多，挣得的收入也越高。关于教育与收入关系的问题，明瑟（Mincer，1958）研究了个人收入差别与人力资本投资的关系，论证了受教育年限越长、劳动者收入越高的现象。

教育对地区内收入差距也有重要影响，教育在收入差距中所起的作用逐渐增大。随着教育不平等程度的扩大，收入不平等程度也不断加剧。然而教育不平等的改进也没有改善收入不平等（杨俊等，2008），公共教育并没有起到调节收入差距的作用。现阶段我国平均受教育水平的提高反而扩大了城乡收入差距（王晓清、刘东，2012），主要原因在于高等教育对城乡收入差距的扩大效应。并且教育对农村收入不平等的作用也存在增大趋势。教育水平的差异及教育回报率的差异都是导致收入差距的重要因素，而教育水平的差异是最主要的因素。

为了定量分析教育人力资本的贡献，许多研究都将其作为一个重要的要素加入生产函数。罗默（Romer）于1990年提出了四要素模型，把人力资本引入其中，本书借鉴该模型，建立新的分析模型，试图探讨教育人力资本对收入差距的作用。

假定在两部门经济中，城市的总产出为Y_u，农村的总产出为Y_r，城乡生产函数表示如下：

$$Y_u = A_u K_u^{\alpha_1} L_u^{\beta_1} H_u^{\gamma_1} e^{\varepsilon_1} \quad (3—1)$$

$$Y_r = A_r K_r^{\alpha_2} L_r^{\beta_2} H_r^{\gamma_2} e^{\varepsilon_2} \quad (3—2)$$

其中，A为技术水平，K为物质资本存量，L为劳动力数量，H为人力资本，ε为随机扰动项。式（3—1）为城市，式（3—2）为农村。

为了研究转移劳动力的异质性，探究不同层次人力资本的影响，故将其在产出函数中单独列出。则城镇产出函数为：

$$Y_u = A_u K_u^{\alpha_1} L_u^{\beta_1} H_u^{\gamma_1} H_1^{\tau} H_2^{\delta} H_3^{\lambda} e^{\varepsilon_1} \quad (3—3)$$

其中H_1、H_2、H_3代表转移劳动力的低、中、高人力资本，H_u代表城镇居民从业人员的人力资本，不包括转移劳动力的人力资本。

若农村转移劳动力全部成为城镇居民，则城镇劳均产出为：

$$y_u = \frac{Y_u}{L_u} = \frac{A_u K_u^{\alpha_1} L_u^{\beta_1} H_u^{\gamma_1} H_1^{\tau} H_2^{\delta} H_3^{\lambda} e^{\varepsilon_1}}{L_u} \quad (3—4)$$

农村劳均产出为：

$$y_r = \frac{Y_r}{L_r} = \frac{A_r K_r^{\alpha_2} L_r^{\beta_2} H_r^{\gamma_2} e^{\varepsilon_2}}{L_r} \quad (3—5)$$

假定城乡劳动力从产出中所获比例即分配系数分别为a_1、a_2，每一劳动力负担人口分别为b_1、b_2。用y_1、y_2分别表示城乡人均收入则：

$$y_1 = \frac{a_1 y_u}{b_1} = \frac{a_1}{b_1} \frac{A_u K_u^{\alpha_1} L_u^{\beta_1} H_u^{\gamma_1} H_1^{\tau} H_2^{\delta} H_3^{\lambda} e^{\varepsilon_1}}{L_u} \quad (3—6)$$

$$y_2 = \frac{a_2 y_r}{b_2} = \frac{a_2}{b_2} \frac{A_r K_r^{\alpha_2} L_r^{\beta_2} H_r^{\gamma_2} e^{\varepsilon_2}}{L_r} \quad (3—7)$$

此时的城乡收入差距为：

$$d = \frac{y_1}{y_2} = \frac{\frac{a_1}{b_1} \frac{A_u K_u^{\alpha_1} L_u^{\beta_1} H_u^{\gamma_1} H_1^{\tau} H_2^{\delta} H_3^{\lambda} e^{\varepsilon_1}}{L_u}}{\frac{a_2}{b_2} \frac{A_r K_r^{\alpha_2} L_r^{\beta_2} H_r^{\gamma_2} e^{\varepsilon_2}}{L_r}} = \frac{\frac{a_1}{a_2}}{\frac{b_1}{b_2}} \frac{\frac{A_u K_u^{\alpha_1} L_u^{\beta_1} H_u^{\gamma_1} H_1^{\tau} H_2^{\delta} H_3^{\lambda} e^{\varepsilon_1}}{L_u}}{\frac{A_r K_r^{\alpha_2} L_r^{\beta_2} H_r^{\gamma_2} e^{\varepsilon_2}}{L_r}}$$

$$(3—8)$$

进一步假设有 m 个农村转移劳动力仍保留农民身份，其个人工资为 z，且 $y_1 > z > y_2$，n、s 分别为转移劳动力全部进行身份转换后的城镇和农村人口，则城镇居民人均收入变为：

$$y'_1 = \frac{y_1 n - mz}{n - m} = \frac{y_1 n - y_1 m + y_1 m - mz}{n - m}$$

$$= y_1 + \frac{m(y_1 - z)}{n - m} > y_1 \quad (3-9)$$

农村居民人均收入变为：

$$y'_2 = \frac{y_2 s + mz}{s + m} = \frac{y_2 s + y_2 m - y_2 m + mz}{s + m} = y_2 + \frac{m(z - y_2)}{s + m} > y_2 \quad (3-10)$$

此时的城乡收入差距为：

$$d_1 = \frac{y'_1}{y'_2} = \frac{y_1 + \dfrac{m(y_1 - z)}{n - m}}{y_2 + \dfrac{m(z - y_2)}{s + m}} = \frac{y_1}{y_2} \frac{1 + \dfrac{m}{n-m}\dfrac{y_1 - z}{y_1}}{1 + \dfrac{m}{s+m}\dfrac{z - y_2}{y_2}}$$

$$= \frac{y_1}{y_2} \frac{\dfrac{n}{n-m} - \dfrac{m}{n-m}\dfrac{z}{y_1}}{1 + \dfrac{m}{s+m}\dfrac{z - y_2}{y_2}}$$

$$= \frac{\dfrac{a_1}{a_2}}{\dfrac{b_1}{b_2}} \frac{\dfrac{A_u K_u^{\alpha_1} L_u^{\beta_1} H_u^{\gamma_1} H_1^{\tau} H_2^{\delta} H_3^{\lambda} e^{\varepsilon_1}}{L_u}}{\dfrac{A_r K_r^{\alpha_2} L_r^{\beta_2} H_r^{\gamma_2} e^{\varepsilon_2}}{L_r}} \frac{\dfrac{n}{n-m} - \dfrac{m}{n-m}\dfrac{z}{y_1}}{1 + \dfrac{m}{s+m}\dfrac{z - y_2}{y_2}} \quad (3-11)$$

令 $R^{\theta} = \left[\dfrac{n}{n-m}\right]^{\theta} \approx \dfrac{\dfrac{n}{n-m} - \dfrac{m}{n-m}\dfrac{z}{y_1}}{1 + \dfrac{m}{s+m}\dfrac{z-y_2}{y_2}}$，$R$ 表示城镇化滞后，则：

$$d_1 = \frac{y'_1}{y'_2} = \frac{\dfrac{a_1}{a_2}}{\dfrac{b_1}{b_2}} \frac{\dfrac{A_u K_u^{\alpha_1} L_u^{\beta_1} H_u^{\gamma_1} H_1^{\tau} H_2^{\delta} H_3^{\lambda} e^{\varepsilon_1}}{L_u}}{\dfrac{A_r K_r^{\alpha_2} L_r^{\beta_2} H_r^{\gamma_2} e^{\varepsilon_2}}{L_r}} \frac{\dfrac{n}{n-m} - \dfrac{m}{n-m}\dfrac{z}{y_1}}{1 + \dfrac{m}{s+m}\dfrac{z - y_2}{y_2}}$$

$$\frac{\dfrac{a_1}{a_2}}{\dfrac{b_1}{b_2}} = \frac{\dfrac{A_u K_u^{\alpha_1} L_u^{\beta_1} H_u^{\gamma_1} H_1^{\tau} H_2^{\delta} H_3^{\lambda} e^{\varepsilon_1}}{L_u}}{\dfrac{A_r K_r^{\alpha_2} L_r^{\beta_2} H_r^{\gamma_2} e^{\varepsilon_2}}{L_r}} R^{\theta} \tag{3—12}$$

对式（3—12）两边取对数，

$$\ln d_1 = \ln \frac{a_1}{a_2} - \ln \frac{b_1}{b_2} + \ln \frac{A_u}{A_r} + \alpha \ln \frac{K_u}{K_r} + \beta \ln \frac{L_u}{L_r} + \gamma \ln \frac{H_u}{H_r}$$
$$+ \tau \ln H_1 + \delta \ln H_2 + \lambda \ln H_3 + \theta \ln R + \varepsilon \tag{3—13}$$

根据式（3—9）、式（3—10）、式（3—11）及 $y_1 > z > y_2$ 可知，若农村转移劳动力保留农民身份可同时提高城镇居民和农村居民人均收入，但是城乡收入差距如何变动取决于转移劳动力对城市发展的贡献及对农村人均收入增加的作用大小。然而，这种无身份转换的迁移，虽可同时提高城镇居民和农村居民人均收入，却会损害转移劳动力的利益。

由式（3—13）可知，城乡收入差距与城乡分配系数、劳动力负担人口、技术水平、物质资本存量、城乡劳动力数量、城乡劳动力人力资本、流动人口的不同层次人力资本以及城镇化滞后有关。其中，城乡收入差距与城乡分配系数比、技术水平比有正向关系，而与负担人口比有负向关系，与其他变量的影响方向并不明确，需要实证研究进一步探讨，但可以预期城乡人力资本差异会对城乡收入差距扩大起到正向的作用。人力资本的积累是社会经济增长的源泉（Schultz，1961），而城镇相对农村较高的人力资本有助于促使城镇经济发展快于农村，进而扩大城乡收入差距。

我们预期农村具有低、中、高人力资本的劳动力向城市的转移对城乡收入差距会产生两方面的作用。

一是缩小城乡收入差距。一方面，转移劳动力在城市获得较高收入后，汇款到农村老家，会提升农村整体的人均收入，进而缩小城乡收入差距；另一方面，根据二元经济理论，农村剩余劳动力向城市的转移，会提高农业部门的边际生产效率，增加农村劳动力收入，达到缩小城乡收入差距的作用。

二是扩大城乡收入差距。农村转移劳动力能够为城市发展贡献力量，大量人力资本尤其是中高人力资本向城市的转移会促进城市经济发展，且农村优质劳动力被城镇"筛选"后吸收,恶化了农村自身的经济发展条件,故会扩大城乡收入差距。

对于具有不同人力资本的农村劳动力来说,农村低层次人力资本向城市的转移,对提高农业生产率的作用较大,而对农村发展的弱化作用较小,同时对城市发展贡献也较小,预期第一种转移效应会大于第二种效应,进而产生缩小城乡间收入差距的作用。而农村具有中高人力资本的劳动力向城市转移会更大程度上产生弱化农村发展的效应,使得第二种转移效应的作用大于第一种效应,故农村中高人力资本向城市的转移会扩大城乡收入差距。

基于上述理论分析,提出以下理论假设:

假设1:城乡间劳动力人力资本差异越大,收入差距也越大,即$\gamma > 0$。

假设2:农村向城市转移的中高人力资本对城乡收入差距扩大有正向作用,即$\delta > 0$、$\lambda > 0$。

假设3:农村向城市转移的低层次人力资本对城乡收入差距扩大有负向作用,即$\tau < 0$。

若实证分析中,$\delta + \lambda + \tau > 0$,即可从人力资本角度给予"迁移谜题"很好的解释。

假设4:城镇劳动力与迁移劳动力、迁移劳动力与农村本地工人在教育上的差异将导致收入差距。

假设5:城镇劳动力与迁移劳动力、迁移劳动力与农村本地工人在健康上的差异将导致收入差距。

本书将在第四章使用宏观数据对假设1、假设2和假设3进行验证,在第五章基于微观数据对假设4和假设5进行验证。

二 健康人力资本对收入的作用机理

从以往的研究看,人们更注重教育对收入的贡献,只有较少学者关注健康人力资本的作用。事实上,个体劳动者的良好健康状态是劳动者智力发展的保障,是教育人力资本投资获得收益的基础,更是劳动者参与劳动的前提条件,因此健康人力资本的作用不容忽视。

健康可以看作为一种依附在劳动者身上并且会不断折旧的资本存量,个体只有不断对自身的身体状况进行投资才能够保持一定的健康存量水平，满足生活和工作所需要的健康水平。个体的健康资本存量与个体年龄呈现倒"U"形关系，当个体年龄值到达一定阶段之后，个体的健康资本存量会按照一定的比例折旧，呈现下降的趋势。因而劳动者需要不断增加对健康的投入来弥补因折旧带来的健康资本存量损失（Grossman，1972）。根据格罗斯曼（Grossman，1972）提出的方程，劳动者的健康净投资等于总投资减去折旧：

$$H_{i+1} - H_i = I_i - \delta_i H_i \qquad (3—14)$$

对上式做简单变换：

$$H_t = H_{t-1} + I_{t-1} - \delta_{t-1} H_{t-1} \qquad (3—15)$$

其中 H_t 表示 t 期劳动者的健康人力资本存量；δ 表示健康人力资本的折旧率（$0<\delta<1$），假定它是外生的，但是它可能随个体年龄的不同而变化，δ 越大，表明健康人力资本存量的损失就越大；I_{t-1} 为 $t-1$ 期健康人力资本投入。劳动者的健康人力资本随着健康人力资本投资的增加而相应地提高，但健康人力资本提高的幅度会逐渐减少。因此，劳动者本期的健康人力资本等于上期健康人力资本折旧后的存量加上本期对健康人力资本的投资量。

健康人力资本受到先天及后天两种因素的影响，分为初始健康存量和后天获取健康存量。初始健康存量是与生俱来的健康人力资本量。每个人从出生的那一刻开始就获得了初始健康存量。然而，当个体的年龄达到一定阶段后，健康人力资本存量达到最大值，但之后个体的健康资本存量会因年龄的增加、疾病的增多而减少，整体健康人力资本水平呈现逐步减少的趋势，健康人力资本存量的持续降低最终会给生活和生产带来困扰。后天的健康投资可以在一定程度上缓解或抵消年龄增长给初始健康存量带来的不利影响，获取更多的后天健康存量，从而提高个人整体的健康人力资本存量水平。因此必须持续增加对健康人力资本的投资，弥补健康人力资本的损失量。

目前关于健康人力资本对于收入差距作用的探讨较少，这可能是因为健康不如教育那样具有明确的度量单位，测度教育人力资本存量的单位是受教育年限，但是在健康领域并没有这样的指标。现有研究更多的是对健康经济效应的研究，如张车伟（2003）关于健康对劳动生产率影响的分析、魏众（2004）使用赫克曼模型进行的健康对非农就业的研究、张川川（2011）关于健康对家庭收入作用的分析、于大川和潘光辉（2013）采用固定效应模型对健康与农户收入关系的探索、杨玉萍（2014）基于分位回归对健康收入效应的分析等。这些研究大多肯定了健康对促进收入增长的积极作用。

综合来看，健康人力资本对收入的作用主要表现为以下几个方面（见图 3—1）。首先，健康人力资本可以通过提高居民参与劳动的机会增加收入。良好的身体状况是一切活动的前提与保障，获得高收入的途径之一必然是提高居民自身的健康人力资本。健康人力资本影响居民参与劳动具体体现在以下两个方面。第一，通过降低死亡率提高劳动参与率。随着医疗卫生、经济和健康水平的提高，新生婴儿的死亡率不断降低，增加了有效劳动人口的数量。第二，通过延长平均寿命增加劳动供给。由于健康水平的提高，人类整体的平均寿命也得到了提高。根据 2019 年《中国统计年鉴》的数据，2015 年我国人口平均寿命预期为 76.34 岁，比 1981 年增长了 8.57 岁。平均寿命的增加意味着生命周期的延长，也就意味着个体可参与工作的劳动时间增加。

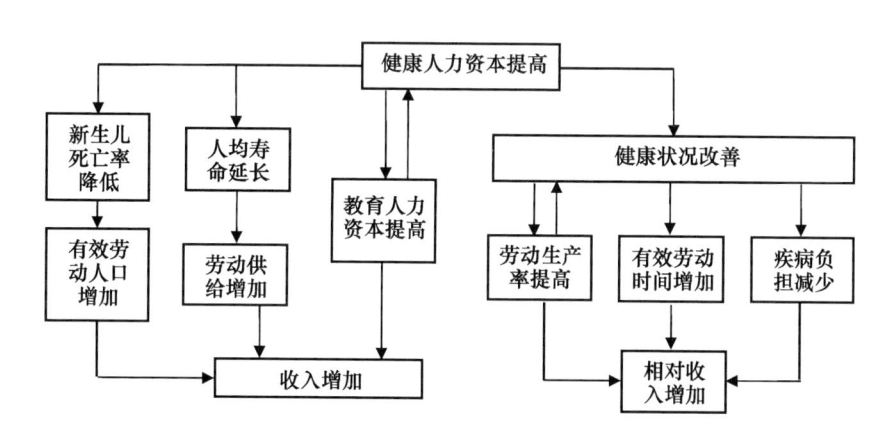

图 3—1 健康人力资本对收入的作用机理

其次，对个体而言，教育和健康是联合投资。一方面，健康人力资本会通过提高教育人力资本增加收入；另一方面，通过教育改善对人力资本的提升会使得人们增加健康投资进而带来健康投资的回报。健康人力资本与教育人力资本之间是相互促进的，劳动者对健康的投入会直接和间接地提高自身人力资本存量，进而增加收入。

再次，健康人力资本可以通过提高劳动者的工作效率增加收入。个体的劳动效率与健康人力资本紧密相关。个人身体健康状况的各种指标均会对劳动者的收入产生正向作用（Thomast、Strauss，1997）。拥有更高健康人力资本水平的劳动者意味着比同等条件下的劳动者拥有更强健的体魄，因而有更充足的精力从事生产活动，提高劳动生产效率；拥有更高健康人力资本水平的居民也意味着较少的发病率，通过增加有效劳动时间并保持劳动的连续性来提高劳动者的工作效率，进而提高劳动收入。健康人力资本与劳动生产率相互影响，当居民有了一定的经济收入基础后转而增加个体的健康人力资本投入起到改善自身健康状况的效果，这又进一步增加了健康人力资本储存量，以获得更高的劳动生产率，最终收入得以提高。综合来看，健康人力资本存量高，健康状况好，劳动效率就会越高，从而获得更多的劳动收入。相反，如果一个劳动者健康人力资本存量较少，就意味着自身健康状况较差，那么就必然会影响到其自身的劳动效率，进而减少收入，没有了充足的经济收入就意味着没有足够的经济实力用于投资健康，导致健康人力资本得不到及时的补充从而使自身健康状况变坏，又进一步降低劳动生产率，减少自身收入，形成一个恶性循环过程。在这个循环过程中，健康人力资本存量对于劳动者生产率的影响是整体系统中的中心环节。可见，通过提高健康人力资本存量，可以构建健康人资本水平、劳动生产效率和居民收入三者之间长期的良性循环系统，最终达到增加收入的目的。

最后，健康人力资本可以通过减少疾病负担进而相对增加收入。个体良好的身体状况可以减少因为疾病所带来的直接或间接的经济损失从而相对增加劳动者的收入。疾病会对劳动者产生直接和间接的损失。所谓直接损失是指由于生病所必须支付的用于治疗的医药费用或者用于补充身体能量的费用；间接损失则是劳动者由于疾病导致请假、误工，甚至是丧失劳动能力等参与劳动机会的降低或者劳动生产率低下造成的收入的减少。疾病会导致个人和家庭医疗费用的增加和经济收入的减少，良好的身体状况意味着低频率的疾病发生次数，从而减少了用于治病的费用，减少了总体支出。疾病发生的减少缩短了生病时间的同时也相应地减少了时间的机会成本,从而有更多的时间和精力投入到工作当中,获得更多的劳动报酬。可见,增加对健康人力资本的投资,可以减少疾病所带来的直接和间接的经济损失,进而将其投资在其他领域,增加个人和家庭的收入。从整个社会的角度来看,无论是政府、社会还是个人,对健康的投资都能对经济发展产生积极的作用。其中,政府的收益值最大(Currais,2004)。政府增加公共卫生方面的投资能够为民众提供相应的医疗卫生公共服务,从而降低居民在这方面的经济支出,减少因疾病带来的直接或间接经济损失,这样就可以将省下来的资金用于其他方面,也有更好的身体状况投入到生产和生活当中。所以,对国民健康进行投资,尤其是效率更高的政府支出,对增加居民收入,维持社会经济持续发展是十分有必要的。

综合上述分析,健康人力资本会通过不同途径起到增加劳动者收入的作用。然而,正如前文所述,我国城乡之间、地区之间都存在较大差异,那么,健康人力资本的收入效应是否也会存在差异呢?

众所周知,我国农村劳动力由于知识结构、教育水平、人生经历和家庭经济水平等因素的限制主要从事体力劳动,这使得他们的收入更加依赖于个人自身的体力和身体状况。农民一般没有固定的工资收入,农村劳动力通常是自我雇用,使用自己拥有的生产资料从事农业生产,或者是不稳定地受雇于技术含量低、工资水平低、身体体力要求高的制造业、建筑业和服务业等行业。因此,无论是从长期还是短期来看,农村居民身体健康状态的改变都会对自身收入产生十分重要的影响。另外,对于大多数城市劳动力[①]来说,其收入则更多取决于自身的固定工资,受身体健康状况的影响相对较小。同时,大多数城市职工还享有相对健全的医疗保障,因而城市劳动收入受疾病影响的程度,特别是短期冲击,会比农村劳动力小很多。分地区来看,由于东部、中部和西部地区经济发展水平存在明显的差异,东部地区居民无论是医疗服务水平,还是在获得收入的途径方面,都明显比中部和西部地区居民有优势。因而中西部地区,尤其是西部地区居民可能更多依赖于个人的健康状况,一旦健康人力资本恶化,将会给个人和家庭收入带来巨大的冲击。据此,提出

---

① 这里不包括从农村到城市务工的农村劳动力。

以下两个假设：

假设6：农村居民健康人力资本的收入效应高于城市居民。

假设7：健康人力资本的收入效应与地区经济发展水平呈反方向变动，若以 λ 表示健康人力资本的收入效应，则有 λ$_{东部地区居民}$ < λ$_{中部地区居民}$ < λ$_{西部地区居民}$。

此外，由前述分析可知，健康人力资本一方面通过除教育外的其他渠道直接影响收入，另一方面通过提高教育人力资本收益率增加居民收入，这就表示健康人力资本对收入影响中的一部分作用在了教育人力资本之上，而这部分作用可能无法衡量，它会扩大教育人力资本的收入效应。基于此，提出以下假设：

假设8：健康人力资本的收入效应小于教育人力资本。

以上三个假设将在本书的第五章一一进行验证。

三　职业培训对收入的作用机理

人力资本可以用劳动者的教育程度、技能水平以及健康状况来衡量，而技能水平通常由职业培训所获得。这种培训是针对为了从事某一特定工作，从而需要获得相关知识或技能的人，它是以劳动者从事的职业为依据开展的有关知识、技能教育，是国家正式学历教育以外（不授予学位），出于工作或学习的需要，能够提高个人工作、学习能力的各种培训和/或进修，属于非学历教育的范畴。

舒尔茨（Schultz，1961）指出，职业培训是与正规教育同样重要的人力资本投资途径。明瑟（Mincer，1958）建立了个人收入与其人力资本存量（教育、工作经验等）关系的经济数学模型。他还研究了职业培训对收益的影响，估算出美国对职业培训的投资问题和在这种投资上获得的收益率，并用收益函数揭示了劳动者收入差别与接受教育和获得工作经验长短的关系。贝克尔（Becker，1962）在成本—收益分析框架中将职业培训理论正式化，他认为工人在工作中通过学习新的技能和运用原来的技能而增加了他们的生产力。所以，职业培训是提升未来生产力的一个过程。他将职业培训划分为一般培训和专用培训两种类型，认为一般培训所获得的技能在提供培训的企业和其他企业中的价值是一样的，能够等量地提升工人的边际产出，一般培训需要劳动者自己去支付培训费用，它对收入的影响与年龄存在关系，培训对青年时的收入增加率比对老年时的收入增加率的影响更大。而专用培训所获得的技能仅在提供培训的企业中有用，且不同类型培训提高的生产率在提供培训的企业和其他企业明显是不同的，受专用培训者在用于其他企业时，对生产率是没有影响的。所以，贝克尔认为，这种"专用培训"的成本必须由企业来支付。卢卡斯（Lucas，1988）则用人力资本理论构建了一个劳动力转移的城乡二元模型，对"二战"以后的低收入国家城乡移民进行了理论研究，强调了城市对移民积累现代产业技能的重要性，这种技能的积累主要依靠正式的职业培训或者"干中学"的过程来实现。

职业培训提高劳动者的技能和素质，对劳动者收入增加作用的主要路径如下。首先，职业培训可以生产人的劳动能力。职业培训通过有目的选择、提炼、概括和讲授，把人类长时期沉淀的科学知识、基本原理和生产技术教授给受训者，使受训者能够较快地加以掌握和运用，因而进一步提高劳动者从事各项工作的基本技能。这些技能的提高使劳动者具备对技术知识的吸收、传播及成本收益计算的能力，能够提高劳动者的生产能力和生产效率，使劳动者具有在劳动力市场上获得更高收入回报的资本。但是，由于职业培训是以劳动生产率的提高为目的，因此，不同培训主体对劳动力进行职业培训的内容差异较大，其培训效果也会存在差异。

其次，职业培训可以增进劳动者劳动变化的能力。劳动者劳动变换的能力需要依靠教育与劳动的结合。随着生产现代化程度的提高，社会对劳动者技能的要求也随之提高，特别是对农村转移劳动力而言，低技能劳动者面临着被劳动力市场淘汰的风险，这也意味着他们陷入贫困的概率将增大。而职业培训可以把以简单体力劳动和低技能为特征的劳动力，培养为以靠脑力劳动为主的技能型劳动力，给予劳动力更多的职业选择，使劳动者具备转换劳动性质的能力。而相比于简单劳动，从事复杂劳动的劳动者会获得更高的收入。

最后，职业培训可以提高劳动力质量，增加其人力资本存量。劳动力的质量和素质指劳动者的文化水平、技术水平和智力水平。教育和培训影响着劳动者的文化、技术水平的高低，技能的高低是劳动者在劳动力市场上有力的竞争砝码，也是决定其收入高低的主要因素之一。职业培训可以提升劳动者的技能水平，积累其人力资本存量，提高劳动力的生产率水平，进而增加劳动力收入，但是职业培训效果会受到劳动者受教育程度的影响。此外，职业培训拓宽了劳动者获取不同职业信息的渠道，增强了人们对新思想、新机会和新方法的接受性，使劳动力对技术革新的变化反应更加敏捷与迅速，有助于人们享有平等的发展机会。

基于上述分析，提出以下研究假设：

假设9：职业培训可以通过提高劳动力质量进而提高劳动者的收入水平。

假设10：不同培训主体对劳动力收入的提高作用存在差异。

假设11：不同受教育水平劳动力的培训效果存在差异。

本书将在第六章中使用"中国家庭追踪调查"和"中国家庭收入调查"数据对上述三个假设进行验证。

第四节　本章小结

本章从理论上探讨了"迁移谜题"形成机理，虽然二元经济结构理论和收入均等化理论在某种程度上都持有农村劳动力转移能够缩小城乡收入差距的观点，但两个理论的假设条件都与我国农村劳动力转移的实际情况不符，理论条件与现实条件的不匹配，导致了"迁移谜题"的产生。而劳动力异质是实际与理论不符合的一个重要原因，人力资本作为异质中的重要特征，对"迁移谜题"的出现有重要影响。

人力资本因素对收入差距有重要影响，教育、健康及职业培训都是人力资本中非常重要的部分，较高的教育、健康和技能水平会促进收入提高，若人们在教育、健康和技能水平上存在差异则会使收入趋异。因此，可以预期城镇劳动力与迁移劳动力、迁移劳动力与农村本地工人在教育、健康及技能水平上的差异将导致收入差距。

本章在人力资本差异视角下，基于城乡生产函数，并结合我国大量农村转移劳动力未被市民化的实际情况，进行了理论分析，分析结果表明，城乡收入差距与城乡分配系数、劳动力负担人口、技术水平、物质资本存量、城乡劳动力数量、城乡劳动力人力资本、流动人口的不同层次人力资本以及城镇化滞后有关。此外,健康人力资本会通过提高居民参与劳动的机会、提高劳动者的工作效率、提高教育人力资本等途径增加居民收入;职业培训可以通过提高劳动力劳动能力及劳动力质量来增加劳动力的收入水平。由此,本章共提出了十一个理论假设,这些理论假设将在第四章、第五章和第六章的实证分析中进行验证。

第四章

教育人力资本视角下"迁移谜题"的解释

——基于宏观数据的分析

本章采用宏观数据,试图从两种人力资本差异视角来研究我国城镇化进程中劳动力流动与城乡收入差距同时扩大的"迁移谜题"现象的形成:一是根据城乡劳动力人力资本差异,分析城乡劳动力所具有的不同人力资本对城乡收入差距的影响;二是根据转移劳动力的人力资本差异,将其分为低、中、高三个层次,分析具有不同人力资本的农村劳动力转移对城乡收入差距的影响,进而对理论分析中提出的相关假设进行验证。[①]

第一节 教育人力资本差异对城乡收入差距的影响

一 模型构建及数据说明

(一)模型构建

根据第三章的理论模型,建立如下实证分析模型:

$$\ln d_t = \beta_0 + \beta_1 \ln a_t + \beta_2 \ln b_t + \beta_3 \ln k_t + \beta_4 \ln l_t + \beta_5 \ln h_t \\ + \beta_6 \ln h_{1t} + \beta_7 \ln h_{2t} + \beta_8 \ln h_{3t} + \beta_9 \ln r_t + \varepsilon_t \quad (4—1)$$

[①] 本章主要内容已作为阶段性成果公开发表。

其中，d_t表示城乡收入差距，a_t表示城乡分配系数比，b_t表示城乡劳动力负担人口比，k_t表示城乡物质资本存量比，l_t表示城乡劳动力数量比，h_t表示城乡劳动力人力资本比，h_{1t}代表转移劳动力中的低层次总人力资本，h_{2t}代表转移劳动力中的中等层次总人力资本，h_{3t}代表转移劳动力中的高层次总人力资本，r_t代表城镇化滞后，ε_t为随机扰动项。由理论分析模型可知β_1的符号为正，β_2的符号为负，其他解释变量系数的符号有待确定，且本章的实证分析将重点验证理论分析中提出的假设1、假设2和假设3，即$\beta_5>0$、$\beta_6<0$、$\beta_7>0$和$\beta_8>0$。

首先，为了进行对比，在不控制转移劳动力人力资本下分析城乡劳动力人力资本差异的影响，故建立如下模型：

$$\ln d_t = \beta_0 + \beta_1 \ln a_t + \beta_2 \ln b_t + \beta_3 \ln k_t + \beta_4 \ln l_t \\ + \beta_5 \ln h_t + \beta_9 \ln r_t + \varepsilon_t \quad (4—2)$$

其次，将城乡劳动力人力资本比拆分为低、中、高三个层次的人力资本比，分别用h_{01t}、h_{02t}、h_{03t}表示，考察城乡劳动力人力资本在低、中、高层次上的差别对城乡收入差距的影响，进而得到模型式（4—3）：

$$\ln d_t = \beta_0 + \beta_1 \ln a_t + \beta_2 \ln b_t + \beta_3 \ln k_t + \beta_4 \ln l_t + \beta_9 \ln r_t \\ + \beta_{10} \ln h_{01t} + \beta_{11} \ln h_{02t} + \beta_{12} \ln h_{03t} + \varepsilon_t \quad (4—3)$$

再次，为了做进一步的对比分析，在不控制城乡劳动力人力资本下考察转移劳动力低、中、高总人力资本的影响，故去除城乡劳动力人力资本的质量与数量因素，建立如下模型：

$$\ln d_t = \beta_0 + \beta_1 \ln a_t + \beta_2 \ln b_t + \beta_3 \ln k_t + \beta_6 \ln h_{1t} + \beta_7 \ln h_{2t} \\ + \beta_8 \ln h_{3t} + \beta_9 \ln r_t + \varepsilon_t \quad (4—4)$$

最后，将转移劳动力总人力资本分解为人均质量因素与数量因素，进行进一步的研究，由此建立模型式（4—5）：

$$\ln d_t = \beta_0 + \beta_1 \ln a_t + \beta_2 \ln b_t + \beta_3 \ln k_t + \beta_9 \ln r_t \\ + \beta_{13} \ln h_{11t} + \beta_{14} \ln l_{1t} + \varepsilon_t \quad (4—5)$$

其中，h_{11t}代表转移劳动力人均人力资本，l_{1t}代表转移劳动力的规模。

(二) 数据说明

由于 2013 年及以后的数据在关键变量上存在缺失,[①] 故本节只使用中国 1985 年至 2012 年的数据进行实证分析,涉及变量见表 4—1。具体变量及数据说明如下:

表 4—1　　　　　　　　4.1 节模型的变量说明

变量名（符号）	均值	标准差
城乡实际人均收入比（d）	2.561	0.377
城乡分配系数比（a）	0.713	0.302
城乡劳动力负担人口比（b）	1.198	0.140
城乡物质资本存量比（k）	3.932	1.958
城乡劳动力数量比（l）	0.518	0.183
城乡劳动力人力资本比（h）	1.648	0.162
转移劳动力低层次总人力资本（h_1）	1.687	0.870
转移劳动力中等层次总人力资本（h_2）	6.892	4.569
转移劳动力高层次总人力资本（h_3）	3.411	2.631
城镇化滞后（r）	1.431	0.143
转移劳动力数量（l_1）	12736.78	7922.666
转移劳动力人均人力资本（h_{11}）	9.269	0.400
城乡劳动力低层次人力资本比（h_{01}）	0.687	0.210
城乡劳动力中等层次人力资本比（h_{02}）	0.805	0.202
城乡劳动力高层次人力资本比（h_{03}）	4.563	0.684

注:转移劳动力数量的单位为万人,转移劳动力低、中、高层次总人力资本单位为亿。

(1) 城乡收入差距 d_t,用经过价格指数消胀后的城乡实际人均收入比表示,即消胀后的城镇居民人均可支配收入与消胀后的农村居民人均

[①] 主要是农村劳动力各学历分布比例数据无法获得,难以计算城乡劳动力人均人力资本比、城乡劳动力低、中、高层次的人力资本比等变量,故文中没有使用最近年份的数据。

纯收入之比。其中城镇居民人均可支配收入用城市居民消费价格指数平减，农村居民人均纯收入用农村居民消费价格指数进行平减。数据来自历年《中国统计年鉴》。

（2）城乡分配系数比 a_t，用非农产业与第一产业的分配系数比表示，用职工平均工资除以非农产业劳均产出来表示非农产业的分配系数。用第一产业的劳均收入除以第一产业的劳均产出表示第一产业的分配系数，而第一产业的劳均收入用农村居民家庭平均每人第一产业的收入乘以当年的农村人口总数，再加上城镇单位就业人员在第一产业的工资总额，再除以第一产业的从业人员数表示。数据来自历年《中国统计年鉴》。

（3）城乡劳动力负担人口比 b_t，用城镇居民家庭平均每一就业者负担人数除以农村居民平均每个劳动力负担人口表示，数据来自历年《中国统计年鉴》。

（4）城乡物质资本存量比 k_t，采用永续盘存法 $K_t = I_t + (1-\delta)K_{t-1}$ 计算城乡物质资本存量，选用 1984 年作为基期，用张军（2004）的方法估计初始的物质资本存量 $K_{1984} = I_{1984}/10\%$，折旧也使用张军论文中的 $\delta = 0.096$。1990 年之后的固定资产投资用固定资产投资价格指数平减，由于统计数据中缺少 1990 年之前的固定资产投资价格指数，故此部分数据用 GDP 平减指数进行折算，二者都以 1990 年的不变价格计算。数据来自历年《中国统计年鉴》。

（5）城乡劳动力数量比 l_t，用城乡就业人员比度量，即用城镇就业人员数除以乡村就业人员数表示，数据来自历年《中国统计年鉴》。转移劳动力规模 l_{1t}，1985—2004 年的数据来自谭永生（2007）的计算整理，2008 年以后数据来自《全国农民工监测调查报告》，其他数据由插值法计算得到。

（6）城乡劳动力人力资本比 h_t，用城乡劳动力人均人力资本比来度量。城乡劳动力低层次人力资本比 h_{01t}，用城乡小学学历及以下的劳动力人力资本比度量；中等层次的人力资本比 h_{02t}，用城乡初中学历的劳动力人力资本比度量；高层次的人力资本比 h_{013t}，用城乡高中及以上的劳动力人力资本比度量。计算公式如下：

$$h_{0it} = \frac{城镇劳动力中各学历分布比例 \times 各学历人力资本值}{农村劳动力中各学历分布比例 \times 各学历人力资本值}$$

本研究采用教育年限法，但为了反映知识积累效应，故选用胡德龙（2007）计算的各学制人力资本值，文盲半文盲的人力资本值为0，小学及以下学历的人力资本值为6，初中的人力资本值为9，高中的人力资本值为15.06，专科以上学历的人力资本值为41.82。农村劳动力受教育程度分布数据来自历年《中国农村统计年鉴》，2002—2012年的城镇就业人员受教育程度分布数据来自历年《中国劳动统计年鉴》，但由于2002年之前的数据缺少统计，故1985—2001年的城镇劳动力人均人力资本用全国就业人员人均人力资本减去农村劳动力人均人力资本乘以农村就业人口比，再除以城镇就业人口比来度量。类似可求出1985—2001年城镇劳动力低、中、高人力资本。其中全国就业人员人均人力资本值，通过谭永生（2007）整理的全国就业人员受教育程度分布数据算得。

（7）转移劳动力低层次总人力资本 h_{1t}，用小学学历及以下的农村转移劳动力人力资本度量；中等层次的总人力资本 h_{2t}，用初中学历的农村转移劳动力人力资本度量；高层次的总人力资本 h_{3t}，用高中及以上的农村转移劳动力人力资本度量。公式为：

$$h_{it} = 转移劳动力中各学历分布比例 \times 各学历人力资本值 \times 总转移劳动力规模$$

转移劳动力人均人力资本 h_{11t} 的计算公式如下：

$$h_{11t} = \Sigma 转移劳动力中各学历分布比例 \times 各学历人力资本值$$

转移劳动力文化程度的分布数据1997—2000年的来自国家统计局农村社会经济调查队的农村流动人口调查数据，2003—2008年数据来自全国农村固定观察点"农村劳动力转移专项跟踪调查"，2009—2012年的数据来自《全国农民工监测调查报告》。由于转移劳动力文化程度的官方数据较少，故其他数据用1997—2000年的不同文化程度农村劳动力的转移比率均值测算。

（8）城镇化滞后水平 r_t，用非农就业人口比除以城镇人口比表示，数据来自《中国统计年鉴》。

由于分配系数比 a_t、城乡劳动力数量比 l_t、城乡劳动力低、中人力资本比 h_{01t}、h_{02t} 有小于1的情况，故在取对数前将其值乘以10，回归时此变换的影响将进入常数项。

二 估计结果及分析

首先,分别对模型式(4—1)、式(4—2)、式(4—3)、式(4—4)、式(4—5)进行 OLS 估计(见表 4—2)。其次,因为是时间序列数据,因变量与自变量可能同时受到不可观测的趋势因素的影响,进而可能会得到因变量与自变量间的谬误关系,故控制时间因素后,再次进行估计。所得结果显示式(4—1)、式(4—4)中的时间变量并不显著(α = 10%,见表 4—3)。最后,在控制时间因素的基础上,针对一阶自相关进行 BG 检验,结果显示,对于模型式(4—1)、式(4—3)、式(4—4)、式(4—5)来说,不能拒绝无自相关的原假设(α = 5%),即认为不存在自相关。而模型式(4—2)在 5%的显著性水平上拒绝了无自相关的原假设,认为存在自相关,故使用 FGLS 估计法中的 PW 估计对此模型进行自相关处理,所得结果见表 4—3,结果显示,FGLS 估计的系数与不引入时间变量的 OLS 估计的回归系数及控制了时间因素的 OLS 估计系数差异较大,故可能并不适宜使用 FGLS 方法对该模型进行估计。

从去除时间趋势后的 OLS 估计结果来看,四个关键变量的系数,即城乡劳动力人力资本比及转移劳动力低、中、高层次总人力资本的系数都不显著(α = 10%)。模型式(4—2)中估计的城乡劳动力人力资本比虽然不显著,但对城乡收入差距的影响方向与预期的一致,然而在加入流动人口的低、中、高层次总人力资本后,影响方向发生了变化[表现在模型(4—1)中]。模型式(4—4)的估计结果显示转移劳动力低、中、高层次总人力资本的系数符号都与预期的相反,但不显著,加入城乡人力资本相关变量后,高层次总人力资本变量的系数符号发生了变化,但依然不显著。

表 4—2 OLS 回归结果

解释变量	OLS4-1	OLS4-2	OLS4-3	OLS4-4	OLS4-5
$\ln a_t$	0.831*** (0.196)	0.675*** (0.203)	0.806*** (0.211)	0.655*** (0.171)	0.675*** (0.155)

续表

解释变量	OLS4-1	OLS4-2	OLS4-3	OLS4-4	OLS4-5
$\ln b_t$	-0.766**	-0.636	-0.347	-0.648*	-0.687**
	(0.362)	(0.398)	(0.425)	(0.315)	(0.310)
$\ln k_t$	-0.092	-0.507***	-0.553***	-0.288	-0.363***
	(0.203)	(0.154)	(0.161)	(0.170)	(0.101)
$\ln l_t$	-0.506	0.280	0.198	—	—
	(0.322)	(0.207)	(0.255)		
$\ln h_t$	-0.334	0.056	—	—	—
	(0.229)	(0.229)			
$\ln h_{1t}$	0.067	—	—	-0.006	—
	(0.158)			(0.154)	
$\ln h_{2t}$	0.234	—	—	0.245	—
	(0.264)			(0.265)	
$\ln h_{3t}$	-0.062	—	—	-0.137	—
	(0.215)			(0.214)	
$\ln r_t$	0.552	-0.268	0.123	0.274	0.272
	(0.500)	(0.435)	(0.484)	(0.318)	(0.321)
$\ln h_{01t}$	—	—	-0.031	—	—
			(0.061)		
$\ln h_{02t}$	—	—	-0.088	—	—
			(0.082)		
$\ln h_{03t}$	—	—	0.111	—	—
			(0.145)		
$\ln h_{11t}$	—	—	—	—	-0.453
					(0.331)
$\ln l_{1t}$	—	—	—	—	0.167***
					(0.048)
Observations	28	28	28	28	28
R-squared	0.942	0.899	0.912	0.932	0.928

注：*、**、***分别表示系数在10%、5%、1%的水平上显著，括号内为标准误。

表 4—3　　去除时间趋势后的 OLS 与 FGLS 回归结果

自变量	因变量：$\ln d_t$					
	OLS_t4-1	OLS_t4-2	FGLS_t4-2	OLS_t4-3	OLS_t4-4	OLS_t4-5
$\ln a_t$	0.780***	0.625***	0.309*	0.216	0.646***	0.608***
	(0.191)	(0.173)	(0.175)	(0.214)	(0.166)	(0.151)
$\ln b_t$	-0.561	-0.226	-0.227	-0.153	-0.648**	-0.635**
	(0.372)	(0.364)	(0.286)	(0.319)	(0.306)	(0.295)
$\ln k_t$	-0.271	-0.343**	-0.229	-0.111	-0.427**	-0.386***
	(0.227)	(0.141)	(0.152)	(0.162)	(0.190)	(0.096)
$\ln l_t$	-0.563*	-0.412	-0.319	-1.124***	—	—
	(0.312)	(0.287)	(0.354)	(0.378)		
$\ln h_t$	-0.156	0.157	0.106			
	(0.248)	(0.197)	(0.197)			
$\ln h_{1t}$	0.177	—	—		0.106	—
	(0.168)				(0.168)	
$\ln h_{2t}$	-0.125				-0.082	
	(0.342)				(0.340)	
$\ln h_{3t}$	0.060				-0.051	
	(0.221)				(0.216)	
$\ln r_t$	0.812	0.854	0.323	1.906***	0.219	0.208
	(0.509)	(0.522)	(0.546)	(0.569)	(0.311)	(0.306)
$\ln h_{01t}$	—	—	—	-0.027	—	—
				(0.046)		
$\ln h_{02t}$	—	—	—	0.293**	—	—
				(0.112)		
$\ln h_{03t}$	—	—	—	-0.034	—	—
				(0.114)		
$\ln h_{11t}$	—	—	—	—	—	-0.967**
						(0.420)
$\ln l_{1t}$	—	—	—	—	—	-0.049
						(0.125)
t	0.028	0.030***	0.031**	0.082***	0.022	0.023*
	(0.018)	(0.010)	(0.015)	(0.020)	(0.015)	(0.012)

续表

自变量	因变量：$\ln d_t$					
	OLS_t4-1	OLS_t4-2	FGLS_t4-2	OLS_t4-3	OLS_t4-4	OLS_t4-5
常数	-1.427	0.339	0.781	0.906	0.599	2.571
	(2.802)	(0.381)	(0.487)	(0.603)	(2.530)	(1.754)
BG检验P值	0.635	0.026		0.711	0.054	0.054
Observations	28	28	28	28	28	28
R-squared	0.949	0.931	0.683	0.954	0.939	0.938

注：*、**、*** 分别表示系数在10%、5%、1%的水平上显著，括号内为标准误。

除自相关外，回归结果还显示，各式中的解释变量 VIF 值都很大，尤其是转移劳动力低、中、高层次总人力资本此三个关键变量，VIF 值最大的达到 1005.39，说明存在严重的共线性。故采用岭回归重新进行估计，以有偏为代价，获得针对病态数据来说更符合实际、更可靠的回归系数。取岭参数 $K=0.2$，岭回归结果如表4—4所示。

表4—4　　　　　　　　　不同模型的岭回归结果

解释变量	(4—1)	(4—2)	(4—3)	(4—4)	(4—5)
$\ln a_t$	0.074***	0.105***	0.108***	0.080***	0.1004***
	(3.995)	(5.895)	(5.600)	(4.132)	(5.302)
$\ln b_t$	0.054	0.196**	0.203**	0.059	0.132*
	(0.541)	(1.973)	(2.081)	(0.617)	(1.425)
$\ln k_t$	-0.009	0.005	0.006	-0.0001	0.019
	(-0.369)	(0.173)	(0.211)	(-0.003)	(0.650)
$\ln l_t$	0.033*	0.090***	0.072***	—	—
	(1.661)	(3.470)	(3.116)		
$\ln h_t$	0.012	0.002	—	—	—
	(0.101)	(0.013)			
$\ln h_{1t}$	0.069***	—	—	0.071***	—
	(2.622)			(2.809)	
$\ln h_{2t}$	0.041***	—	—	0.043***	—
	(4.292)			(4.161)	

续表

解释变量	(4—1)	(4—2)	(4—3)	(4—4)	(4—5)
$\ln h_{3t}$	0.019 ** (1.781)	—	—	0.022 ** (1.853)	—
$\ln r_t$	-0.148 * (-1.345)	-0.339 *** (-2.863)	-0.361 *** (-2.996)	-0.143 (-1.231)	-0.218 ** (-1.935)
$\ln h_{01t}$	—	—	0.002 (0.041)	—	—
$\ln h_{02t}$	—	—	-0.039 (-0.768)	—	—
$\ln h_{03t}$	—	—	-0.006 (-0.077)	—	—
$\ln h_{11t}$	—	—	—	—	-0.162 (-0.573)
$\ln l_{1t}$	—	—	—	—	0.076 *** (4.634)
$Adj - R^2$	0.788	0.762	0.745	0.810	0.800
F 值	12.133	15.397	10.841	17.434	18.989

注：*、**、*** 分别表示系数在 10%、5%、1% 的水平上显著，括号内为 t 值。

综合模型式（4—1）的岭回归结果，解释变量 $\ln b_t$、$\ln k_t$ 均未通过检验（$\alpha = 10\%$），其中，$\ln b_t$ 系数的符号与理论分析相悖。研究的关键自变量之一城乡劳动力人力资本比的系数也不显著，而其余三个关键自变量 $\ln h_{1t}$、$\ln h_{2t}$、$\ln h_{3t}$ 影响较为显著。具体分析如下。

第一，城乡劳动力人力资本差异对城乡收入差距并没有预期的影响作用，与前面的理论分析存在分歧，但系数符号与预期的一致。在模型式（4—1）的回归结果中，城乡劳动力人力资本比未通过检验（$\alpha = 10\%$），故进一步单独考察城乡劳动力人力资本差异的作用。模型式（4—2）、式（4—3）的回归结果表明，无论是城乡劳动力人均人力资本差异，还是城乡劳动力在低、中、高层次上的人力资本差异对城乡收入差距的影响均不显著。而城乡劳动力数量比对城乡收入差距却有显著影响。

岭回归结果显示理论分析中的理论假设1未通过验证，但城乡劳动力人力资本比对城乡收入差距的影响方向却得到验证。

第二，农村转移劳动力不同层次人力资本对城乡收入差距影响的符号都为正，且非常显著。无论是综合考察的模型式（4—1），还是单独考察的模型式（4—4）都得出了此结果。说明这三个变量都是影响城乡收入差距的关键变量。综合考察模型式（4—1）的回归结果，低、中、高层次的总人力资本系数分别为0.069、0.041、0.019，说明三者每分别流出1%，城乡收入差距将对应扩大约0.069%、0.041%和0.019%。表明农村人力资本的外溢效应扩大了城乡收入差距。

由于本研究计算的农村转移劳动力不同层次总人力资本既包括数量因素又包括质量因素，故将转移劳动力的总人力资本进行分解，进一步探讨数量因素和人均质量因素的作用。模型式（4—5）的回归结果显示，转移劳动力的人均人力资本对城乡收入差距无显著影响，而转移劳动力的规模却对其有显著影响，且系数符号为正。证明"迁移谜题"在我国确实存在，同时也说明同质转移劳动力假定与异质转移劳动力假定，会对劳动力转移与城乡收入差距的研究结果产生明显不同的影响。而异质假定更符合实际，更具有说服力。

由上述分析结果可知，理论分析中提出的假设2得到了验证，农村向城市转移的中高人力资本对城乡收入差距扩大有正向作用。而假设3中提出的农村向城市转移的低层次人力资本对城乡收入差距扩大有负向作用并未通过验证，实证分析中获得的结果却与理论假设正好相反，农村向城市转移的低层次人力资本对城乡收入差距扩大有显著的正向作用。可能是因为一方面转移的低层次人力资本人均量虽然较少，但劳动力转移的数量较大，人力资本转移的总量也就相对较大，故促使转移的低层次人力资本也起到了扩大城乡收入差距的作用；另一方面城市最底层的工作大部分由农村流动人口中文化程度较低的那部分人承担，进而促进了城市的发展，但他们获得的工资却非常低，故综合起来对城乡收入差距起到了正向作用。

第三，城乡分配系数比对城乡收入差距有显著的正向影响，与理论分析相符。五个模型的回归结果均得出了此结论。说明我国存在着收入分配不平等现象，城市居民所享受的劳动收益明显多于农村居民。而五个模型的城镇化滞后系数均为负，且有四个模型的回归结果显示，此解释变量的系数显著，表明其能够缩小城乡收入差距。这与很多学者的研究结论相符合，程开明和李金昌（2007）、李宪印（2011）、余菊和刘新（2014）等都认为城市化进程扩大了城乡收入差距。农村高人力资本的转移劳动力回流，能够为农村发展带回资金和较为先进的理念，进而提高农村的生产力，为传统农业向现代农业的转变提供智力支持。这种城镇化滞后显然会缩小城乡收入差距，但却会损害回流劳动力的利益，使其在未回流前享受不到公平的城市待遇。

第四，模型式（4—1）和式（4—4）的回归结果显示，城乡劳动力负担人口差异对城乡收入差距无显著影响。而模型式（4—2）、式（4—3）、式（4—5）的分析结果却显示其影响显著，且系数为正，但与理论分析所得结果不符。对比五个模型可以看出，农村转移劳动力低、中、高层次的总人力资本进入回归模型后，使城乡劳动力负担人口比的系数变得不显著。这说明，农村转移劳动力低、中、高总人力资本对城乡负担人口比有替代作用。在城市负担人口不变的情况下，农村劳动力流出后依靠其人力资本，可负担更多的农村人口。并且虽然城乡负担人口不同，但从均值上来看，差距并不大，1985—2012年城镇居民平均每一就业者负担人口的均值为1.8，而农村的为1.5左右，二者相差不大，因而它可能并不是影响城乡收入差距的关键变量。

第五，五个模型的回归结果都说明，物质资本存量比没有像理论分析一样对城乡收入差距产生影响，可能是因为相对于其他重要变量来说，物质资本存量比的重要性要小得多，且早期的城乡物质资本存量比变化较为平缓，只是近几年有了大幅度的增加。

第二节 基于人力资本对"迁移谜题"形成的探讨

一 基于城乡人力资本差异的探讨

在上述对回归结果的分析中得到城乡劳动力人力资本差异对城乡收入差距并没有预期的影响作用，而城乡劳动力数量比对城乡收入差距却有显著正向影响，基于此对"迁移谜题"进行深入的解释。

1985—2012年，城乡劳动力人力资本比在1.5处上下浮动，处于不断震荡之中，且震荡幅度变化较小，表现出微弱的上升趋势。而与城乡人均收入比相比，其变化趋势并不明显，且二者的震荡节点并不一致（见图4—1）。但城乡就业人员比在此28年间变化趋势明显，一直处于上升趋势，比例由1985年的0.35提高到2012年的0.95（见图4—2）。

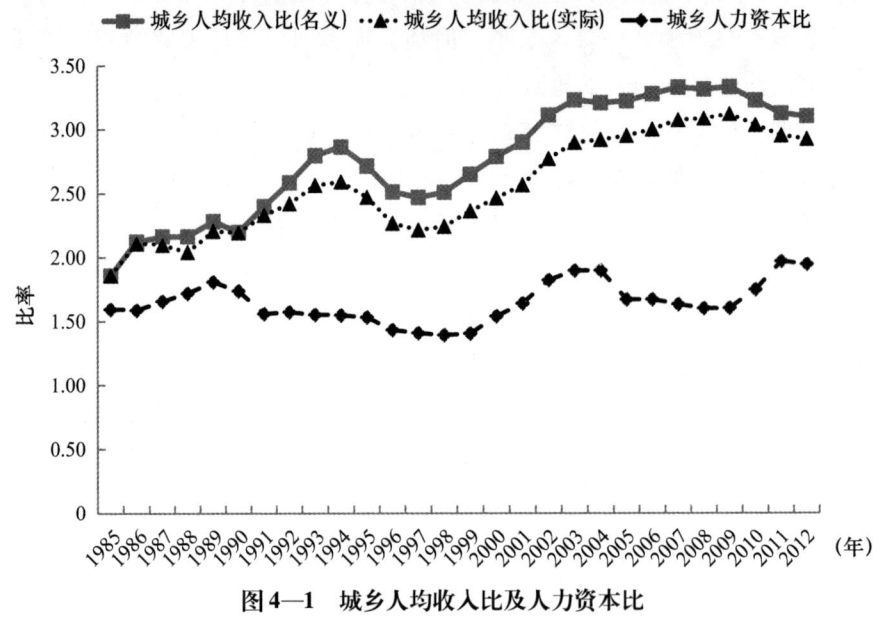

图4—1 城乡人均收入比及人力资本比

数据来源：原始数据来自历年《中国统计年鉴》《中国农村统计年鉴》《中国劳动力统计年鉴》。

这说明伴随城乡收入差距扩大，城乡劳动力数量比也不断增加。城乡劳动力数量上的变化，成为导致"迁移谜题"形成的重要因素，而城乡劳动力在质量上的差异，由于差异变化趋势并不显著，与其他关键变量相比作用较弱，还没有产生预期的影响。

二　基于农村转移劳动力人力资本差异的解释

根据回归分析得到的第二个关键结果即农村转移劳动力不同层次人力资本对城乡收入差距影响的符号都为正，且非常显著，基于此方面对"迁移谜题"进行进一步的解读。

综合分析模型式（4—1）、式（4—5）回归所得结果，可清晰地认识

第四章 教育人力资本视角下"迁移谜题"的解释 / 83

图4—2 城乡就业人员比

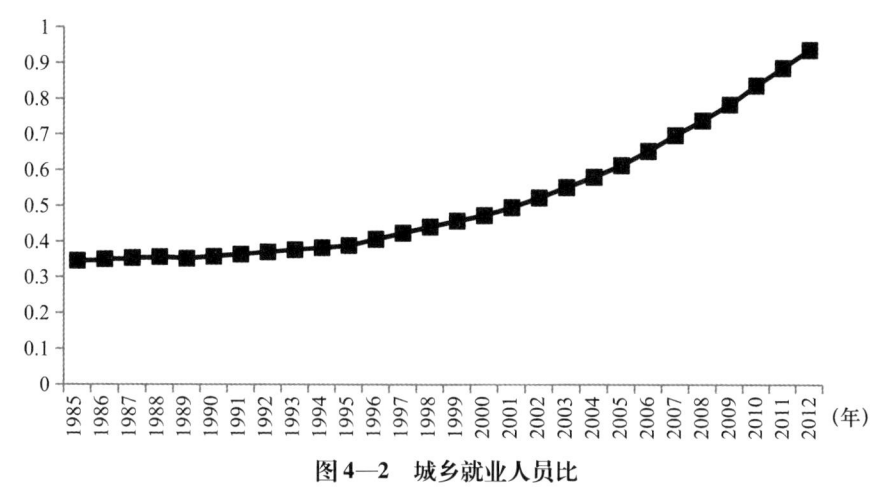

数据来源：原始数据来自历年《中国统计年鉴》。

到，伴随农村劳动力大规模转移，附着在转移劳动力身上的各层次人力资本外溢是"迁移谜题"形成的关键因素。不仅初中、小学的农村人力资本不断流出，而且高中以上学历的人力资本流出规模也不断扩大。近些年来高层次人力资本溢出速度非常快，初中人力资本流出最多，而小学人力资本流出较为平缓（见图4—3）。同时，如表4—5显示，转移劳

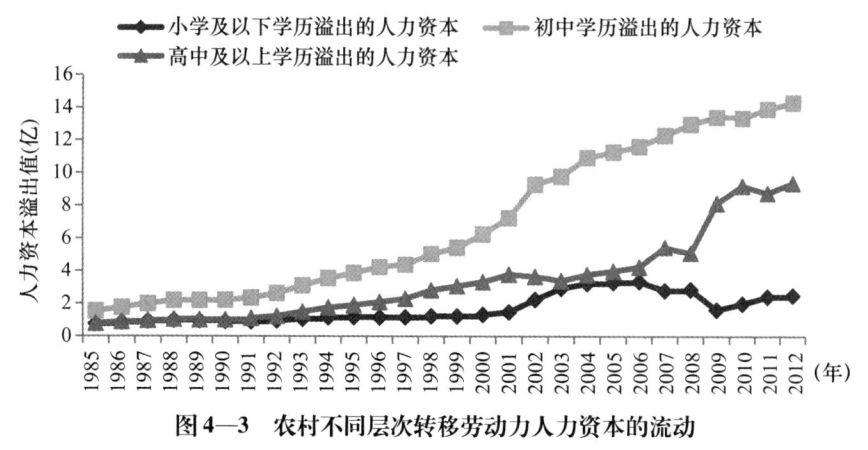

图4—3 农村不同层次转移劳动力人力资本的流动

数据来源：作者的整理及计算，原始数据来自1997—2000年国家统计局农村社会经济调查队的农村流动人口调查，2003—2008年全国农村固定观察点"农村劳动力转移专项跟踪调查"，2009—2012年国家统计局发布的《全国农民工监测调查报告》，罗斌和彭绍宗（2003）测算的1997—2000年不同文化程度农村劳动力的转移比率数据，谭永生（2007）计算整理的1985—2004年劳动力转移规模数据。

动力初中、高中及以上学历占比都高于农村劳动力，而小学及以下学历占比却小于农村劳动力在此学历上的占比，说明转移劳动力的人力资本确实较农村留守劳动力的人力资本高。

表4—5　　　不同文化程度的农村劳动力及转移劳动力占比　　　单位:%

年份	农村转移劳动力小学及以下学历占比	农村劳动力小学及以下学历占比	农村转移劳动力初中学历占比	农村劳动力初中学历占比	农村转移劳动力高中及以上学历占比	农村劳动力高中及以上学历占比
1985	36.23	65.00	49.08	27.69	14.69	7.04
1990	32.58	59.59	52.97	32.84	14.46	7.57
1995	25.94	50.09	57.24	40.10	16.82	9.81
2000	19.34	40.31	61.24	48.07	19.43	11.62
2001	18.89	38.83	61.85	48.88	19.27	12.28
2002	22.60	38.22	62.70	49.33	14.70	12.46
2003	27.10	37.33	60.30	50.24	12.50	12.43
2004	26.80	36.66	60.70	50.38	12.50	12.95
2005	26.50	34.10	60.60	52.22	12.80	13.68
2006	26.20	33.02	60.60	52.81	13.20	14.17
2007	21.20	32.10	62.30	52.91	16.50	15.00
2008	21.10	31.40	63.90	52.80	15.00	15.80
2009	11.70	30.60	64.80	52.70	23.50	16.70
2010	13.60	30.10	61.20	52.40	25.20	17.40
2011	15.90	32.00	61.10	53.00	23.00	15.10
2012	15.80	31.40	60.50	53.00	23.70	15.60

数据来源：作者的整理及计算，原始数据来自历年《中国农村统计年鉴》，1997—2000年国家统计局农村社会经济调查队的农村流动人口调查，2003—2008年全国农村固定观察点"农村劳动力转移专项跟踪调查"，2009—2012年国家统计局发布的《全国农民工监测调查报告》，罗斌和彭绍宗（2003）测算的1997—2000年不同文化程度农村劳动力的转移比率数据。

在理论分析中曾提出，若农村向城市转移的低、中、高层次人力资本此三个变量对城乡收入差距影响的系数之和大于零，即可从人力资本角度给予"迁移谜题"很好的解释。本章实证分析中得到三个变量的系数都为正,故三个系数之和大于零,说明农村人力资本向城市的转移扩大了城乡收入差距,人力资本因素对"迁移谜题"的出现有重要影响。

人力资本对我国农村发展有重要作用。大量具有中高人力资本的农村劳动力向城市的流动,可能产生极化效应,从而弱化农村人力资本,不利于农村发展和农业转型升级,却会为城市提供廉价的高人力资本及大量的劳动力,促进城市的快速发展,进而促使劳动力流动与城乡收入差距不断同时扩大,产生"迁移谜题"现象。农村也有可能因此陷入"受教育程度提高—高人力资本劳动力转移—农村人力资本弱化—农村发展受限"的困境中。

第三节 本章小结

本章基于宏观数据进行的实证研究结果表明,城乡劳动力所具有的不同人力资本并不能决定城乡收入差距是否收敛,但转移劳动力的不同层次人力资本却能够扩大城乡收入差距。低、中、高层次的总人力资本转移都对其有正向的影响,但低层次的转移人力资本量最小,中等层次的劳动力转移规模最大,向城市转移的人力资本也最多,故其整体影响也最大。近年来农村向城市流入的高层次人力资本量迅速增加,随着农村劳动力大规模转移,不同层次人力资本的外流成为城镇化进程中"迁移谜题"产生的关键因素。

本章的研究还发现,在不同层次人力资本转移下,城乡劳动力数量上的差异扩大了城乡收入差距,而城镇化滞后具有缩小收入差距的作用。城乡分配系数的差异会扩大城乡收入差距,分配的公平化是有待解决的重要问题。

在农村劳动力大规模转移的情况下,不同层次人力资本的大量外溢,一定程度上弱化了农村的发展,但却促进了城市的发展,进而促使城乡发展不均衡,使城乡收入差距在大规模劳动力转移下没能有效缩小,进而在城镇化进程中导致"迁移谜题"的产生。因此,破解"迁移谜题"有两个关键环节:一是普遍提高农村教育水平,进而在总体上提高农村人力资本,减少由于人力资本外流对农村的负面影响;二是完善并进一步实施向农村倾斜的各项政策,推动农村的发展,探寻农村发展的新路径。

第 五 章

健康、教育视角下的"迁移谜题"
——基于微观数据的实证分析

本章以"中国家庭追踪调查"2010年、2012年和2014年微观数据[①]为样本,结合教育、健康、迁移来解读城乡收入差距。主要关注三个方面:一是健康人力资本对收入的影响;二是城镇劳动力与农村外出务工人员在健康、教育上的差异是否导致收入差距;三是农村本地工人与外出务工人员健康、教育的差异是否导致收入差距。根据前述理论假设,通过对微观数据的实证分析,进而探讨作为连接城乡媒介的迁移劳动力的健康和教育人力资本在城乡收入差距中的作用。[②]

第一节 健康人力资本的收入效应

一 数据和变量说明

本章实证分析中使用的数据来自北京大学中国社会科学调查中心的"中国家庭追踪调查"(Chinese Family Panel Studies,CFPS)数据库。CFPS的调查对象为除香港、澳门、台湾、新疆、青海、西藏、内蒙古、宁夏及海南之外的25个省/市/自治区常住家庭户中所有满足条件的家庭成员,此25个省/市/自治区的人口在全国人口中占94.5%,可以将该数据作为具有全国代表性的样本。本节选用的是2010年、2012年和2014年

---

① 感谢北京大学中国社会科学调查中心提供CFPS数据。
② 本章第一节主要内容已作为阶段性成果公开发表;第二节和第三节内容在中国人口学会第四届"全国青年学者人口研究论坛"上进行了交流。

三期 CFPS 数据。

本节研究的是健康人力资本对居民收入的影响,根据研究需要,文中只保留了年龄阶段属于 18—65 周岁的样本。首先根据需要对数据进行筛选,最终得到可使用的样本共 33278 条。模型中涉及的变量说明及基本统计量见表 5—1。相关变量说明如下。

表 5—1　　　　　　　5.1 节模型的变量说明

变量名(符号)	均值	标准差	最小值	最大值
个人收入（lnincome）	9.354	1.083	6.908	11.644
年龄（age）	40.894	12.441	18	65
工作经验（exp）	26.480	14.385	1	59
工作经验平方（exp^2）	908.116	814.447	1	3481
婚姻状况（marri）	0.826	0.379	0	1
身高（height）	165.479	7.788	110	216
体重（weight）	124.710	22.2900	40	260
身体质量指数（BMI）	22.698	3.276	8.200	57.851
中部（central）	0.321	0.467	0	1
东部（east）	0.458	0.498	0	1
西部（west）	0.222	0.416	0	1
性别（male）	0.589	0.492	0	1
城乡（urbany）	0.507	0.4999	0	1
教育年限（edu）	8.414	4.488	0	19
健康状况（SRH）	3.161	1.274	1	5
工具变量（iv）				
母亲教育年限（medu）	2.958	4.065	0	19
猪肉价格（price）	13.475	3.401	1	50

(1) 个人收入（lnincome）变量。CFPS 数据库提供的是调整后的个

人年收入，是工资、奖金、各种福利、退休金等的总和。本节研究的是健康人力资本对居民收入的影响，因此只保留收入大于零的数据，又考虑到工资水平和保险水平，因此只保留了收入大于1000元的数据来删除没有经济收入来源的样本。由于工作时长的难以获得性，难以计算出小时工资，因此，为了减少因年收入带来的偏差性，对居民年收入取对数，并且按照5%的水平进行了截尾处理以减少极端值对实证结果带来的影响。

（2）年龄（age）。用调查年份减去出生年份就是居民的年龄状况，考虑到本书的研究主体，在此只保留了18—65周岁的居民样本数据。

（3）工作经验（exp）。工作经验同样是难以量化的变量，本书选用了人力资本领域普遍认同的算法，用个人的年龄减去教育年限再减去6获得。考虑到边际报酬递减规律，随着年龄的增加，人体的身体状况按照一定比例折旧，因此模型中不仅加入了工作经验，也加入了工作经验的平方项。

（4）婚姻状况（marri）。当调查者的婚姻情况为在婚和同居时，设为1，其余的离婚、丧偶和未婚情况均为0。

（5）性别（male）。性别变量为虚拟变量，设定男性居民为1，女性居民为0。

（6）身体质量指数（BMI）。身体质量指数是常用的衡量人体胖瘦程度及是否健康的标准之一，用体重（千克）除以身高（米）的平方。其中身高和体重均为受访时的真实情况。

（7）教育年限（edu）。CFPS问卷中给出了"文盲/半文盲""小学""初中""高中""大专""本科""硕士"和"博士"这些选项。根据我国教育年制的实际情况，本节将文盲/半文盲设定为0年，小学为6年，初中为9年，高中为12年，大专为15年，本科为16年，硕士及其以上为19年。

（8）健康状况（SRH）。用自评健康体现，在CFPS的问卷当中，将个人的健康状况分为"非常健康""很健康""比较健康""一般""不健康"五个等级。本节设定：非常健康为等级5，很健康为等级4，比较健康为等级3，一般为等级2，不健康为等级1。

（9）城乡（urbany）变量。城乡变量为虚拟变量，城市居民为1，农村居民为0。

(10) 地区变量。使用两个虚拟变量衡量，地区变量按照目前我国的行政区域分类标准来划分。

(11) 工具变量（iv）。本书使用了母亲教育年限（medu）和猪肉价格（price）两个工具变量来消除健康内生性的影响。其中猪肉价格为一年中最高的猪肉价格。

结合相关理论可预期，受教育年限越长，收入越高；由于婚姻会通过夫妻间的分工和专业化来提高劳动者的生产率（Currais, 2004），且由于男女之间身体特征和工作性质的差异，因此男性收入高于女性；城市医疗设施优于农村，因而城市居民的个人收入高于农村居民；此外，地区的不同也会对居民收入产生影响。

二 计量方法的选择

本节研究的是健康人力资本的收入效应，即健康人力资本对居民收入的影响。但是健康人力资本会影响到居民的收入，同时收入也会反过来影响居民的健康人力资本状况，两者之间存在互为因果关系，会产生内生性问题，需要在实证研究时予以考虑。另外，个人的健康人力资本由于难以量化，没有统一的测量标准，在模型设定过程中，很容易遗漏因素，产生遗漏变量，也可能造成内生性问题。综合来看，在研究健康人力资本对居民收入影响的问题中，内生性问题不容忽视。

工具变量法是解决内生性问题的有效方法，但是要找到一个与解释变量高度相关，但却不与随机误差项相关的变量作为工具变量比较难。在本书的研究中，经过反复的选择和尝试，最终选用了过去一年猪肉的最高价格作为健康人力资本的工具变量，同时考虑到教育人力资本与收入也会相互影响，因此教育人力资本也可能是内生变量，故将母亲的受教育年限作为教育的工具变量，用工具变量方法估计健康人力资本的收入效应，从而减少实证分析结果的误差。

在人力资本的研究领域，明瑟收入方程是重要的理论和实证方法，明瑟收入方程主要揭示人力资本中教育和经验两个主要因素对收入的影响，在实际运用中，一般采用明瑟方程的线性形式：

$$\ln y = \alpha_0 + \alpha_1 Sch + \alpha_2 Exper + \alpha_3 Exper^2 + \sum \alpha_i X + \varepsilon$$

上式中，lny 表示收入的对数，Sch 表示教育年限，Exper 表示经验，X 表示除教育和经验之外的个人特征变量，包括性别、地区、婚姻、职业等，而其他一些不可测因素纳入到随机误差项 ε 中。经验变量 Exper 的二次幂反映了经验对收入的作用呈抛物线的形式，个人收入随着工作经验的增加而增加，但当到达极值后收入随经验呈减少的趋势，这实际上是符合收入曲线随年龄增加呈现出倒"U"形的变化规律的。

在上面模型中引入健康人力资本因素，构建如下模型：

$$\ln income = \alpha_0 + \alpha_1 edu + \alpha_2 exp + \alpha_3 exp^2 + \alpha_4 height + \alpha_5 BMI + \alpha_6 SRH + \sum \beta_i X + \varepsilon$$

其中，income 代表个人收入，edu 代表教育年限，exp 代表工作经验，exp^2 代表工作经验平方，height 代表身高，BMI 代表身体质量指数，SRH 代表自评健康，X 表示其他个人特征变量，包括地区（east、west、central）、城乡（urbany）、性别（male）和婚姻状况（marri），ε 为随机误差项。

三 实证分析结果

分别采用简单 OLS 估计和工具变量两种方法对模型进行估计，得出估计结果。

（一）简单 OLS 估计的分析结果

先将评价健康的三个指标身高、身体质量指数和自评健康代入模型中进行回归，得到简单 OLS 的估计结果，如表5—2 所示。回归方程调整后的 R^2 为 0.2493，回归方程的拟合优度尚可。所有解释变量系数的对应 p 值均接近 0，通过检验。其中，height、MBI 和 SRH 的系数分别为 0.007、0.014 和 -0.057。

表5—2　　　　　　　　　　OLS 估计结果

Source	SS	df	MS		Number of obs	33278
					F (11，33266)	1149.05
Model	9704.913	11	882.265		Prob > F	0
Residual	29183.3	33266	0.877		R-squared	0.2496
					Adj R-squared	0.2493

续表

Source	SS	df	MS		Number of obs	33278
					$F(11, 33266)$	1149.05
Total	38888.21	33277	1.169	Root MSE	0.9366	
ln*income*	Coef.	Std. Err.	t	$P>t$	[95% Conf.	Interval]
edu	0.0498599	0.0015158	32.89	0.000	0.046889	0.052831
SRH	-0.0568413	0.0046352	-12.26	0.000	-0.06593	-0.04776
exp	0.0071218	0.0015772	4.52	0.000	0.004031	0.010213
exp^2	-0.0003929	0.0000263	-14.98	0.000	-0.00044	-0.00034
marri	0.1870517	0.0165956	11.27	0.000	0.154524	0.21958
central	0.1238208	0.0145639	8.50	0.000	0.095275	0.152366
east	0.2897662	0.0138293	20.95	0.000	0.26266	0.316872
height	0.0071684	0.0009124	7.86	0.000	0.00538	0.008957
BMI	0.0143158	0.0016346	8.76	0.000	0.011112	0.01752
male	0.4376755	0.0142928	30.62	0.000	0.409661	0.46569
urbany	0.2698706	0.0111862	24.13	0.000	0.247945	0.291796
_cons	7.085547	0.1518613	46.66	0.000	6.787893	7.3832

从估计结果可以看出，身高和身体质量指数的收入效应分别为0.7%和1.4%，它们会影响居民的收入，但系数值较小，这可能是因为对于大多数人来说，身高和身体质量指数在成年时期就已基本形成，与现期的收入水平关系不明显。SRH的系数为负，与实际情况相违背，在自评健康变量设定的过程中，数值越大，等级越高，代表健康状况越好；而同等条件下，明显身体健康状况良好的个人比健康状况存在问题的个体能够获得更多的收入。造成自评健康系数为负可能因为健康是一个主观变量，也可能是因为存在内生性问题。因此，必须要考虑上述模型中的内生性问题。

在其他影响个人收入的因素中，教育的系数为0.050，说明教育年限每增加1年，可以提高近5个百分点的收入，因而在研究人力资本对收入的影响时，教育人力资本的确是人力资本的一大重要因素。工作经验的影响系数为0.007，且其平方项的系数为负，工作经验的提升能增加居民收入，但当工作经验累积到一定程度时，对收入的贡献率呈下降趋势。

性别系数为0.438，男性居民健康状况对收入的影响显著高于女性的，不管是在体力劳动还是脑力劳动方面，男性普遍比女生更具优势。婚姻状况的系数为0.187，已婚居民显著高于未婚居民。城乡系数为0.270，城市居民的健康人力状况对收入的影响高于农村地区。对于地区而言，中部和东部地区的系数分别为0.124和0.290，表明在同等条件下，中部和东部地区居民健康人力资本的收入效应比西部地区高出12.4%和29%。

在衡量健康人力资本的身高、身体质量指数和自评健康这三个指标当中，估计结果系数均通过了检验，但身高和身体质量指数的系数值为正，自评健康的系数为负，与事实不符，也与本领域的其他研究结果相违背，因此回归结果的准确性有待进一步的考证。造成这一结果的原因很可能就是前面已经讨论过的内生性问题。由于模型设定存在遗漏变量或是健康人力资本和居民收入的交互影响，因此内生性问题是本书必须解决的重点问题，在接下来的实证过程中将使用工具变量法，着力解决因内生性问题造成的影响。

(二) 工具变量 (iv) 的分析结果

本节采用自评健康、身高和身体质量指数这三个指标来衡量健康人力资本。一般认为，身体质量指数代表着个人中期的健康状况，身高则表明个人长期的健康状况，两者反映成年以前的健康状况，在成年之时已经基本固定，与现期个人经济收入的关系不大。且这两个变量是由专业医务人员进行测量，测量误差也非常小，所以在实证分析中，将这两个变量视为外生变量（杨国涛、段君，2014；尹志超、魏昭，2014），因此本节只将自评健康作为健康人力资本的内生变量。

在完成相关模型最终形式的设定以后，采用工具变量法来解决健康的内生性问题，从而估计健康人力资本的收入效应。

为了找到合适的工具变量，先后选取了"选用通常的交通方式，您从居委会到最近的城镇所需要的时间""过去12个月，牛肉、鸡蛋最高价格""选用通常的交通方式，您家到最近医疗点的时间""子女的个数""是否吸烟、喝酒"等作为工具变量。为了对模型进行估计，首先要验证所选用工具变量是否有效，在先后进行的工具变量检验中，只有最高猪肉价格通过了检验。在Hausman检验中，最小特征值统计量为29.217，大于一般标准值10，可认为不存在弱工具变量，因而可以将最高猪肉价格作为自评健康的有效工具变量。

运用 iv-2sls 方法对模型进行估计,结果如表 5—3 所示。

表 5—3　　　　　　　健康人力资本收入效应的估计结果

variables	all1	all2	city	country	east	central	west
edu	0.041***	0.139***	0.152***	0.073	0.127***	0.107***	0.197***
	(0.002)	(0.015)	(0.013)	(0.051)	(0.021)	(0.025)	(0.036)
SRH	0.527***	0.353***	0.287***	0.440***	0.455***	0.296***	0.238***
	(0.018)	(0.031)	(0.045)	(0.052)	(0.054)	(0.044)	(0.062)
exp	0.027***	0.032***	0.027***	0.029***	0.030***	0.027***	0.051***
	(0.002)	(0.002)	(0.002)	(0.007)	(0.003)	(0.0035)	(0.008)
exp^2	-0.001***	-0.0003***	-0.0003***	-0.0004***	-0.0003***	-0.0004***	-0.0005***
	(0.000)	(0.000)	(0.000)	(0.000)	(0.000)	(0.000)	(0.000)
marri	0.224***	0.150***	0.192***	0.130***	0.160***	0.178***	0.049
	(0.018)	(0.021)	(0.025)	(0.050)	(0.030)	(0.035)	(0.060)
central	0.105***	0.012	-0.007	0.131*	—	—	—
	(0.016)	(0.021)	(0.025)	(0.070)	—	—	—
east	0.274***	0.171***	0.233***	0.189***	—	—	—
	(0.015)	(0.021)	(0.025)	(0.072)	—	—	—
height	0.003***	0.0004	-0.004***	0.005***	0.002	-0.0025	-0.003
	(0.001)	(0.001)	(0.002)	(0.001)	(0.002)	(0.002)	(0.003)
BMI	0.006***	0.003	-0.002	0.009***	0.003	-0.001	0.007
	(0.002)	(0.002)	(0.002)	(0.003)	(0.003)	(0.003)	(0.005)
urbany	0.285***	0.065*	—	—	0.172***	0.037	-0.128
	(0.012)	(0.035)	—	—	(0.049)	(0.054)	(0.101)
male	0.346***	0.342***	0.438***	0.326***	0.320***	0.410***	0.281***
	(0.016)	(0.016)	(0.025)	(0.053)	(0.025)	(0.026)	(0.036)
Constant	5.820***	5.999***	6.999***	5.498***	5.680***	7.043***	6.178***
	(0.169)	(0.168)	(0.257)	(0.283)	(0.260)	(0.293)	(0.451)
Obs	33,278	33,278	16,870	16,408	15,233	10,671	7,374
R-squared	0.101	0.137	0.108	0.159	0.072	0.158	0.045

注:*、*** 分别表示在 10%、1% 的水平上显著,括号内为参数的标准误。

表5—3中all1列和all2列表示的是分别将教育年限作为外生变量和内生变量时的实证输出结果。为了解决健康人力资本的内生性问题，引入了工具变量，而在大量人力资本研究成果中，大量学者也将教育年限作为内生变量。从表5—2各变量之间的相关系数中可以看到，教育年限和收入之间的系数达到了0.384，说明教育和收入之间相互影响的程度较高，存在内生性问题的可能性很大。因此，本节在将健康人力资本作为内生变量的同时，也引入了教育年限的工具变量，对比了当教育年限分别作为内生变量和外生变量时，健康人力资本对居民收入的影响程度。

all1列呈现的是教育年限作为外生变量时，健康人力资本对居民收入作用的实证结果。其中，SRH的影响系数高达0.527，身高和身体质量指数的系数分别为0.003和0.006，而教育对收入的影响系数仅为0.041。虽然结果均在1%的水平上显著，但由自评健康、身高和身体质量指数衡量的健康人力资本对居民收入作用系数远远比教育对居民收入作用的系数大，过于夸大了健康人力资本对居民收入的影响且显著低估了教育对收入的作用。

all2列呈现的是当教育年限作为内生变量时，健康人力资本对居民收入作用的实证结果。其中，SRH的系数为0.353，明显低于all1列中的0.527，而身高和身体质量指数的系数结果则不显著。由此可以看出，自评健康每提高一个等级，居民收入增加35.3%，说明以自评健康为代表的健康人力资本显著影响居民的收入。教育对收入的影响系数为0.139，比all1列中当教育年限为外生变量时的0.041明显更高，说明教育也是重要的影响因素。由此可知，将教育年限视为内生变量引入估计模型式中，得到的估计结果更贴合实际。对比自评健康和教育对居民收入的系数发现，健康人力资本对居民收入的影响程度仍旧大于教育对居民收入的影响，说明忽视健康人力资本，将教育人力资本等同于人力资本研究其对收入影响的做法是不合适的。

在其他影响个人收入的因素中，工作经验的影响系数为0.032，且其平方项的系数为负，工作经验的提升能增加居民收入，但当工作经验增长到一定程度时，对收入的贡献率呈下降趋势，这可能是由于工作经验与年龄密切相关，随着年龄的增长，个人身体机能在达到极值后逐渐衰退，从而影响工作效率和劳动参与率，进而影响到居民自身的收入。性别系数为0.342，说明男性收入显著高于女性，不管是在体力劳动还是脑力劳动方面，男性普遍比女性更具优势。婚姻状况的系数为0.150，已婚居民显著高于未婚居民，可能是由于已婚居民要承担更多的经济压力，会更努力地获取更高收入。居民所在地区也会影响健康的收入效应，具体的分析在之后的差异分析中会体现。

从估计结果来看，身体质量指数和身高的系数只在农村居民样本估计中显著，且系数值很小，分别为0.009和0.005（见表5—3的country列）。说明除在农村地区外，居民的身体质量指数和身高对收入几乎没有影响。可能的原因是随着经济发展水平的提升，居民的生活营养水平和医疗卫生水平等条件得到了提升，进而受其显著影响的身高和身体质量指数也普遍得到了整体的改善，居民的身体质量指数和身高在成年之前就已经基本确定，当期的经济环境对身高和体重的影响不太显著，因而导致对收入的影响不显著。但从估计结果还是可以看出农村地区在这方面还存在差距，身高和身体质量指数还是会对居民收入产生影响，需要加强对农村居民健康的关注和投资。

从OLS估计结果看，身高和身体质量指数的系数是显著的，分别为0.007、0.014（见表5—2）。虽然工具变量方法估计结果比OLS估计结果准确性更高一些，但从身高和身体质量指数这两个衡量健康人力资本的变量来看，OLS估计结果更能体现其两者对收入的作用。因此，综合OLS和工具变量两者的估计结果看，身高、身体质量指数和自评健康三者均会对居民收入产生影响，其中自评健康的效应比身高和身体质量指数的效应高。以身高、身体质量指数和自评健康为代表的健康人力资本对居民的收入会产生显著的影响，健康问题必须受到高度的重视。

四 理论假设的检验

（一）城乡差异分析：假设6的检验

从总体的实证结果中，可以得出健康人力资本显著影响居民的收入，城乡变量（urbany）的系数为0.285（表5—3的all1列），城市居民与农村居民相比较而言，城市居民健康人力资本对收入的影响系数高0.285，这与OLS估计结果中的城乡变量系数0.270（表5—2）相差无几，说明健康人力资本的收入效应存在显著的城乡差异。因从总体样本估计中无法得知城乡居民具体的影响系数，为详细研究城市和农村居民健康人力资本的收入效应，并对比健康人力资本收入效应的城乡差异，验证本书的第6个理论假设，分别将城市和农村居民样本放入模型中进行回归分析，表5—3 中 city 和 country 列分别是城市居民样本和农村居民样本的估计结果。如表5—3 所示，城市和农村居民的 SRH 系数分别为 0.287 和 0.440，且均在1%的水平上显著。在同等条件下，农村居民自评健康每提高一个等级对收入的贡献率比城市居民提高15%左右，这说明农村居民的健康收入效应显著高于城市居民，这与总体居民样本回归以及 OLS 回归中得到的估计结果相反。很可能是因为教育、人生经验和拥有资源的不同等诸多原因，农村与城市居民相比，更多的人从事体力方面的工作，而身体健康状况的改变对体力劳动有着更显著和直接的影响，而城市地区居民收入则更多决定于自身固定的工资，且大多数城市职工还享有相对健全的医疗保障，城市居民收入受到疾病影响的程度，特别是短期冲击相对于农村人口来说应该小得多，所以不管从长期还是短期来看，农村居民健康状况的改变对收入的影响高于城市居民。这个结果验证了第三章中的假设6"农村居民健康人力资本的收入效应高于城市居民"。此外，城乡居民受教育年限的系数分别为 0.152 和 0.073（但是农村的系数不显著），城市居民教育年限对收入的影响显著高于农村居民的，教育人力资本的收入效应所体现的城乡差异与健康人力资本类似。同样，工作经验、性别和婚姻状况这些个人因素和总体样本的估计结果以及 OLS 估计结果是类似的，都会对居民的收入产生影响。

（二）区域差异分析：假设7的检验

对于区域差异，一般认为西部居民健康人力资本对收入的影响更大，中部次之，东部最小，本书提出的理论假设7也是基于这样的认识。表5—3 中 east、central 和 west 列分别是东部、中部和西部地区居民样本的估计结果。估计结果显示，东部、中部和西部地区居民的 SRH 系数分别是 0.455、0.296 和 0.238，从中可以看出东部地区显著高于西部和中部地区，中部地区高于西部地区，但差距较小。这样的回归结果与本书所提出的理论假设7刚好是相反的。从普遍的认识来说，西部地区经济和医疗卫生水平明显低于东部地区，提高西部地区居民的健康人力资本存量对收入所起到的作用会比东部地区的更强，然而估计结果显然与平时的认知不同。很可能是由东部、中部和西部三个地区的经济发展水平和产业结构所引起的。一直以来,东部地区产业结构、居民教育水平和对健康的认识等长期处于全国前列,因而东部居民单位时间劳动回报率高于中部和西部地区,而健康状况直接影响着劳动参与率,健康的机会成本高于中部和西部地区,最终影响到居民自身的收入水平,故东部地区的自评健康系数显著高于中西部地区的实证结果存在一定的合理性;而对于中部和西部地区来说,中部地区也是高于西部,但随着国家西部大开发战略的实施,西部地区的经济发展水平与其他地区的差距在缩小,故而本书的假设7未得到验证。

对于区域差异,OLS估计结果中,中部和东部地区居民健康人力资本的收入效应比西部地区分别高0.124和0.290,与工具变量法估计的结果是类似的。综合来看,理论假设7与实际情况并不相符,健康人力资本收入效应的地区差异表现为东部地区高于中部地区,而中部地区又高于西部地区,中部和西部地区之间的差异性不大。健康人力资本收入效应的地区差异很可能会造成区域收入差距的进一步扩大。

(三)健康与教育的人力资本收入效应差异:假设8的检验

大量人力资本研究成果表明教育对收入的增长起着显著的促进作用,关于教育和健康这两大人力资本因素,一直以来教育人力资本在人力资本领域有着重大的地位,而健康、培训、实践经验、迁移等因素常被忽视,就算考虑到了健康人力资本,教育人力资本还是比健康人力资本更重要的因素,本书也做了类似假设。在本节的估计结果中,健康和教育对居民收入的影响系数分别为0.353和0.139(表5—3中all2列),充分说明了健康人力资本的重要性,健康人力资本的收入效应甚至超越了教育对收入的作用,这有悖于普遍的认识,与本书的理论假设8相违背。可能是随着义务教育的强制普及,人们对教育的重视程度越来越高以及教育基础设施不断完善等原因,从而导致整体的教育水平得到提升,达到一个比较高的水平。基于边际报酬递减规律,教育对收入的影响幅度在达到顶端之后所带来的收入增幅会越来越小。而对比健康状况,据国家卫健委发布的《中国居民营养与慢性病状况报告(2015年)》,近十年来,我国居民虽然在营养摄入情况和身高方面有所增长,但仍存在一系列问题,如居民肥胖超重问题凸显,癌症发病率呈上升趋势,慢性疾病总体防控形势依然严峻等。① 教育人力资本历来受到人们的普遍重视，而居民对健康人力资本的关注则刚刚起步。从国家对教育和健康历来的重视程度来看，教育的排位高于健康。以上的各种因素可能导致了我国居民的健康人力资本和教育人力资本处于不同的增长阶段，因此，在较高水平的教育人力资本和较低水平的健康人力资本条件下，健康人力资本的收入效应高于教育人力资本收入效应的结论存在一定的合理性。

第二节　健康及教育的收入回报率——转移劳动力与城乡劳动力的差异

要分析人力资本在"迁移谜题"中的作用，还需要将转移劳动力与城乡劳动力进行对比，上一节未对此进行细分，在本节和下一节，我们将对第三章提出的假设4和假设5进行验证。

一　研究方法及数据说明

（一）研究方法

采用明瑟方程的扩展形式，使用OLS估计方法，首先分别估计城镇劳动力与迁移劳动力、农村本地工人的健康、教育收益率，构建的模型如下：

$$\ln income_u = \beta_{u0} + \beta_{u1}SRH + \beta_{u2}edu + \beta_{u3}age + \beta_{u4}age^2 + \sum \beta_{ui}X + \varepsilon_u \tag{5—1}$$

$$\ln income_m = \beta_{m0} + \beta_{m1}SRH + \beta_{m2}edu + \beta_{m3}age + \beta_{m4}age^2 + \sum \beta_{mi}X + \varepsilon_m \tag{5—2}$$

$$\ln income_r = \beta_{r0} + \beta_{r1}SRH + \beta_{r2}edu + \beta_{r3}age + \beta_{r4}age^2 + \sum \beta_{ri}X + \varepsilon_r \tag{5—3}$$

式（5—1）为针对城镇劳动力的研究模型，式（5—2）为针对迁移劳动力的研究模型，式（5—3）为针对农村本地工人的研究模型。其中

---

① 国新办《中国居民营养与慢性病状况报告（2015）》新闻发布会文字实录，中华人民共和国国家卫生健康委员会网站，2015年6月30日，http://www.nhc.gov.cn/xcs/s3574/201506/6b4c0f873c174ace9f57f11fd4f6f8d9.shtml。

年龄变量在一定程度上可作为经验的代理变量。

由于遗漏了能力变量,可能会产生遗漏变量偏差,使得模型存在内生性问题,在没有找到合适的工具变量的情况下,本书将父母最高受教育程度作为能力的代理变量引入模型,如下所示:

$$\ln income_u = \beta_{u0} + \beta_{u1}SRH + \beta_{u2}edu + \beta_{u3}age + \beta_{u4}age^2$$
$$+ \beta_{u5}pedu + \sum \beta_{ui}X + \varepsilon_u \quad (5—4)$$

$$\ln income_m = \beta_{m0} + \beta_{m1}SRH + \beta_{m2}edu + \beta_{m3}age + \beta_{m4}age^2$$
$$+ \beta_{m5}pedu + \sum \beta_{mi}X + \varepsilon_m \quad (5—5)$$

$$\ln income_r = \beta_{r0} + \beta_{r1}SRH + \beta_{r2}edu + \beta_{r3}age + \beta_{r4}age^2$$
$$+ \beta_{r5}pedu + \sum \beta_{ri}X + \varepsilon_r \quad (5—6)$$

其次,使用城镇劳动力与迁移劳动力所有样本进行估计,所用模型如下:

$$\ln income_{um} = \beta_{um0} + \beta_{um1}SRH + \beta_{um2}edu + \beta_{um3}age + \beta_{um4}age^2$$
$$+ \beta_{um5}pedu + \beta_{um6}M + \sum \beta_{umi}X + \varepsilon_{um} \quad (5—7)$$

为了进行比较,将父母教育程度变量去掉后,再次使用城镇劳动力与迁移劳动力所有样本进行估计。

$$\ln income_{um} = \beta_{um0} + \beta_{um1}SRH + \beta_{um2}edu + \beta_{um3}age + \beta_{um4}age^2$$
$$+ \beta_{um6}M + \sum \beta_{umi}X + \varepsilon_{um} \quad (5—8)$$

最后,使用农村本地工人与迁移劳动力所有样本进行估计,模型如下:

$$\ln income_{rm} = \beta_{rm0} + \beta_{rm1}SRH + \beta_{rm2}edu + \beta_{rm3}age + \beta_{rm4}age^2$$
$$+ \beta_{rm5}pedu + \beta_{rm6}M + \sum \beta_{rmi}X + \varepsilon_{rm} \quad (5—9)$$

将父母教育程度变量去掉后,再次使用农村本地工人与迁移劳动力所有样本进行估计。

$$\ln income_{rm} = \beta_{rm0} + \beta_{rm1}SRH + \beta_{rm2}edu + \beta_{rm3}age + \beta_{rm4}age^2$$
$$+ \beta_{rm6}M + \sum \beta_{rmi}X + \varepsilon_{rm} \quad (5—10)$$

其中 *income* 代表个人劳动收入,*SRH* 代表自评健康,*edu* 代表教育程度,*age* 代表年龄,age^2 表示年龄的平方,二者一定程度上可作为经验及经验平方的代理变量。pedu 表示父母最高受教育程度，X 表示其他个人特征变量，包括性别（male）、婚姻状况（marri）、民族（han）、地区（west、central、east）、职业（occup）。M 表示迁移，M=1 代表是迁移劳动力，M=0 则为其他，ε 为随机误差项。

OLS 估计方法研究的是自变量 X 对因变量 y 的条件期望即 E（y|X）的影响，实质上是均值回归。而自变量 X 对整个条件分布的 y|X 的影响才是实际中应重点关注的。在实证中若可以估计出条件分布 y|X 的几个重要的条件分位数，便能够有更全面的认识。分位数回归不仅能够提供关于条件分布的更多信息，而且还不易受极端值的影响，比较稳健。

本章为了进一步研究收入如何随着教育水平、健康水平的变化而变化，故采用分位数回归针对式（5—4）、式（5—5）、式（5—6）、式（5—7）、式（5—9）进行估计，选择使用多个分位数回归进行分析，包括 1/10、1/4、1/2、3/4、9/10 分位数。

（二）数据说明

本节和下一节使用的原始数据为 CFPS 2012 年的数据，CFPS 共有六个子总体，即五个"大省（市）"和其他"小省"。五个大省（市）包括：上海市、辽宁省、河南省、甘肃省、广东省。其余 20 个省为"小省"。这五个"大省（市）"是自我代表省（市），在所有样本中占比很大，无法使用这六个抽样框的样本进行全国推断，故 CFPS 项目组将全国的数据进行调整，在抽样框中按照人口比例调整了样本量在各子总体中的分配，得到可用于全国推断的再抽样样本数据。

本节利用 CFPS 再抽样样本 2012 年的数据进行全国推断分析。首先，保留 2012 年产生有效问卷的样本 35719 条。其次，在再抽样的样本基础上，筛选出 16—60 周岁不上学的样本，得到 17634 条劳动力样本。再次，筛选因变量和自变量，由于文章主要研究劳动收入，CFPS 提供的个人收入数据与劳动力收入比较接近，是工资、奖金、各种福利、退休金、勤工助学金、奖学金的总和，故本书只保留了个人收入大于零的数据，并采用将缺失值设为一类的插补方法，对控制变量中缺失值较多的职业和父母最高受教育程度变量进行了插补。最后，对数据进行处理后，剔除有缺失值的样本，最终所用样本为 6374 条，其中城镇劳动力样本数为 2411 条，农村迁移劳动力为 1194 条，农村本地工人为 2769 条。此处定义的城镇劳动力是指拥有非农业户口且调查时居住地为城镇的样本,农村迁移劳动力是指离家原因为外出打工①且其户口为农业户口的样本,农村本地工人是指拥有农业户口且调查时居住在农村并有个人收入的非农村转移劳动力样本。

根据样本数据,实证中涉及的变量说明及基本统计量如表 5—4 所示。

表 5—4　　　　　　　　5.2 节模型的变量说明

变量	均值（城镇）	标准差（城镇）	均值（迁移）	标准差（迁移）	均值（农村）	标准差（农村）	变量说明
个人收入（lnincome）	9.933	0.979	9.878	1.016	9.179	1.374	为了研究一年内的收入差异,故使用个人年收入的对数
年龄（age）	41.714	11.052	30.786	9.823	39.341	11.402	
受教育程度（eduy2012）	11.304	3.908	8.012	3.598	6.702	4.224	2012 年时已完成的教育年限
婚姻状况（marri）	0.842	0.365	0.614	0.487	0.855	0.352	已婚=1,未婚=0,其中初婚、再婚、同居记为已婚,离婚、丧偶、未婚记为未婚
性别（male）	0.504	0.500	0.667	0.472	0.632	0.482	男=1,女=0
健康状况（SRH）	2.963	1.043	3.339	1.151	3.020	1.180	用自评健康表示,1 表示不健康,2 表示一般,3 表示比较健康,4 表示很健康,5 表示非常健康,回归时引入 4 个虚拟变量,以不健康作为基准组
西部（west）	0.135	0.342	0.172	0.377	0.269	0.444	西部地区=1,其他=0
中部（central）	0.434	0.496	0.147	0.354	0.367	0.482	中部地区=1,其他=0

---

① CFPS 的离家指的是至少 3 个月不会回来,否则视为住在家中,故此处定义的农村迁移劳动力至少在外工作 3 个月以上。

续表

变量	均值(城镇)	标准差(城镇)	均值(迁移)	标准差(迁移)	均值(农村)	标准差(农村)	变量说明
东部(east)	0.431	0.495	0.682	0.466	0.364	0.481	东部地区=1，其他=0
父母最高教育程度(pedu1)	0.506	0.500	0.329	0.470	.719	0.450	作为能力的代理变量，指父母中已完成的最高学历，小学及以下=1，其他=0
pedu2	0.212	0.408	0.164	0.371	0.184	0.387	初中=1，其他=0
pedu3	0.258	0.438	0.071	0.257	0.083	0.277	高中及以上=1，其他=0
pedu4	0.024	0.155	0.436	0.496	0.014	0.116	缺失=1，其他=0
职业(occup1)	0.016	0.125	0.034	0.180	0.316	0.465	依据《中华人民共和国职业分类大典》划分，农/林/牧/渔/水利业人员=1，其他=0
occup2	0.039	0.195	0.022	0.146	0.012	0.107	国家机关、党群组织、企业、事业单位负责人=1，其他=0
occup3	0.116	0.320	0.027	0.162	0.022	0.148	专业技术人员=1，其他=0
occup4	0.108	0.310	0.046	0.210	0.013	0.115	办事人员和有关人员=1，其他=0
occup5	0.153	0.360	0.183	0.386	0.063	0.243	商业、服务人员=1，其他=0
occup6	0.170	0.375	0.561	0.496	0.265	0.442	生产/运输设备操作人员及有关人员=1，其他=0
occup7	0.004	0.061	0.058	0.233	0.0004	0.019	军人、无职业者分类及代码、不便分类的其他人群=1，其他=0
occup8	0.395	0.489	0.070	0.256	0.308	0.462	缺失=1，其他=0
民族(han)	0.966	0.180	0.890	0.313	0.889	0.314	汉族=1，其他民族=0
观测值	2411	2411	1194	1194	2769	2769	

二 农村转移劳动力、城镇劳动力健康和教育回报率的差异

根据上述模型进行 OLS 回归分析的结果如表 5—5 所示，分位数回归结果如表 5—6 所示。

OLS 回归结果显示，对于城镇劳动力来说，教育和健康对收入有重

要影响。在不引入能力的代理变量父母最高教育程度的情况下,教育回报率约为5.8%,而控制了父母教育程度后,教育回报率略微下降,为5.7%,但与父母受教育程度较低的人群相比,父母较高的教育程度并没有给个人劳动收入带来显著的收益。在健康方面,与不健康的人群相比,健康的劳动力会获得更高的收入,但除了比较健康一组外,其他三组与不健康组的收入差异在统计上不显著($\alpha=10\%$)。而男性与女性的收入却表现出显著不同,在其他条件不变的情况下,男性比女性的收入高30%左右,说明存在较大程度的性别差异。职业也是影响劳动力收入的重要因素,与农业从业人员相比,其他职业人群的收入都显著高于此群体,尤其是国家机关、党群组织、企业、事业单位负责人及专业技术人员等。在不同地区个人收入也存在显著差异,东部地区较西部地区劳动力收入高20%左右,而中部地区较西部地区收入低13.5%左右。婚姻状况以及是否是汉族对个人收入没有显著影响。

表5—5　　城镇劳动力与迁移劳动力样本组 OLS 回归结果

自变量	OLS5-1	OLS5-2	OLS5-4	OLS5-5	OLS5-7	OLS5-8
$eduy2012$	0.058*** (0.006)	0.033*** (0.010)	0.057*** (0.006)	0.029*** (0.009)	0.049*** (0.005)	0.051*** (0.005)
SRH:一般	0.115 (0.075)	0.316* (0.181)	0.118 (0.075)	0.302* (0.178)	0.178** (0.073)	0.182** (0.073)
SRH:比较健康	0.191*** (0.069)	0.369** (0.172)	0.194*** (0.069)	0.328* (0.168)	0.235*** (0.068)	0.245*** (0.069)
SRH:很健康	0.071 (0.085)	0.292 (0.179)	0.073 (0.085)	0.281 (0.177)	0.142* (0.077)	0.139* (0.077)
SRH:非常健康	0.096 (0.094)	0.370** (0.186)	0.100 (0.094)	0.358* (0.184)	0.191** (0.083)	0.192** (0.083)
age	-0.002 (0.015)	0.076*** (0.021)	-0.00005 (0.015)	0.075*** (0.021)	0.017 (0.011)	0.019* (0.011)
age^2	0.011 (0.018)	-0.103*** (0.030)	0.010 (0.018)	-0.099*** (0.030)	-0.012 (0.013)	-0.015 (0.013)
$male$	0.306*** (0.039)	0.282*** (0.061)	0.305*** (0.039)	0.274*** (0.061)	0.288*** (0.032)	0.289*** (0.032)

续表

自变量	OLS5-1	OLS5-2	OLS5-4	OLS5-5	OLS5-7	OLS5-8
$marri$	0.029 (0.051)	0.002 (0.074)	0.035 (0.052)	-0.012 (0.073)	0.039 (0.042)	0.041 (0.042)
han	-0.089 (0.098)	0.061 (0.085)	-0.086 (0.098)	0.053 (0.085)	-0.022 (0.064)	-0.024 (0.064)
中部	-0.135** (0.053)	0.185 (0.115)	-0.135** (0.054)	0.194* (0.116)	-0.053 (0.053)	-0.051 (0.053)
东部	0.202*** (0.050)	0.351*** (0.104)	0.203*** (0.050)	0.363*** (0.103)	0.267*** (0.051)	0.263*** (0.051)
$pedu$：初中	—	—	-0.0002 (0.053)	0.206** (0.081)	0.050 (0.044)	—
$pedu$：高中及以上	—	—	0.063 (0.047)	0.188* (0.101)	0.087** (0.042)	—
$occup2$	0.927*** (0.212)	0.533** (0.257)	0.918*** (0.212)	0.548** (0.263)	0.806*** (0.152)	0.793*** (0.152)
$occup3$	0.722*** (0.196)	0.129 (0.340)	0.713*** (0.196)	0.112 (0.339)	0.595*** (0.138)	0.584*** (0.139)
$occup4$	0.454** (0.200)	0.021 (0.193)	0.443** (0.200)	0.053 (0.192)	0.329** (0.138)	0.317** (0.138)
$occup5$	0.354* (0.194)	0.062 (0.174)	0.345* (0.194)	0.094 (0.175)	0.248* (0.129)	0.232* (0.129)
$occup6$	0.357* (0.195)	0.145 (0.164)	0.348* (0.195)	0.183 (0.165)	0.316** (0.127)	0.297** (0.126)
$occup7$	0.391 (0.280)	0.207 (0.199)	0.379 (0.292)	0.278 (0.199)	0.437*** (0.163)	0.390** (0.163)
M	—	—	—	—	0.166*** (0.051)	0.104** (0.050)
R-squared	0.158	0.088	0.159	0.103	0.125	0.122
观测值	2411	1194	2411	1194	3605	3605

注：*、**、*** 分别表示系数在10%、5%、1%的水平上显著，括号内为异方差-稳健标准误。表中省略了父母最高教育程度及职业变量的缺失组。

表5—6　　城镇劳动力与迁移劳动力样本组综合分位数回归结果

自变量	QR_10	QR_25	QR_50	QR_75	QR_90
$eduy2012$	0.085***	0.060***	0.042***	0.039***	0.039***
	(0.014)	(0.005)	(0.004)	(0.004)	(0.004)
SRH：一般	0.213	0.137**	0.084*	0.048	0.048
	(0.188)	(0.069)	(0.050)	(0.049)	(0.049)
SRH：比较健康	0.306*	0.230***	0.169***	0.102**	0.102**
	(0.174)	(0.063)	(0.046)	(0.045)	(0.045)
SRH：很健康	0.255	0.124*	0.086*	0.026	0.026
	(0.190)	(0.069)	(0.050)	(0.049)	(0.049)
SRH：非常健康	0.286	0.194**	0.119**	0.125**	0.125**
	(0.213)	(0.077)	(0.056)	(0.055)	(0.055)
age	0.026	0.010	0.016*	0.022***	0.022***
	(0.033)	(0.012)	(0.009)	(0.008)	(0.008)
age^2	-0.010	-0.001	-0.015	-0.024**	-0.024**
	(0.040)	(0.015)	(0.011)	(0.010)	(0.010)
$male$	0.213**	0.231***	0.258***	0.293***	0.293***
	(0.096)	(0.035)	(0.025)	(0.025)	(0.025)
$marri$	0.142	0.021	0.069*	0.050	0.050
	(0.136)	(0.050)	(0.036)	(0.035)	(0.035)
han	-0.096	-0.033	-0.033	0.002	0.002
	(0.197)	(0.072)	(0.052)	(0.051)	(0.051)
中部	-0.133	-0.049	-0.060	-0.041	-0.041
	(0.145)	(0.053)	(0.038)	(0.037)	(0.037)
东部	0.330**	0.244***	0.204***	0.199***	0.199***
	(0.135)	(0.049)	(0.036)	(0.035)	(0.035)
$pedu$：初中	0.080	0.054	0.004	0.048	0.048
	(0.130)	(0.047)	(0.034)	(0.034)	(0.034)
$pedu$：高中及以上	-0.023	0.036	0.058	0.079**	0.079**
	(0.135)	(0.049)	(0.036)	(0.035)	(0.035)
$occup2$	0.886**	1.102***	0.768***	0.522***	0.522***
	(0.400)	(0.146)	(0.106)	(0.103)	(0.103)

续表

自变量	QR_10	QR_25	QR_50	QR_75	QR_90
occup3	1.048***	0.920***	0.540***	0.387***	0.387***
	(0.358)	(0.130)	(0.095)	(0.092)	(0.092)
occup4	0.567	0.755***	0.381***	0.149	0.149
	(0.351)	(0.128)	(0.093)	(0.091)	(0.091)
occup5	0.568*	0.574***	0.230***	0.076	0.076
	(0.331)	(0.121)	(0.088)	(0.086)	(0.086)
occup6	0.681**	0.708***	0.302***	0.131	0.131
	(0.321)	(0.117)	(0.085)	(0.083)	(0.083)
occup7	0.434	0.752***	0.375***	0.230**	0.230**
	(0.442)	(0.161)	(0.117)	(0.114)	(0.114)
M	0.279*	0.182***	0.163***	0.113***	0.113***
	(0.144)	(0.053)	(0.038)	(0.037)	(0.037)
观测值	3605	3605	3605	3605	3605

注：*、**、***分别表示系数在10%、5%、1%的水平上显著，括号内为标准误。表中省略了父母最高教育程度及职业变量的缺失组。

对于农村转移劳动力来说，在控制了能力的代理变量父母最高教育程度后，教育回报率由3.3%下降到2.9%。教育年限每增加1年，农村转移劳动力收入会提高约2.9%。对比来看，农村转移劳动力的教育回报率低于城镇劳动力。健康状况对转移劳动力收入有较大而显著的影响。在10%的显著性水平下，除了很健康一组外，一般健康、比较健康、非常健康三组的收入显著高于不健康组，其中一般健康组比不健康组高约30.2%，比较健康组比不健康组高约32.8%，非常健康组比不健康组高约35.8%。年龄对个人收入的影响呈倒"U"形变动，控制了其他因素后，男性比女性收入高约27.4%。而在中部地区、东部地区务工的转移劳动力较在西部地区务工的收入分别高约19.4%、36.3%，这与城镇劳动力有所不同。与城镇劳动力类似的是，婚姻状况及是否是汉族对转移劳动力个人收入没有显著影响。

使用转移劳动力与城镇劳动力全部样本，并引入迁移变量，得到式（5—7）的回归结果，结果表明，在控制了教育、健康、职业、地区等因素后，迁移劳动力较城镇劳动力的收入高约 16.6%，也就是说在控制因素水平相同的条件下，迁移劳动力的年收入高于城镇劳动力。很可能是因为在同等条件下，迁移劳动力比较能吃苦、工作更努力，全年工作时间更长，以使自己获得了更高收入，但事实上很少有转移劳动力具有与城镇劳动力相同的条件。从分位数回归结果来看（见表5—6），随着分位数的提高，迁移变量的分位回归系数呈现逐步降低的趋势，说明低分位回归中转移劳动力与城镇劳动力间的收入差异大于高分位回归。教育年限的系数也随着分位数提高逐步减小，说明教育年限增加对于低工资者影响较大，对高工资者影响较小，低工资者会从中得到较大的收益。对健康变量系数的分析也得到类似结果，低分位回归中一般健康、比较健康、很健康、非常健康组与不健康组之间的收入差异高于高分位回归。

对城镇劳动力与迁移劳动力分样本进行分位回归，所得结果如表5—7、表5—8所示。对提高个人收入而言，整体上健康的作用随着分位数的提高而降低。对于城镇劳动力来说，只有比较健康组与不健康组收入水平显著趋异，且这种差异在高分位组中比低分位组中小。在10%、25%、50%、75%、90%分位上，比较健康组的收入比不健康组分别高约22.5%、16.1%、15.1%、10.5%、10.5%，但在10%分位上不显著（$\alpha = 10\%$）。对于农村转移劳动力来说，健康对收入也产生了类似的作用，随着分位数的提高，比较健康组、非常健康组与不健康组的收入差异系数逐步减小，但多数系数不显著。

表5—7　　　　　　城镇劳动力样本组分位数回归结果

自变量	QR_10	QR_25	QR_50	QR_75	QR_90
$eduy2012$	0.090 ***	0.063 ***	0.049 ***	0.046 ***	0.046 ***
	(0.017)	(0.006)	(0.004)	(0.004)	(0.004)
SRH：一般	0.080	0.049	0.053	0.049	0.049
	(0.216)	(0.074)	(0.056)	(0.058)	(0.058)
SRH：比较健康	0.225	0.161 **	0.151 ***	0.105 *	0.105 *
	(0.198)	(0.068)	(0.051)	(0.053)	(0.053)
SRH：很健康	0.179	0.070	0.082	0.003	0.003
	(0.224)	(0.077)	(0.058)	(0.061)	(0.061)

续表

自变量	QR_10	QR_25	QR_50	QR_75	QR_90
SRH：非常健康	-0.106	0.062	0.084	0.017	0.017
	(0.267)	(0.092)	(0.069)	(0.072)	(0.072)
age	0.027	-0.014	0.004	-0.001	-0.001
	(0.044)	(0.015)	(0.011)	(0.012)	(0.012)
age^2	-0.006	0.029	0.001	0.004	0.004
	(0.052)	(0.018)	(0.014)	(0.014)	(0.014)
$male$	0.220*	0.213***	0.278***	0.326***	0.326***
	(0.113)	(0.039)	(0.029)	(0.031)	(0.031)
$marri$	0.265	0.021	0.035	0.020	0.020
	(0.170)	(0.058)	(0.044)	(0.046)	(0.046)
han	-0.107	-0.136	-0.137*	-0.079	-0.079
	(0.307)	(0.105)	(0.079)	(0.083)	(0.083)
中部	-0.339**	-0.099*	-0.079*	-0.019	-0.019
	(0.173)	(0.059)	(0.045)	(0.047)	(0.047)
东部	0.174	0.192***	0.187***	0.243***	0.243***
	(0.172)	(0.059)	(0.044)	(0.046)	(0.046)
$pedu$：初中	0.166	0.034	-0.013	0.030	0.030
	(0.150)	(0.052)	(0.039)	(0.040)	(0.040)
$pedu$：高中及以上	0.004	0.052	0.047	0.041	0.041
	(0.148)	(0.051)	(0.038)	(0.040)	(0.040)
$occup2$	1.081**	1.015***	0.741***	0.477***	0.477***
	(0.514)	(0.177)	(0.133)	(0.139)	(0.139)
$occup3$	1.157**	0.852***	0.564***	0.370***	0.370***
	(0.469)	(0.161)	(0.121)	(0.127)	(0.127)
$occup4$	0.716	0.729***	0.424***	0.204	0.204
	(0.466)	(0.160)	(0.120)	(0.126)	(0.126)
$occup5$	0.598	0.488***	0.258**	0.078	0.078
	(0.453)	(0.156)	(0.117)	(0.123)	(0.123)
$occup6$	0.630	0.572***	0.287**	0.060	0.060
	(0.451)	(0.155)	(0.117)	(0.122)	(0.122)

续表

自变量	QR_10	QR_25	QR_50	QR_75	QR_90
$occup7$	0.558	0.565 *	0.271	0.193	0.193
	(0.991)	(0.341)	(0.256)	(0.268)	(0.268)
观测值	2411	2411	2411	2411	2411

注：*、**、***分别表示系数在10%、5%、1%的水平上显著，括号内为标准误。表中省略了父母最高教育程度及职业变量的缺失组。

表5—8　　　　　　迁移劳动力样本组分位数回归结果

自变量	QR_10	QR_25	QR_50	QR_75	QR_90
$eduy2012$	0.051 *	0.032 ***	0.022 ***	0.017 ***	0.017 ***
	(0.028)	(0.012)	(0.006)	(0.006)	(0.006)
SRH：一般	0.174	0.226	0.239 **	-0.032	-0.032
	(0.411)	(0.169)	(0.095)	(0.089)	(0.089)
SRH：比较健康	0.396	0.390 **	0.231 **	0.015	0.015
	(0.391)	(0.161)	(0.090)	(0.085)	(0.085)
SRH：很健康	0.179	0.275 *	0.145	-0.014	-0.014
	(0.395)	(0.163)	(0.091)	(0.086)	(0.086)
SRH：非常健康	0.409	0.359 **	0.232 **	0.142	0.142
	(0.417)	(0.172)	(0.096)	(0.090)	(0.090)
age	0.180 ***	0.074 ***	0.040 ***	0.071 ***	0.071 ***
	(0.067)	(0.027)	(0.015)	(0.014)	(0.014)
age^2	-0.269 ***	-0.096 ***	-0.052 **	-0.092 ***	-0.092 ***
	(0.090)	(0.037)	(0.021)	(0.019)	(0.019)
$male$	0.381 *	0.330 ***	0.314 ***	0.215 ***	0.215 ***
	(0.199)	(0.082)	(0.046)	(0.043)	(0.043)
$marri$	0.064	-0.005	0.093	0.006	0.006
	(0.254)	(0.104)	(0.058)	(0.055)	(0.055)
han	0.088	0.101	0.091	0.168 ***	0.168 ***
	(0.291)	(0.120)	(0.067)	(0.063)	(0.063)
中部	0.372	0.031	0.086	-0.040	-0.040
	(0.319)	(0.132)	(0.074)	(0.069)	(0.069)

续表

自变量	QR_10	QR_25	QR_50	QR_75	QR_90
东部	0.574**	0.309***	0.271***	0.133**	0.133**
	(0.245)	(0.101)	(0.056)	(0.053)	(0.053)
pedu：初中	0.215	0.179	0.063	0.063	0.063
	(0.281)	(0.116)	(0.065)	(0.061)	(0.061)
pedu：高中及以上	0.054	0.114	0.044	0.065	0.065
	(0.379)	(0.156)	(0.087)	(0.082)	(0.082)
occup2	-0.032	0.999***	0.678***	0.579***	0.579***
	(0.790)	(0.325)	(0.182)	(0.171)	(0.171)
occup3	0.732	0.891***	0.350**	0.373**	0.373**
	(0.760)	(0.313)	(0.175)	(0.164)	(0.164)
occup4	0.226	0.600**	0.076	0.026	0.026
	(0.658)	(0.271)	(0.152)	(0.142)	(0.142)
occup5	0.176	0.532**	0.132	0.107	0.107
	(0.548)	(0.226)	(0.126)	(0.119)	(0.119)
occup6	0.342	0.627***	0.220*	0.232**	0.232**
	(0.514)	(0.212)	(0.118)	(0.111)	(0.111)
occup7	0.025	0.623**	0.258*	0.278**	0.278**
	(0.634)	(0.261)	(0.146)	(0.137)	(0.137)
观测值	1194	1194	1194	1194	1194

注：*、**、*** 分别表示系数在10%、5%、1%的水平上显著，括号内为标准误。表中省略了父母最高教育程度及职业变量的缺失组。

在不同的分位回归下，教育年限对收入影响的程度趋异，无论是对城镇劳动力还是对迁移劳动力来讲，教育年限的系数都呈现从低分位到高分位逐步减小的趋势，城镇劳动力在10%、25%、50%、75%、90%分位上的教育回报率分别约为9%、6.3%、4.9%、4.6%、4.6%，并都在1%的显著性水平上显著。迁移劳动力在10%、25%、50%、75%、90%分位上的教育回报率分别约为5.1%、3.2%、2.2%、1.7%、1.7%，依次降低。各分位回归中，迁移劳动力的教育回报率较城镇劳动力的略低，这与邢春冰（2008）研究得到的城镇地区教育回报率高于农民工的结论相一致。教育年限对收入条件分布底端的人影响较大，而对收入条件分布高端的人影响相对较小,教育年限的增加有助于低收入者获益。

在城镇劳动力与迁移劳动力中,性别的收入差异随分位数的提高呈现出不同的变化趋势,对于城镇劳动力来说,性别的收入差异随分位数提高而变大,在10%、25%、50%、75%、90%分位上,男性较女性的收入分别高约22%、21.3%、27.8%、32.6%、32.6%,在高分位回归中性别歧视问题更严重。相反,对于迁移劳动力来说,性别的收入差异随分位数提高而变小,在10%、25%、50%、75%、90%分位上,男性较女性的收入分别高约38.1%、33%、31.4%、21.5%、21.5%,在低分位回归中男性与女性的收入差异更大,性别歧视问题更严重。

三 农村转移劳动力、农村本地工人健康和教育回报率的差异

在控制了教育、健康、职业、性别、地区等因素后,农村转移劳动力较农村本地工人的收入显著高20%左右($\alpha=1\%$,见表5—9),这是由迁移带来的收益,迁移作为一种人力资本积累形式,有助于促进农村劳动力增收。并且转移劳动力与农村本地工人之间的收入差异在低分位回归中更为明显,随着分位数的提高收入差异呈现降低的趋势(见表5—10)。在10%、25%、50%、75%、90%分位上,迁移变量的系数分别为0.353、0.294、0.193、0.141、0.138,也就是说,在控制了教育、健康、职业、性别等因素后,迁移劳动力的收入比农村本地工人的收入在五个分位点上分别高约35.3%、29.4%、19.3%、14.1%、13.8%。由此来看,如果迁移劳动力将收入全部寄回农村,则会提高农村劳动力的平均收入,且上节的分析表明,如果迁移劳动力与城镇劳动力具有相同的人力资本条件及相同的个人特征、职业特征,并处在相同的地区,迁移劳动力的收入将高于城镇劳动力。在此两个条件下,城乡的收入差距将会缩小。

表5—9　　农村转移劳动与农村本地工人样本组 OLS 回归结果

自变量	OLS_5-3	OLS_5-6	OLS_5-9	OLS_5-10
*eduy*2012	0.018 ***	0.018 ***	0.022 ***	0.023 ***
	(0.006)	(0.006)	(0.005)	(0.005)

续表

自变量	OLS_5-3	OLS_5-6	OLS_5-9	OLS_5-10
SRH：一般	0.076 (0.088)	0.078 (0.088)	0.140* (0.078)	0.141* (0.078)
SRH：比较健康	0.135* (0.078)	0.140* (0.078)	0.188*** (0.071)	0.197*** (0.071)
SRH：很健康	0.327*** (0.079)	0.332*** (0.079)	0.309*** (0.073)	0.310*** (0.073)
SRH：非常健康	0.223** (0.089)	0.229** (0.089)	0.262*** (0.079)	0.263*** (0.079)
age	-0.001 (0.016)	0.002 (0.016)	0.030** (0.013)	0.028** (0.013)
age^2	-0.027 (0.020)	-0.030 (0.020)	-0.059*** (0.016)	-0.058*** (0.016)
male	0.774*** (0.051)	0.775*** (0.051)	0.642*** (0.040)	0.643*** (0.041)
marri	0.085 (0.080)	0.084 (0.080)	0.108* (0.058)	0.119** (0.058)
han	0.354*** (0.101)	0.351*** (0.101)	0.254*** (0.075)	0.257*** (0.075)
中部	0.233*** (0.059)	0.232*** (0.060)	0.247*** (0.053)	0.246*** (0.053)
东部	0.280*** (0.060)	0.276*** (0.060)	0.315*** (0.052)	0.311*** (0.052)
pedu：初中	—	0.054 (0.058)	0.114** (0.047)	—
pedu：高中及以上	—	-0.043 (0.076)	0.020 (0.062)	—
occup2	1.229*** (0.184)	1.231*** (0.185)	1.251*** (0.147)	1.262*** (0.146)
occup3	1.157*** (0.117)	1.155*** (0.118)	1.063*** (0.131)	1.069*** (0.132)

续表

自变量	OLS_5-3	OLS_5-6	OLS_5-9	OLS_5-10
$occup4$	0.808***	0.808***	0.804***	0.806***
	(0.168)	(0.168)	(0.103)	(0.105)
$occup5$	0.864***	0.867***	0.863***	0.859***
	(0.092)	(0.092)	(0.072)	(0.072)
$occup6$	0.996***	0.994***	0.960***	0.955***
	(0.056)	(0.056)	(0.054)	(0.054)
$occup7$	1.019***	0.974***	1.074***	1.033***
	(0.073)	(0.083)	(0.125)	(0.127)
M	—	—	0.233***	0.164***
			(0.050)	(0.045)
R-squared	0.304	0.305	0.291	0.289
观测值	2769	2769	3963	3963

注：*、**、***分别表示系数在10%、5%、1%的水平上显著，括号内为异方差-稳健标准误。表中省略了父母最高教育程度及职业变量的缺失组。

表5—10　农村本地工人与迁移劳动力样本组综合分位数回归结果

自变量	QR_10	QR_25	QR_50	QR_75	QR_90
$eduy2012$	0.034***	0.026***	0.023***	0.018***	0.011***
	(0.012)	(0.007)	(0.005)	(0.004)	(0.004)
SRH：一般	0.014	0.137	0.313***	0.019	0.026
	(0.159)	(0.094)	(0.069)	(0.055)	(0.058)
SRH：比较健康	0.022	0.209**	0.315***	0.096*	0.090
	(0.148)	(0.088)	(0.064)	(0.052)	(0.054)
SRH：很健康	0.189	0.287***	0.353***	0.113**	0.070
	(0.156)	(0.092)	(0.067)	(0.054)	(0.057)
SRH：非常健康	0.097	0.269***	0.376***	0.151**	0.086
	(0.175)	(0.103)	(0.075)	(0.061)	(0.064)
age	0.019	0.035**	0.043***	0.038***	0.048***
	(0.029)	(0.017)	(0.012)	(0.010)	(0.010)
age^2	-0.048	-0.070***	-0.075***	-0.064***	-0.079***
	(0.036)	(0.021)	(0.016)	(0.012)	(0.013)

续表

自变量	QR_10	QR_25	QR_50	QR_75	QR_90
male	0.845***	0.692***	0.523***	0.417***	0.369***
	(0.089)	(0.053)	(0.039)	(0.031)	(0.033)
marri	0.094	0.109	0.139**	0.090**	0.110**
	(0.129)	(0.076)	(0.056)	(0.045)	(0.047)
han	0.490***	0.132	0.093	0.099**	0.065
	(0.141)	(0.083)	(0.061)	(0.049)	(0.052)
中部	0.277**	0.179**	0.158***	0.113***	0.113**
	(0.120)	(0.071)	(0.052)	(0.042)	(0.044)
东部	0.430***	0.277***	0.259***	0.169***	0.155***
	(0.112)	(0.066)	(0.049)	(0.039)	(0.041)
pedu：初中	0.241**	0.102	0.099*	0.052	0.071
	(0.120)	(0.071)	(0.052)	(0.042)	(0.044)
pedu：高中及以上	-0.089	-0.068	-0.008	0.057	0.024
	(0.161)	(0.095)	(0.070)	(0.056)	(0.059)
*occup*2	1.175***	1.543***	1.254***	1.080***	1.200***
	(0.357)	(0.211)	(0.154)	(0.124)	(0.131)
*occup*3	1.536***	1.605***	1.080***	0.770***	0.720***
	(0.293)	(0.173)	(0.127)	(0.102)	(0.108)
*occup*4	1.438***	1.308***	0.777***	0.420***	0.306***
	(0.294)	(0.174)	(0.127)	(0.102)	(0.108)
*occup*5	1.155***	1.172***	0.830***	0.583***	0.563***
	(0.172)	(0.101)	(0.074)	(0.060)	(0.063)
*occup*6	1.331***	1.352***	0.949***	0.664***	0.476***
	(0.124)	(0.073)	(0.054)	(0.043)	(0.046)
*occup*7	1.670***	1.335***	0.963***	0.752***	0.632***
	(0.341)	(0.201)	(0.147)	(0.118)	(0.125)
M	0.353***	0.294***	0.193***	0.141***	0.138***
	(0.123)	(0.073)	(0.053)	(0.043)	(0.045)
观测值	3963	3963	3963	3963	3963

注：*、**、***分别表示系数在10%、5%、1%的水平上显著，括号内为标准误。表中省略了父母最高教育程度及职业变量的缺失组。

但是，现实条件是，一方面，迁移劳动力在外挣得的收入只有部分汇到了农村，收入的另一部分消费在了城市，这使得农村劳动力外出务工对提升农村人均收入的作用效果欠佳。且一部分外出务工劳动力永久性迁移到了城镇，对提高农村人均收入起到的作用更小。另一方面，迁移劳动力很少能与城镇劳动力具有相同的个人特征，他们所从事的工作又苦又累，只能以长时间劳动换取相对更高的收入，而且迁移劳动力所从事的工作与城镇的技术劳动力形成互补，转移劳动力数量的大规模增加将加剧劳动力收入差距的扩大（Borjas，1994），并促进城市的发展。

由 OLS 回归结果可知农村本地工人的教育回报率约为 1.8%（见表5—9），在控制了父母最高教育程度后，回报率并没有多少变化，仍然为 1.8%，不仅低于城镇劳动的 5.7%，而且低于转移劳动力的 2.9%（见表5—5）。教育年限每增加一年，农村本地工人的收入将增加约1.8%。将农村转移劳动力与农村本地工人样本混合后进行回归，得到的教育回报率有所上升，达到 2.2%，再次表明了迁移劳动力的教育回报率高于农村本地工人。健康对迁移劳动力与农村本地工人的收入也有重要影响。一般健康组比不健康组的收入高约 14%，比较健康组比不健康组的收入显著高约 18.8%，很健康组比不健康组收入高约 30.9%，非常健康组比不健康组收入约高 26.2%。若仅用农村本地工人样本进行回归，一般健康组、比较健康组、非常健康组与不健康组的收入差异将有所下降，只有很健康组与不健康组的收入差异有所上升，说明整体上迁移劳动力的健康回报更大。四组分别比不健康组的收入高约 7.8%、14.0%、22.9%、33.2%，且一般健康组与不健康组的收入差异在统计上不显著（$\alpha = 10\%$）。对迁移劳动力与农村本地工人来说，职业是一个影响收入的重要因素，在七个职业组中，其他六个职业组人群的收入都较农/林/牧/渔/水利业从业人员高。

对于农村本地工人来说，男性与女性之间的收入存在更为显著的差异。男性较女性的收入高约 77.5%（见表5—9），这是一个相当大的数值，远远大于城镇劳动力样本的 30.5%，更大于转移劳动力样本的27.4%（见表5—5）。说明在农村本地工人中性别歧视问题异常严重。个人收入在地区间也存在显著差异，中部地区与东部地区的收入都显著高于西部地区（$\alpha = 1\%$）。而之前在城镇劳动力、转移劳动力样本回归中，都不显著的民族一项变得显著，汉族的收入显著高于少数民族。婚姻状况对个人收入没有显著影响（$\alpha=10\%$），与之前对农村转移劳动力、城镇劳动力的分析所得结果一致。

在分位回归中，农村本地工人的教育回报率在不同分位上出现了与迁移劳动力、城镇劳动力都不同的变化趋势（见表5—11）。随着分位数的提高，教育回报率呈现先降低后上升的趋势，五个分位回归中，在50%分位数上，教育回报率最低，为1.7%，最高的教育回报率出现在10%分位上，为2.6%。说明教育年限对收入条件分布的中间部分影响低于对两端的影响，增加受教育年限会使两端尤其是底端的人群受益更大，这一点类似于对城镇劳动力与迁移劳动力分析所得的结果。在五个分位回归中，农村本地工人的教育回报率都低于城镇劳动力，而在10%、25%、50%分位上迁移劳动力的教育回报率高于农村本地工人，在75%、90%分位上农村本地工人的教育回报率略高于迁移劳动力。

对于农村本地工人来说，不同分位回归中得到的健康回报大小不同，在10%分位上，健康差异对收入的影响并不显著，在25%分位上，只有很健康组与不健康组的收入差异显著为正，在50%分位上，一般健康、比较健康、很健康、非常健康组比不健康组分别显著高约26.7%、30.5%、44.4%、41.4%（$\alpha=1\%$），呈现随自评健康级别的提高而增加的趋势。在75%、90%分位上，只有比较健康组、很健康组与不健康组间的收入存在显著差异。且一般健康组、比较健康组、很健康组、非常健康组与不健康组的收入差异在分位回归中都出现了随着分位数提高先增加再降低的趋势，但一些系数在统计上并不显著（$\alpha=10\%$），说明健康对收入条件分布的中间部分影响较大，提高健康程度会使中间人群收益更大。这与在城镇劳动力、迁移劳动力分析中出现的趋势不一致。

在各分位回归中，农村本地工人的性别收入差异不仅在统计上非常显著（$\alpha=1\%$），而且在经济上也非常明显。男性与女性之间的收入差异随着分位数的提高而减小，但在10%分位上男性比女性的收入竟高约100%，在25%分位上，男性比女性的收入高约88.6%，在50%分位上，男性比女性的收入高约66.8%，在75%、90%分位上男性比女性的收入都高约53.7%，各分位回归中，男女性别间如此高的收入差异，再次说明了在农村本地工人中存在严重的性别歧视，且在低分位回归中，性别歧视问题更严重，这与对迁移劳动力分析中所得的结果一致。

总体来看，城镇劳动力的教育回报率高于迁移劳动力、迁移劳动力的教育回报率高于农村本地工人。对比表5—5和表5—9可知，从健康变量的系数大小及显著性来看，城镇劳动力的健康回报低于迁移劳动力，迁移劳动力健康回报高于农村本地工人。

表5—11　　　　　　农村本地工人样本组分位数回归结果

自变量	QR_10	QR_25	QR_50	QR_75	QR_90
$eduy2012$	0.026**	0.021**	0.017***	0.019***	0.019***
	(0.013)	(0.009)	(0.007)	(0.005)	(0.005)
SRH：一般	−0.062	0.070	0.267***	0.069	0.069
	(0.174)	(0.118)	(0.088)	(0.068)	(0.068)
SRH：比较健康	−0.163	0.137	0.305***	0.120*	0.120*
	(0.160)	(0.109)	(0.081)	(0.063)	(0.063)
SRH：很健康	0.154	0.377***	0.444***	0.160**	0.160**
	(0.172)	(0.117)	(0.087)	(0.068)	(0.068)
SRH：非常健康	−0.047	0.142	0.414***	0.116	0.116
	(0.200)	(0.136)	(0.101)	(0.079)	(0.079)
age	−0.018	0.001	0.018	0.023*	0.023*
	(0.033)	(0.023)	(0.017)	(0.013)	(0.013)
age^2	−0.011	−0.032	−0.048**	−0.052***	−0.052***
	(0.041)	(0.028)	(0.021)	(0.016)	(0.016)
$male$	1.001***	0.886***	0.668***	0.537***	0.537***
	(0.102)	(0.070)	(0.052)	(0.040)	(0.040)
$marri$	0.007	0.033	0.060	0.104*	0.104*
	(0.159)	(0.108)	(0.080)	(0.062)	(0.062)
han	0.922***	0.144	0.135	0.040	0.040
	(0.167)	(0.113)	(0.084)	(0.065)	(0.065)
中部	0.173	0.201**	0.152**	0.158***	0.158***
	(0.133)	(0.090)	(0.067)	(0.052)	(0.052)
东部	0.330**	0.242***	0.213***	0.215***	0.215***
	(0.132)	(0.090)	(0.067)	(0.052)	(0.052)

续表

自变量	QR_10	QR_25	QR_50	QR_75	QR_90
$pedu$：初中	0.125 (0.136)	0.122 (0.092)	0.050 (0.069)	-0.008 (0.053)	-0.008 (0.053)
$pedu$：高中及以上	-0.337* (0.180)	-0.017 (0.123)	-0.093 (0.091)	-0.018 (0.071)	-0.018 (0.071)
$occup2$	1.264*** (0.452)	1.375*** (0.308)	1.148*** (0.229)	1.014*** (0.178)	1.014*** (0.178)
$occup3$	1.569*** (0.339)	1.558*** (0.231)	1.156*** (0.172)	0.787*** (0.133)	0.787*** (0.133)
$occup4$	1.462*** (0.423)	1.383*** (0.288)	0.771*** (0.215)	0.440*** (0.167)	0.440*** (0.167)
$occup5$	1.049*** (0.213)	1.055*** (0.145)	0.889*** (0.108)	0.584*** (0.084)	0.584*** (0.084)
$occup6$	1.415*** (0.131)	1.336*** (0.089)	0.946*** (0.066)	0.647*** (0.051)	0.647*** (0.051)
$occup7$	2.220 (2.498)	1.611 (1.700)	0.876 (1.266)	0.354 (0.983)	0.354 (0.983)
观测值	2769	2769	2769	2769	2769

注：*、**、*** 分别表示系数在10%、5%、1%的水平上显著，括号内为标准误。表中省略了父母最高教育程度及职业变量的缺失组。

第三节 基于健康和教育的收入差距分解

由前所述，主要由健康和教育构成的人力资本对收入差距产生了影响，这种影响缘何而起？本节我们将对基于健康和教育的收入差距进行分解。

一 研究方法

为了研究城镇劳动力与农村迁移劳动力、迁移劳动力与农村本地工人的收入差异构成，以及健康、教育人力资本对其收入差距的解释程度，本节采用 Blinder-Oaxaca 分解法进行分析。

(1) 城镇劳动力与迁移劳动力的收入差异分解

$$\overline{\ln income_u} = \bar{X}_u \hat{\beta}_u$$

$$\overline{\ln income_m} = \bar{X}_m \hat{\beta}_m \quad (5—11)$$

$$\overline{\ln income_u} - \overline{\ln income_m}$$

$$= \bar{X}_u \hat{\beta}_u - \bar{X}_m \hat{\beta}_m \quad (5—12)$$

$$= (\bar{X}_u - \bar{X}_m)\hat{\beta}_u + \bar{X}_m(\hat{\beta}_u - \hat{\beta}_m)$$

(2) 迁移劳动力与农村本地工人的收入差异分解

$$\overline{\ln income_m} = \bar{X}_m \hat{\beta}_m$$

$$\overline{\ln income_r} = \bar{X}_r \hat{\beta}_r \quad (5—13)$$

$$\overline{\ln income_m} - \overline{\ln income_r}$$

$$= \bar{X}_m \hat{\beta}_m - \bar{X}_r \hat{\beta}_r \quad (5—14)$$

$$= (\bar{X}_m - \bar{X}_r)\hat{\beta}_m + \bar{X}_r(\hat{\beta}_m - \hat{\beta}_r)$$

由式（5—12）、式（5—14）可将城镇劳动力与迁移劳动力、迁移劳动力与农村本地工人的平均收入差异分解为可解释部分与不可解释部分。其中，第一部分为个人特征以及地区特征可解释部分，是由于健康、教育、职业、性别、年龄、婚姻状况、民族、地区等方面存在差异而产生的收入差距，第二部分为不可解释部分，是由要素价格引起的收入差异。$\overline{\ln income_u}$、$\overline{\ln income_m}$、$\overline{\ln income_r}$ 分别为城镇劳动力、农村迁移劳动力、农村本地工人收入的平均值的对数，$\bar{X}_u$、$\bar{X}_m$、$\bar{X}_r$ 分别为城镇劳动力、农村迁移劳动力、农村本地工人的个人特征及地区变量均值向量。$\hat{\beta}_u$、$\hat{\beta}_m$、$\hat{\beta}_r$ 分别为式（5—4）、式（5—5）、式（5—6）中回归系数的估计值向量。

二 城镇劳动力与转移劳动力收入差距分解结果及分析

城镇劳动力和转移劳动力收入差距的分解结果（见表5—12），由此表可以看出，城镇劳动力与迁移劳动力的收入差异主要来自可解释部分即禀赋差异，而价格差异对收入差异的解释份额为负值。在15%的显著性水平上，城镇劳动力与迁移劳动力之间存在较为显著的收入差异（见表5—13）。

表 5—12　Blinder-Oaxaca 分解结果（城镇劳动力与迁移劳动力）

	ln*income*（ln 年收入）	
	可解释部分（禀赋差异）	不可解释部分（价格差异）
教育	2.909	4.374
健康	0.112	-0.211
年龄	1.559	-21.306
性别	-0.838	0.321
婚姻状况	0.161	0.495
民族	-0.030	-2.306
地区	-1.475	-0.032
父母最高教育程度	1.198	-0.328
职业	0.372	-0.582
常数	0.000	16.607
合计	3.967	-2.967

从分解结果的各项来看，教育是引起收入差异的最主要因素。教育人力资本对收入差异的贡献主要表现在两个方面，一是城镇劳动力与农村转移劳动力的平均受教育水平本身存在差异，城镇劳动力的人均受教育年限为 11 年，而迁移劳动力的人均受教育年限只有 8 年（见表 5—4）；二是教育人力资本对劳动收入的回报率也不同，城镇劳动力的教育回报率大约为 5.7%，而农村转移劳动力的回报率约为 2.9%（见表 5—5）。教育在可解释部分的数值为 290.9%，超过了 100%，说明教育过度解释了城镇劳动力与迁移劳动力之间的平均收入差异，教育水平上的差距是导致二者收入差异的重要因素，理论假设 4 中关于城镇劳动力与迁移劳动力在教育上的差异将导致二者收入差距的判断得到验证。控制了教育因素后，城镇劳动力收入会低于转移劳动力，之前表 5—5 中的 OLS5-7 和 OLS5-8 的回归结果便说明了此情况。估计的教育系数的差异可解释收入差异的 437.4%，在教育水平差异一定的情况下，城镇劳动力教育回报率的进一步提高会扩大二者之间的收入差距。教育的价格因素是导致城镇劳动力收入高于农村转移劳动力收入的重要因素。

表 5—13　Blinder-Oaxaca 分解的具体结果（城镇劳动力与迁移劳动力）

ln*income*	系数	*p* 值
overall		
group_1	9.933 ****	0.000
group_2	9.878 ****	0.000
difference	0.056 *	0.116
explained	0.221 ****	0.000
unexplained	-0.166 ****	0.001
explained		
eduy2012	0.162 ****	0.000
SRH	0.006	0.443
age	0.087 ****	0.000
male	-0.047 ****	0.000
marri	0.009	0.350
han	-0.002	0.731
region	-0.082 ****	0.000
pedu	0.067 ****	0.007
occup	0.021	0.341
unexplained		
eduy2012	0.244 ***	0.018
SRH	-0.012	0.617
age	-1.189 ***	0.011
male	0.018	0.685
marri	0.028	0.655
han	-0.129	0.288
region	-0.002	0.936
pedu	-0.018	0.610
occup	-0.032	0.533
_cons	0.926 **	0.058

注：*、**、***、**** 分别表示系数在15%、10%、5%、1%的水平上显著。group 1 为城镇劳动力组，group 2 为迁移劳动力组。

健康对平均收入差异的影响也主要体现在两个方面，一是两组样本的自评健康水平不同，农村转移劳动力的平均自评健康水平高于城镇劳动力（见表5—4），而健康对收入又有正向影响，由此可预计健康一项分解会得到负值，然而在实际分解中却得到了正值，为11.2%（见表5—12），但此正值在统计上并不显著（见表5—13），这说明健康水平上的差异对城镇劳动力与迁移劳动力之间的收入差距没有显著影响，理论假设5中关于城镇劳动力与迁移劳动力在健康上的差异将导致二者收入差距的判断没有得到支持。二是城镇劳动力与迁移劳动力的健康人力资本回报率不同，即使健康禀赋特征相同，回报率的差异也会导致收入差异。

而健康的估计系数差异对收入差异的解释为负值，这倾向于使迁移劳动力的收入高于城镇劳动力。本节前述的分析中得到迁移劳动力的健康回报高于城镇劳动力，在健康水平差异一定的情况下，迁移劳动力健康回报率的进一步提升会缩小二者之间的收入差距。但健康估计系数的差异对二者收入差距的影响并不显著。总的来说，健康因素无论在禀赋差异还是在价格差异上并没有成为导致转移劳动力与城镇劳动力间收入差距的重要影响因素。

年龄、父母教育程度的差异也是解释城镇劳动力与迁移劳动力之间平均收入差异的重要因素。而年龄估计系数的差异倾向于使迁移劳动力的收入高于城镇劳动力，父母最高教育程度的估计系数差异对二者收入差异的影响并不显著（见表5—13）。地区因素在可解释部分中的数值为-147.5%，而性别在可解释部分中的数值也显著为负，说明考虑地区因素、性别因素后，城镇劳动力与迁移劳动力的收入差异没有减少，而是进一步提高。性别和地区的估计系数差异对二者收入差异并没有显著影响。而婚姻状况、民族、职业也并不是导致城镇劳动力与迁移劳动力收入差距的重要因素。

三 转移劳动力与农村本地工人收入差距分解结果及分析

转移劳动力与农村本地工人收入差距的分解结果如表5—14所示，两者的收入差距在统计上非常显著（$\alpha=1\%$，见表5—15）。由表5—14可以看出，二者收入差异也主要来自可解释部分即禀赋差异，而价格差异相对禀赋差异来说对收入差距的解释份额较小。分项来看，教育人力资本对转移劳动力与农村本地工人收入差距的作用主要体现在两个方面：一方面，两组样本的平均受教育水平不同，转移劳动力的受教育水平高于农村本地工人，转移劳动力样本组的受教育年限均值约为8年，而农村本地工人受教育年限均值仅约为6.7年（见表5—4），教育对收入的影响为正，这导致了迁移劳动力收入高于农村本地工人，最后分解得到教育人力资本对二者收入差距的影响在可解释部分为4.1%（表5—14），理论假设4中关于迁移劳动力与农村本地工人在教育上的差异将导致二者收入差距的判断得到了验证。另一方面，两组样本在教育回报率上也存在差异，迁移劳动力的教育回报率高于农村本地工人。前者的教育回报率约为2.9%（见表5—5），后者的教育回报率约为1.8%（见表5—9），若二者的教育年限都增加一年，由于教育回报率的差异会使迁移劳动力收入增加的幅度大于农村本地工人，这本应成为导致收入差异的重要因素，但是由于教育的价格差异对收入差距的解释在统计上不显著（见表5—15），故二者教育回报率的差异并没有成为导致收入差距的重要影响因素。因此，分析结果表明，在教育因素中只有一方面即教育水平的差异是导致收入差距的重要原因。

表5—14　**Blinder-Oaxaca 分解结果（迁移劳动力与农村本地工人）**

	\multicolumn{2}{c}{lnincome（ln 年收入）}	
	可解释部分（禀赋差异）	不可解释部分（价格差异）
教育	0.041	0.125
健康	0.034	0.010
年龄	0.170	2.291
性别	0.032	−0.472
婚姻状况	−0.037	−0.076
民族	0.000	−0.380
地区	0.065	0.041
父母最高教育程度	−0.094	0.069
职业	0.454	−0.096
常数	0.000	−1.177
合计	0.666	0.334

表5—15　Blinder-Oaxaca 分解的具体结果（迁移劳动力与农村本地工人）

lnincome	系数	P值
overall		
group_1	9.878****	0.000
group_2	9.179****	0.000
difference	0.698****	0.000
explained	0.465****	0.000
unexplained	0.233****	0.000
explained		
eduy2012	0.029****	0.000
SRH	0.024****	0.000
age	0.119****	0.000
male	0.022***	0.039
marri	-0.026**	0.062
han	0.000	0.942
region	0.046****	0.000
pedu	-0.066***	0.012
occup	0.317****	0.000
unexplained		
eduy2012	0.087	0.317
SRH	0.007	0.773
age	1.600****	0.001
male	-0.329****	0.000
marri	-0.053	0.482
han	-0.266***	0.023
region	0.028	0.153
pedu	0.048	0.314
occup	-0.067	0.207
_cons	-0.822**	0.074

注：**、***、**** 分别表示系数在10%、5%、1%的水平上显著。group 1 为迁移劳动力组，group 2 为农村本地工人组。

健康也通过两方面来影响迁移劳动力与农村本地工人收入差距。一是二者的自评健康水平存在差异，农村转移劳动力的平均自评健康水平高于农村本地工人（见表5—4），健康对收入又有正向影响，会导致农村转移劳动力的收入高于农村本地工人，理论假设5中关于迁移劳动力与农村本地工人在健康上的差异将导致二者收入差距的判断得到了支持，分解得到的健康对二者收入差距的解释份额为3.4%，是一个比较小的数值。二是迁移劳动力与农村本地工人的健康回报率不同，前者的健康回报高于后者，当二者健康水平同时提高相同幅度时，由于健康回报率的差异会使迁移劳动力收入增加幅度大于农村本地工人，分解得到健康在不可解释部分的数值为1%，但其在统计上并不显著。总的来说，健康因素在禀赋差异上对转移劳动力与农村本地工人间的收入差距有重要影响，而在价格差异上没有显著影响。

年龄、职业差异对转移劳动力与农村本地工人间收入差距的解释程度较大，相比之下，因地区、性别而导致的收入差距较小。而性别、民族因素的估计系数差异倾向于使农村本地工人的收入高于迁移劳动力。

第四节 本章小结

本章研究了健康和教育人力资本的收入效应。使用CFPS数据，在改进明瑟收入方程的基础上，分别用简单OLS、工具变量法、分位数回归及Blinder-Oaxaca分解法进行了实证研究。

研究结果显示，城市和农村居民的 *SRH* 系数分别为0.287和0.440，农村居民健康人力资本对收入的影响高于城市居民，即农村居民健康人力资本的收入效应高于城市居民。东部、中部和西部地区居民的 *SRH* 系数分别是0.455、0.296和0.238，东部地区健康人力资本的收入效应最大，中部次之，而西部居民的最小，即东部、中部、西部地区居民健康人力资本的收入效应呈现下降的趋势。教育人力资本对收入的影响系数为0.139，而健康人力资本的影响系数为0.353，健康人力资本对收入的影响超过了教育人力资本对居民收入的影响，具有重大的启示意义。此外，个体的特征变量会显著影响健康人力资本的收入效应，居民的性别、婚姻状况等因素都会改变健康人力资本的收入效应值，男性居民健康人力资本收入效应明显高于女性，已婚居民明显高于未婚居民。

研究表明，城镇劳动力的平均受教育年限最高，其次是迁移劳动力，农村本地工人的平均受教育年限最低。与此同时，三者的教育回报率大小也出现此种规律，城镇劳动力的教育回报率高于迁移劳动力，迁移劳动力的教育回报率高于农村本地工人。城镇劳动力与迁移劳动力在教育水平及教育回报率上的差异都是导致二者收入差距的重要原因，而对于迁移劳动力与农村本地工人来说，教育水平上的差异是导致二者收入差距的重要原因，但教育回报率上的差异并没有成为造成二者收入差距的重要影响因素。将迁移劳动力作为城镇与农村的连接媒介，可以看出，教育水平差异是导致城乡劳动力收入差距的重要因素，农村劳动力的迁移使得农村剩下较低的教育人力资本，如果迁移的劳动力不再回到农村，这种降低作用会更强烈。从教育人力资本方面来看，农村劳动力的永久性迁移会导致城乡收入差距扩大。

在健康水平方面，迁移劳动力的平均自评健康水平最高，然后是农村本地工人，最后是城镇劳动力。在健康回报上也出现类似情况，总体来看，迁移劳动力健康回报高于农村本地工人，农村本地工人的健康回报高于城镇劳动力。但城镇劳动力与迁移劳动力在健康水平及健康回报上的差异并不是导致二者收入差距的重要影响因素。对于迁移劳动力与农村本地工人来说，健康水平上的差异对二者间收入差距有重要影响，但在健康回报上的差异并没有成为造成二者收入差距的重要原因。综合考察，如果迁移的劳动力不再回到农村，健康人力资本外流会使城乡收入差距扩大。对农民工来讲，他们大多从事艰苦的工作，对健康损害较大，而且还无法平等享受城市的医疗服务，缺乏医疗保障，并且他们用健康只换来了比城镇劳动力相对较低的收入，若在健康恶化后，他们回到农村，会使农村承担健康损害的成本，而把收益留在城镇。

第 六 章

职业培训视角下的"迁移谜题"
——基于微观数据的实证分析

除了教育和健康之外，职业培训也是构成人力资本的重要部分。从人力资本角度看，职业培训产生的是一种特殊人力资本，能使劳动者拥有快速掌握职业相关技能的优势。接受职业培训者借助这种优势很快与相应的工作相匹配，从而在收入上获得优势（Meer，2007；宋光辉等，2012）。劳动力培训问题是备受学者关注的重要问题之一，一些经典研究表明，培训是与正规教育同样重要的人力资本积累途径（Schultz，1961）；在职培训对收益有重要影响（Mincer，1962），不仅可以使劳动力获得新的技能，而且还能提高生产力（Becker，1962），促进收入增加。一些依据不同来源数据的实证研究也发现，培训对劳动力的收入有显著正向作用（罗锋、黄丽，2011；展进涛、黄宏伟，2016）。还有一些更深入的研究进一步就培训因内容、时长、费用支付者等因素的不同而对劳动力收入产生的影响进行了分析（张世伟、武娜，2015；宁光杰、尹迪，2012；宋月萍、张涵爱，2015；江金启等，2016）。

基于我国的特殊国情，近年来，一些学者围绕农村劳动力"转移培训"效果展开了研究。多数研究表明转移培训效果较为显著，一方面，国家的农村劳动力转移培训项目起到了增加农民务工收入的作用（谢佳春、李兴绪，2013），对工资变化有积极影响（陈耀波，2009）；另一方面，转移培训对农民工就业状况改善有显著的正向影响（杨玉梅、曾湘泉，2011），政府对农民工技能培训的投入在推动就业方面起到了积极的作用（柳劲松，2013），促进了转移劳动力稳定就业（朱文伟，2013），对提高劳动力素质有重要影响（刘国永、郭云吉，2009）。

根据以上文献可知，职业培训是人力资本积累的重要组成部分，尽管多数研究认为职业培训对收入存在正向影响，但也有一些不一致的观点，有些研究也得出了培训对劳动力收入影响很小，甚至不显著的结论（王海港等，2009；周世军等，2016）。而关于我国转移劳动力培训效果方面，多数研究集中在对政府相关培训效果的分析上，对迁移后各种培训效果与培训机制的关注较少。许昆鹏等（2007）认为有效的农村转移劳动力培训机制应该是"政府主导、市场化运作"，但是，有研究发现政府部门的培训效果认可度较低（王玉霞等，2010），政府主导的短期培训既不能提高参与者的技能水平，也不能提高工资收入（翁杰、郭天航，2014）；相反，个人培训较政府培训更能有效提高人力资本（翁杰，2012）。而在我国，转移劳动力培训应在政府干预下强调企业的作用（刘冰，2009）。那么，在农村劳动力迁移后的培训中，到底政府、企业、个人三种形式哪种最为有效？目前的研究较少，并且还没有较为一致的结论。

鉴于此，为了更好地从职业培训角度解读人力资本对城乡收入差距的作用，本章首先使用 CFPS 2014 年数据分析职业培训对劳动力非农收入及农户贫困的影响，再以"中国家庭收入调查"（CHIP）中的流动人口数据为样本，从政府培训、企业培训、个人培训三种方式入手，基于三大培训对转移劳动力增收的作用进行对比分析，研究三大培训方式的效果，探究哪一种方式效果更好、更有优势。综合而言，本章主要关注三个方面：一是职业培训对劳动力非农收入的影响；二是职业培训对农户贫困的影响；三是从政府培训、企业培训和个人培训三个方面，探讨农村转移劳动力的不同职业培训方式的效果。通过实证分析，把握作为人力资本构成之一的职业培训在城乡收入差距中的作用。[①]

[①] 本章中主要内容已作为阶段性成果公开发表。感谢北京师范大学中国收入分配研究院提供的 CHIP 数据。

第一节 职业培训对劳动力非农收入的影响

一 数据来源与样本描述

本章使用的原始数据为 CFPS 2014 年数据,在筛选自变量和因变量并对数据进行处理后(主要是对缺失值和异常值的处理),最终进入分析的有效样本是 6063 个。经过上述筛选与清理之后,又对性别、婚姻状况、文化程度、就业行业、职业培训次数以及职业培训的时长、内容、是否由单位组织等变量做了重新生成。需要说明的是,下文中职业培训的时长、内容以及是否由单位组织指的是在过去 12 个月中劳动力参加培训天数最多的那次职业培训的情况。

从样本基本特征描述来看(见表 6—1),全体劳动力的平均年龄为 39.18 岁,男性劳动力占比 59%,已婚劳动力占比达到 78%。与没有接受过职业培训的劳动力相比,接受过职业培训的劳动力年龄更小,已婚者比例更低。劳动力职业分布以第二、第三产业为主,分别占全部样本的 48% 和 50%,仅有 20% 的劳动力选择外出工作。

表 6—1　　　　　　　　　　样本描述

变量及变量值		全部样本		未接受过职业培训		接受过职业培训	
|| 均值	标准差	均值	标准差	均值	标准差
年龄(岁) || 39.18	12.08	39.79	12.27	36.30	10.71
性别(1=男) || 0.59	0.49	0.59	0.49	0.57	0.49
婚姻状况(1=已婚) || 0.78	0.41	0.79	0.40	0.72	0.45
非农年收入(元) || 29635.34	25436.11	27683.83	23626.45	38825.11	31040.82
变量及变量值		样本结构(%)				
		全部样本		未接受过职业培训		接受过职业培训	
受教育水平	小学及以下	0.27		0.31		0.08	
	初中	0.33		0.35		0.21	
	高中/中专/技校	0.22		0.20		0.29	
	大专及以上	0.19		0.14		0.42	

续表

变量及变量值		样本结构（%）		
		全部样本	未接受过职业培训	接受过职业培训
健康状况	健康状况不好	0.19	0.20	0.15
	健康状况良好	0.41	0.40	0.48
	健康状况很好	0.39	0.40	0.38
工作所属行业	第一产业	0.02	0.02	0.01
	第二产业	0.48	0.51	0.34
	第二产业	0.50	0.47	0.65
工作地点	本地工作	0.80	0.80	0.81
	外出工作	0.20	0.20	0.19
流出地区	中部地区	0.32	0.32	0.31
	东部地区	0.52	0.53	0.50
	西部地区	0.16	0.15	0.19
观测值		6063	5001	1062

就人力资本相关变量看，全体劳动力受教育总体水平不高。在6063个样本中，初中文化程度劳动力最多，占全部样本的33%，小学及以下次之占27%，大专及以上仅占全部样本的19%。其中，接受过职业培训者的受教育水平明显更高，42%的劳动力受教育程度为大专及以上，小学及以下仅占接受过职业培训样本的8%。而在未接受过职业培训的样本中，大专及以上文化程度劳动力占比14%，小学及以下占比达到31%。其次，全体劳动力的健康状况较好，且接受过职业培训劳动力样本的健康状况稍好。可见，年轻的、受教育水平高的、身体健康的劳动力参加职业培训的比例要高于那些年纪稍大、学历更低且健康状况差的劳动力。

表6—2列出了样本参加职业培训次数及培训天数最多的那次培训的具体情况。在全部样本中，有1062名劳动力参加过职业培训，仅占全部样本的17.52%，劳动力参加职业培训的比例较低。数据显示，在参加过职业培训的劳动力样本中，超过一半的劳动力只接受过一次职业培训。从培训天数最多的那次培训情况来看，80.7%的劳动力参加的培训时长在72小时以内，80.79%的劳动力参加的培训为业务技能或职业资格证书等实用技能类型的培训，81.92%的劳动力参加的是由单位组织的培训。

表6—2　　　　　　　　样本参加职业培训状况　　　　　单位：人,%

参加职业培训次数	人数	比重	职业培训天数最多的那次培训的情况	人数	比重
0次	5001	82.48	时长（小时）		
1次	543	8.96	培训时长≤72	857	80.70
2次	272	4.49	72＜培训时长≤168	116	10.92
3次及以上	247	4.07	培训时长＞168	89	8.38
			类型		
			非技能培训	204	19.21
			技能培训	858	80.79
			培训提供者		
			单位组织	870	81.92
			非单位组织	192	18.08

注：单位组织的职业培训是指单位要求必须参加或培训费用由单位支付的培训；培训时长由培训天数乘以平均每次培训的小时数计算得出。

图6—1给出了不同教育程度样本的培训参与比例。数据显示，小学及以下、初中、高中/中专/技校、大专及以上的四种教育程度的劳动力样本中，每一教育层次接受过职业培训的比例分别为4.89%、11.57%、23.16%、40.64%。很明显，教育层次越高，接受过职业培训的比例越高。不仅如此，不同教育层次的劳动力接受职业培训的内容也存在明显的差异。拥有高中/中专/技校学历、大专及以上学历的劳动力更多的是

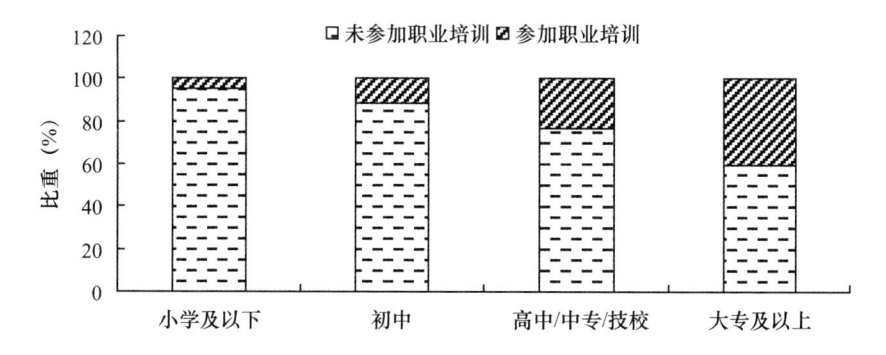

图6—1　不同教育程度样本的培训参与比例

接受技能培训，如职业资格证书或业务技能培训等，比例分别为83.12%、80.72%。这说明教育可以提高劳动力的认知能力和学习能力，从而更愿意且有更多的机会接受职业培训，并且拥有高学历的劳动者往往能接受到更高层次的技能培训（赵海，2013）。

二 计量方法的选择

（一）最小二乘估计

测量职业培训效果主要是指测量职业培训对劳动力非农收入的影响程度。对此，本节首先基于明瑟方程的扩展形式，使用最小二乘估计来研究职业培训对劳动力非农收入的影响，设定模型如下：

$$\ln Y_i = \beta_0 + \beta_1 age + \beta_2 age^2 + \beta_3 Vocat + rX_i + U_i \quad (6—1)$$

式（6—1）中，$\ln Y_i$ 为劳动者非农年收入的自然对数；age 为年龄，age^2 为年龄的平方；$Vocat$ 为职业培训的虚拟变量，这里职业培训有四种变量表现，一是反映职业培训参与情况的取值变量，二是反映职业培训时长的取值变量，三是反映职业培训是否单位组织的类别变量，四是反映职业培训类型异质性的类别变量；X_i 为控制变量，具体包括性别、婚姻状况、受教育程度、健康状况、就业行业、就业地点、来源地区等。所有变量的详细定义、取值说明及描述统计如表6—3所示。

表6—3　　　　　　　　变量定义、取值说明及描述统计

变量名	变量定义、取值说明	平均值	标准差
非农收入水平	非农年收入的对数	9.98	0.91
年龄		39.18	12.08
年龄的平方		1680.95	1002.44
性别	是否男性：男=1，女=0	0.59	0.49
婚姻状况	是否结婚：已婚=1，未婚=0，其中在婚（有配偶）、同居记为已婚，离婚、丧偶、未婚记为未婚	0.78	0.41
东部地区	来源地区：东部=1，其他=0	0.52	0.50
中部地区	中部=1，其他=0	0.32	0.46
西部地区	西部=1，其他=0	0.16	0.37

续表

变量名	变量定义、取值说明	平均值	标准差
小学及以下	个体受教育程度：小学、文盲、半文盲=1，其他=0	0.27	0.44
初中	初中=1，其他=0	0.33	0.47
高中/技校/中专	高中、技校、中专=1，其他=0	0.22	0.41
大专及以上	大专、大学本科、硕士=1，其他=0	0.19	0.39
健康状况不好	个体健康状况：不健康、一般=1，其他=0	0.19	0.40
健康状况良好	比较健康=1，其他=0	0.41	0.49
健康状况很好	非常健康、很健康=1，其他=0	0.39	0.49
ind1	就业行业：农、林、牧、渔业=1，其他=0	0.02	0.13
ind2	制造业=1，其他=0	0.32	0.47
ind3	建筑业=1，其他=0	0.12	0.33
ind4	采矿业、电力、燃气及水的生产和供应业=1，其他=0	0.04	0.20
ind5	住宿和餐饮业、交通运输、仓储和邮政业=1，其他=0	0.10	0.30
ind6	批发和零售业=1，其他=0	0.10	0.30
ind7	租赁和商务服务业、居民服务业和其他服务业、水利、环境和公共设施管理业、房地产业、金融业、信息传播、计算机服务和软件业=1，其他=0	0.13	0.34
ind8	教育、卫生、社会保障和社会福利业、文化、体育和娱乐业、科学研究、技术服务业=1，其他=0	0.10	0.31
ind9	公共管理和社会组织=1，其他=0	0.06	0.25
本地工作	就业地点：本县、本乡/镇/街道、本村/居=1，其他=0	0.80	0.40
外地工作	本省其他县、境内其他省=1，其他=0	0.20	0.40
1次	职业培训的次数：参加过1次培训=1，其他=0	0.09	0.29
2次	参加过2次培训=1，其他=0	0.04	0.21
3次及以上	参加过3次及以上培训=1，其他=0	0.04	0.20

续表

变量名	变量定义、取值说明	平均值	标准差
简单培训	职业培训时长（小时）：0 < 培训时长 ≤ 72 为 1，其他为 0	0.14	0.35
短期培训	72 < 培训时长 ≤ 168 为 1，其他为 0	0.02	0.14
长期培训	168 < 培训时长为 1，其他为 0	0.01	0.12
技能型	职业培训类型：业务技能培训、职业资格证书培训 = 1，其他 = 0	0.14	0.35
非技能型	管理能力培训、思想政治及其他培训 = 1，其他 = 0	0.03	0.18
单位组织	是否单位组织：单位组织 = 1，其他 = 0	0.14	0.35
非单位组织	非单位组织 = 1，其他 = 0	0.03	0.18

（二）倾向得分匹配法

以随机样本为假设前提的普通最小二乘法面临着由于个体异质性带来的选择性偏差问题。由于异质性的存在，使得个体很有可能遵循比较原则选择是否接受培训，那些预期能够从培训中获益更多的个体将会更倾向于接受培训，其决定参与培训的概率也就越大，这就造成了个体在决定是否参加培训上具有自选择性，从而产生样本内选择偏差的问题。所以，如果个体"参加培训"不是随机决定的，而是自选择的结果，那么建立在零条件均值假定基础上的普通最小二乘法所估计出的培训效应会是有偏的。为了解决"自选择问题"，本节还使用了倾向得分匹配来估算职业培训以及不同类型的职业培训的非农收入效应。

评估职业培训实施后的收入效应，最理想的办法是同时获得劳动力分别在没有参加职业培训以及参加了职业培训后的收入，这两个收入之间的差值就是参加职业培训的收入效应。可现实中，仅能观察到劳动力在没有参加职业培训或参加职业培训后的其中一个收入。而倾向得分匹配法主要优势在于可以"还原"处理组（参加过职业培训的劳动力）不参与职业培训的状态以及控制组（未参加过职业培训的劳动力）参与职业培训的状态，通过把基本特征相似的处理组和控制组进行匹配，克服只能观测到劳动力"参与职业培训后未来的收入"或"不参与职业培训后未来的收入"的难题，从而测量劳动力培训对收入的影响（陈强，2014）。

设 $D_i = \{0, 1\}$ 为处理变量，代表个体 i 是否参加培训，1 代表参加，0 代表未参加。其未来收入 y_i 有两种可能，即：

$$y_i = \begin{cases} y_{1i}, D_i = 1 \\ y_{0i}, D_i = 0 \end{cases}$$

采用分段函数表示，$y_i = (1 - D_i) y_{0i} + D_i y_{1i} = y_{0i} + (y_{1i} - y_{0i}) D_i$。其中，$(y_{1i} - y_{0i})$ 为处理效应，其期望值为平均处理效应，即 ATE：

$$ATE = E(y_{1i} - y_{0i}) \tag{6—2}$$

若仅考虑参与培训者的平均处理效应，即为 ATT：

$$ATT = E(y_{1i} - y_{0i}/D_i = 1) \tag{6—3}$$

若仅考虑未参与培训者的平均处理效应，即为 ATU：

$$ATU = E(y_{1i} - y_{0i}/D_i = 0) \tag{6—4}$$

由于个体会根据参加培训的预期收益来选择是否参加培训，从而产生"选择难题"。要解决"选择难题"，可使用随机分组方法，但对培训的研究基本都是事后评估，所使用的样本数据很难做到随机分布（屈小博，2013）。多数情况下，常使用的一种方法是假设个体依可测变量选择是否参加培训（陈强，2014），如性别、年龄、婚姻状况等，进而把这些变量作为线性方程中的控制变量。然而这样可能会遗漏非线性项，进而产生偏差。且只有在个体的 y_{1i}、y_{0i} 都能观测到的情况下，才能计算处理效应，而事实上只能获得个体的 y_{1i} 和 y_{0i} 中的一个观测数据。故可使用鲁宾反事实框架的匹配估计量来解决此问题（Rubin，1974），即在未参加培训组找到与参加培训组个体 i 可测变量取值相近的个体 j，在参加培训组找到与未参加培训组个体 m 可测变量取值相近的个体 n，对所有样本依次进行匹配。可采用距离函数定义个体 i 与个体 j 的可测变量相似度，运用倾向得分作为距离函数进行匹配，被称为"倾向得分匹配"（陈强，2014）。倾向得分即为在给定可测变量的条件下，个体参加培训的条件概率，可表示为：

$$p(X_i) = P(D_i = 1/X = X_i)，（其中 X_i 为可测变量）$$

最后，依据倾向得分匹配法来计算平均处理效应。在匹配方法上本节将采用"k 近邻匹配法"中的一对四匹配、半径匹配、核匹配对匹配结果进行对比研究。

三 估计结果

(一) 最小二乘法的估计结果

表 6—4 展示的是不同表现的职业培训变量对劳动力非农年收入影响的回归结果。如第（1）列所示，在控制了年龄、性别、受教育程度等因素的情况下，参加职业培训会使劳动力非农年收入提高 20.8%，职业培训能使劳动力非农年收入显著提高。

在第（2）列中，从参加职业培训的次数上来看，参与培训次数越多，对非农年收入的提升作用就越大。与没有参加过职业的劳动力相比，培训过 1 次的劳动力非农年收入将提高 16.3%，培训过 2 次者提高 21.6%，而培训过 3 次及以上者将高出 30.4%。劳动力人力资本的提高应该是一个不断积累且持续的过程，适应劳动力需求的终身职业教育或培训体系的构建则是提高人力资本的关键。

在第（3）列中，从细分培训内容来看，技能型与非技能型培训均有助于劳动力非农年收入水平的提升，但技能型培训对劳动非农年收入水平的提高作用明显大于非技能型培训。与没有参加过职业培训的劳动力相比，参加非技能型培训可使非农年收入提高 19.4%，参加技能型培训可使非农年收入提高 21.1%，并且都在 1% 的水平上显著。这主要是因为技能型培训的内容更具有针对性，对形成专用性人力资本作用较大，接受技能培训的劳动力可以直接上岗就业为企业创造效益，从而获取相对较高的工资。而非技能型培训所形成的通用型人力资本在特定的企业内较之专用型人力资本促增收作用弱。

表 6—4　不同职业培训变量对非农年收入影响的回归结果

变量	(1)	(2)	(3)	(4)	(5)
培训参与（0 = 未参与）	0.208*** (0.029)	—	—	—	—
培训次数（0 = 未参与）	—	—	—	—	—

续表

变量	(1)	(2)	(3)	(4)	(5)
1次		0.163*** (0.035)			
2次		0.216*** (0.046)			
3次及以上		0.304*** (0.057)			
培训类型（0=未参与）	—	—		—	—
非技能型培训			0.194*** (0.066)		
技能型培训			0.211*** (0.030)		
培训时长（0=未参与）	—	—	—		—
0—72小时				0.235*** (0.031)	
72—168小时				0.128* (0.071)	
168小时以上				0.043 (0.096)	
培训是否单位组织（0=未参与）	—	—	—	—	
单位组织培训					0.209*** (0.031)
非单位组织培训					0.202*** (0.057)
年龄	0.067*** (0.007)	0.067*** (0.007)	0.067*** (0.007)	0.067*** (0.007)	0.067*** (0.007)
年龄的平方	-0.001*** (0.000)	-0.001*** (0.000)	-0.001*** (0.000)	-0.001*** (0.000)	-0.001*** (0.000)
性别（0=女）	0.429*** (0.024)	0.429*** (0.024)	0.429*** (0.024)	0.429*** (0.024)	0.429*** (0.024)

续表

变量	(1)	(2)	(3)	(4)	(5)
东部地区	0.250***	0.248***	0.250***	0.250***	0.250***
	(0.024)	(0.024)	(0.024)	(0.024)	(0.024)
西部地区	-0.081**	-0.084**	-0.081**	-0.080**	-0.081**
	(0.034)	(0.034)	(0.034)	(0.034)	(0.034)
婚姻状况（0=未婚）	0.079**	0.079**	0.079**	0.077**	0.079**
	(0.035)	(0.035)	(0.035)	(0.035)	(0.035)
初中文化程度	0.131***	0.132***	0.131***	0.132***	0.131***
	(0.029)	(0.029)	(0.029)	(0.029)	(0.029)
技校/中专/高中文化程度	0.213***	0.212***	0.213***	0.213***	0.213***
	(0.033)	(0.033)	(0.033)	(0.033)	(0.033)
大专及以上文化程度	0.630***	0.626***	0.630***	0.630***	0.630***
	(0.037)	(0.037)	(0.037)	(0.037)	(0.037)
健康状况良好	0.112***	0.112***	0.112***	0.112***	0.112***
	(0.029)	(0.029)	(0.029)	(0.029)	(0.029)
健康状况很好	0.115***	0.115***	0.115***	0.116***	0.115***
	(0.031)	(0.031)	(0.031)	(0.031)	(0.031)
occup2	0.244***	0.244***	0.244***	0.242***	0.244***
	(0.090)	(0.090)	(0.090)	(0.089)	(0.090)
occup3	0.228**	0.228**	0.228**	0.227**	0.228**
	(0.093)	(0.093)	(0.093)	(0.092)	(0.093)
occup4	0.321***	0.325***	0.321***	0.318***	0.321***
	(0.100)	(0.100)	(0.100)	(0.099)	(0.100)
occup5	0.125	0.124	0.125	0.123	0.125
	(0.097)	(0.097)	(0.097)	(0.096)	(0.097)
occup6	0.113	0.113	0.114	0.108	0.113
	(0.097)	(0.098)	(0.097)	(0.097)	(0.097)
occup7	0.142	0.140	0.142	0.141	0.142
	(0.093)	(0.093)	(0.093)	(0.092)	(0.093)
occup8	0.146	0.143	0.146	0.145	0.146
	(0.093)	(0.094)	(0.093)	(0.093)	(0.093)

续表

变量	(1)	(2)	(3)	(4)	(5)
occup9	-0.001 (0.096)	0.000 (0.096)	-0.001 (0.096)	-0.004 (0.095)	-0.001 (0.096)
外地工作	0.163*** (0.029)	0.164*** (0.029)	0.163*** (0.029)	0.163*** (0.029)	0.163*** (0.029)
Constant	7.778*** (0.166)	7.783*** (0.166)	7.777*** (0.166)	7.788*** (0.166)	7.778*** (0.166)
R-square	0.190	0.191	0.190	0.191	0.190
Observations	6063	6063	6063	6063	6063

注：*、**、*** 分别表示系数在10%、5%、1%的水平上显著；"（）"内的为稳健标准误；"—"表示该回归方程中没有相应的变量及估计值。

在第（4）列中，用职业培训时长作为解释变量，结果显示劳动力非农年收入水平并未因培训时间的延长而得到进一步的提升，甚至出现了培训时间越长，培训效果越差的现象。如果单次职业培训时长超过168小时，事实上将不会显著提高劳动力非农年收入，这与张世伟和武娜（2015）的研究结果相似。而培训时长为小于72小时的简单培训对劳动力非农年收入的正向影响最为明显，可使劳动非农年收入提高23.5%。其次，培训时长在72—168小时的短期培训可使非农年收入提高12.8%。

在第（5）列中，考察了职业培训费用是否由被调查者单位支付对劳动力非农年收入的影响。与没有参加过职业培训的劳动力相比，单位组织的培训可使非农年收入提高20.9%，而劳动力参加其他机构组织的培训也可使非农年收入提高20.2%。相比之下，单位提供的培训并没有给劳动力非农年收入带来更大的提升作用。

综合来看，控制变量的估计系数在5个模型中的差异较小，且回归结果均表明年龄对收入有重要的影响。根据年龄和年龄平方项的系数符号可判断收入与年龄呈倒"U"形变动关系。在其他条件不变的情况下，男性较女性的非农年收入约高43%，并且已婚、身体健康对非农年收入的提高均有显著的积极作用。根据前文分析，劳动力就业领域主要集中在建筑业和制造业，而从事这两个行业的劳动力通常以提供体力劳动为主,且健康状况较好的劳动力有更强的积极性选择外出务工,从而更有机会获得相对更高的收入。地区变量中,在东部地区工作的劳动力较在中部地区工作的收入高,而在西部地区工作的劳动力比在中部地区工作的收入更低。除此之外,受教育水平对劳动力非农年收入的获得有显著正向影响。与小学及以下文化程度的劳动力相比,初中、高中/中专/技校、大专及以上学历劳动力的非农年收入分别约高13%、21%、63%,教育水平的提高能显著提高劳动力的非农年收入。

(二) 匹配法的估计结果

如前所述,由于采用 OLS 方法来估算劳动力职业培训效果可能存在自选择问题,为进一步论证参加职业培训对劳动力非农收入的影响,同时比较不同类型职业培训对不同文化程度劳动力的非农收入效应,本节以从未参加过职业培训的劳动力为基准组,对是否参加职业培训,以及不同文化程度劳动力参加的不同类型职业培训分别进行了倾向得分匹配。在匹配方法上采用了"k 近邻匹配法"中的一对四匹配、半径匹配、核匹配对匹配结果进行对比研究(见表6—5)。

三种倾向得分匹配并没有对匹配结果造成较大的差异,估计结果如下。

第一,总体上看,参加职业培训对非农年收入的提升效应约为29.1%—32.2%,即说明参加培训对劳动力非农年收入的获得有显著的正向影响。就培训内容来看,非技能型培训与技能培训的平均处理效应都显著为正,可对劳动力非农年收入增加起到积极的作用。其中,非技能型培训的效应约为29.2%—34.4%,小于技能型培训的非农年收入效应(30.9%—33.5%)。用匹配法所得到的数据明显高于 OLS 法所得到的数据,但二者的估计结果都表明职业教育对劳动力非农收入提高有显著的积极作用,并且技能型培训对非农收入的提升效应大于非技能型培训。

第二,不同类型的职业培训对不同文化程度劳动力的非农收入产生显著的差异性影响。对高中/中专/技校文化程度的劳动力来说,非技能型培训对非农年收入获得的作用不显著,而技能型培训的平均处理效应显著为正,对非农年收入提高效应约为30.6%—32.0%。对大专及以

表6—5 职业培训对非农年收入的平均处理效应

样本类型	一对四匹配 ATE	ATT	ATU	半径匹配 ATE	ATT	ATU	核匹配 ATE	ATT	ATU
全部样本组：参加培训	0.363***	0.291***	0.378***	0.363***	0.318***	0.372***	0.361***	0.322***	0.370***
Bootstrap Std. Err	0.037	0.039	0.042	0.031	0.029	0.033	0.032	0.028	0.034
参加技能培训	0.370***	0.309***	0.381***	0.370***	0.335***	0.376***	0.360***	0.322***	0.367***
Bootstrap Std. Err	0.037	0.045	0.039	0.033	0.033	0.034	0.032	0.031	0.033
参加非技能培训	0.361***	0.292***	0.364***	0.345***	0.300***	0.347***	0.368***	0.344***	0.369***
Bootstrap Std. Err	0.094	0.088	0.096	0.086	0.077	0.087	0.086	0.077	0.087
大学样本组：参加技能培训	0.153***	0.125*	0.168***	0.172***	0.144**	0.186***	0.167***	0.155***	0.174***
Bootstrap Std. Err	0.056	0.073	0.060	0.051	0.059	0.053	0.049	0.053	0.051
参加非技能培训	0.277***	0.313***	0.272**	0.235**	0.265***	0.231**	0.250***	0.275***	0.246***
Bootstrap Std. Err	0.103	0.109	0.110	0.097	0.088	0.102	0.086	0.083	0.089
高中样本组：参加技能培训	0.356***	0.306***	0.369***	0.346***	0.320***	0.353***	0.339***	0.312***	0.345***
Bootstrap Std. Err	0.060	0.073	0.065	0.054	0.058	0.057	0.053	0.054	0.054
参加非技能培训	0.216*	0.071	0.225**	0.210	0.170	0.212	0.144	0.200	0.150
Bootstrap Std. Err	0.182	0.173	0.188	0.164	0.139	0.169	0.147	0.136	0.150
初中样本组：参加技能培训	0.211***	0.179**	0.214***	0.207***	0.181***	0.209***	0.167***	0.162***	0.167***
Bootstrap Std. Err	0.070	0.089	0.073	0.062	0.065	0.064	0.060	0.061	0.061
参加非技能培训	0.328***	0.137	0.332***	0.277**	0.235**	0.278***	0.268**	0.213*	0.269**
Bootstrap Std. Err	0.111	0.140	0.113	0.107	0.107	0.109	0.107	0.107	0.109

注：*、**、***分别表示系数在10%、5%、1%的水平上显著。

上文化程度的劳动力来说，技能型培训与非技能型培训对非农年收入的增加均起到积极的作用。其中，非技能型培训的效应约为26.5%—31.3%，远大于技能型培训带来的收入效应（12.5%—15.5%）。对初中、小学文化程度的劳动力来说，参加非技能型培训后可使非农年收入提高约13.2%—23.5%，技能型培训对非农年收入的提升效应约为16.2%—18.1%。最后，从技能型培训和非技能型培训对不同文化程度劳动力的非农收入提升效应的幅度来看，培训对高中/中专/技校、大专及以上文化程度的劳动力收入的提高效果更好。

第二节 职业培训对农户贫困的影响

一 研究方法

对于农户来说，贫困问题属于离散响应模型或二元响应模型，因为农户只有贫困与非贫困两种状态。对于此类问题，通常可以通过建立二元响应模型来考察自变量对因变量取值的概率的影响。假如农户贫困为1，非贫困则为0，那么职业培训对贫困的概率的影响可以通过估计模型式（6—5）的系数得到。

$$P(y=1|x) = G(x\beta) \equiv P(x) \qquad (6—5)$$

式中 $P(x)$ 为非线性形式，$P(x)$ 的具体形式是估计方程的关键。而标准正态分布和逻辑斯蒂克分布是常用的两种非线性形式，前者称为 *Probit* 模型，后者称为 *Logit* 模型。贫困与否符合二元选择模型的特征，因此使用 *Probit* 模型和 *Logit* 模型并无差别。*Logit* 是目前应用广泛的离散选择模型，可通过贫困发生的机会比率对数来反映农户是否贫困，本节选择使用 *Logit* 模型，既分析职业培训对农户贫困的影响，也能综合考虑其他因素对农户贫困的影响，具体模型设定如下：

$$\ln \frac{P_i}{1-P_i} = \beta_0 + \beta_1 Pri_i + \beta_2 Jun_i + \beta_3 Sen_i + \beta_4 Col_i + \beta_5 Bur_i$$
$$+ \beta_6 Voc_i + \beta_7 Mirg_i + East_i + Central_i + u_i \qquad (6—6)$$

式中，P_i 表示在给定自变量取值的情况下，贫困发生的概率；$1-P_i$ 则为给定自变量取值的情况下，贫困不发生的概率；$P_i/(1-P_i)$ 则为贫困发生的机会比率。

本节贫困标准采用的农村贫困线为人均年纯收入 2300 元，由于实证分析使用的是 CFPS 2014 年的数据，其收入数据选择上一年度，即 2013 年的数据，所以利用农村 CPI 对其进行调整，得到 2013 的农村贫困线为 2736 元/（人·年），当农户家庭人均年收入低于 2736 元时，该家庭则为贫困家庭。Pri_i、Jun_i、Sen_i、Col_i 为家庭劳动力平均受教育水平的虚拟变量，文盲作为参照组。当家庭劳动力平均受教育为小学时，$Pri_i=1$，否则 $Pri_i=0$；当家庭劳动力平均受教育水平为初中时，$Jun_i=1$，否则 $Jun_i=0$；当家庭劳动力平均受教育水平为高中时，$Sen_i=1$，否则 $Sen_i=0$；当家庭劳动力平均受教育水平为大专及以上时，$Col_i=1$，否则 $Col_i=0$；Voc_i 为家庭中接受过职业培训人数的比例，$Mirg_i$ 为家庭中迁移人数的比例，Bur_i 为家庭人口负担比；① $East_i$、$Central_i$ 为家庭地区变量，家庭位于东部地区 $East_i=1$，否则 $East_i=0$；当家庭位于中部地区时 $Central_i=1$，否则 $Central_i=0$；u_i 为随机误差项。

二 数据说明

本节使用的原始数据为 CPFS 2014 年数据。数据处理方法如下：首先，在筛选所需的自变量和因变量后，以家户编码为依据将成人数据库中的数据与家庭数据进行合并，得到以家庭为基本单位并包涵家庭成员基本信息和家庭经济收入的相关数据。另外，由于本节分析的是职业培训对农户贫困的影响，所以本书只保留了农村家庭的数据。其次，根据家庭成员的基本信息，计算出实证分析中所需要的家庭劳动力平均受教育年限、家庭成员中接受过职业培训的比例以及家庭人口负担比等变量。最后，在剔除含有重要信息缺失和异常数据后，最终用于分析的农户数据为 4269 户。

表 6—6 呈现了样本农户的详细特征。从家庭人均收入方面来看，在全部样本中，有 692 户家庭的人均收入低于 2736 元的贫困标准，即有 692 户家庭处于贫困状态；家庭人均收入在 2736—8000 元的家庭有 1333 户，家庭人均收入在 8001—14000 元的家庭有 1164 户，家庭人均收入大

---

① 指家庭需要抚养和赡养的人数与劳动力人数之比，家庭需要抚养和赡养的人口包括 16 岁以下的未成年和 65 岁以上的老人。

于 14000 元的家庭有 1080 户。

表 6—6 样本农户基本特征

变量	变量值	样本量（户）	占比（%）	均值	标准差
家庭人均收入	2736 元以下	692	16.21	11008.45	16977.78
	2736—8000 元	1333	31.23		
	8001—14000 元	1164	27.27		
	14000 元以上	1080	25.30		
家庭劳动力平均年龄	30 岁以下	2472	57.91	28.48	10.08
	30—40 岁	1247	29.21		
	40 岁以上	550	12.88		
家庭劳动力平均受教育水平	文盲	304	7.12	4.51	2.56
	小学	3042	71.26		
	初中	742	17.38		
	高中/中职/技校	149	3.49		
	大专及以上	32	0.75		
家庭中接受过职业培训的人数	0 人	3774	88.40	0.13	0.38
	1 人	437	10.24		
	2 人	52	1.22		
	3 人	6	0.14		
家庭所在区域	东部	1491	34.93	0.35	0.48
	中部	1235	28.93	0.29	0.45
	西部	1543	36.14	0.36	0.48

从家庭劳动力平均年龄来看，57.91%的家庭劳动力平均年龄在30 岁以下，29.21%的家庭劳动力平均年龄处于 30—40 岁，家庭劳动力平均年龄为 40 岁以上的共有 550 户。可见，样本中年轻的劳动力偏多。

从家庭劳动力平均受教育水平来看，样本农户的文化水平普遍不高，有 3042 户家庭其劳动力平均受教育水平为小学，占全部样本的 71.26%。另外，劳动力平均受教育水平为文盲的家庭共有 304 户，占全部样本的

7.12%,劳动力平均受教育水平为大专及以上的家庭只有332户,仅占全部样本的0.75%。

从家庭中接受过职业培训的人数来看,超过80%的样本农户家庭中并没有一人接受过职业培训,仅有11.46%的家庭有接受过职业培训的劳动力。

三 职业培训对农户贫困影响概率的估计结果

表6—7为使用 *Logit* 模型关于职业培训对农户贫困影响进行估计的结果。首先,模型的LR统计量在1%的水平上显著,说明模型中所有解释变量联合对于被解释变量有一个显著性的影响,即模型中的解释变量能较好地解释被解释变量,模型整体显著。其次,家庭成员中接受职业培训的比例、家庭劳动力平均受教育年限以及家庭中迁移人口的比例等变量均对减少贫困有显著的积极作用。

表6—7   职业培训对贫困影响的估计结果

变量名	系数	标准误	Z值
职业培训人口比例	-1.667***	(0.645)	-2.58
小学	-0.859***	(0.135)	-6.38
初中	-1.584***	(0.195)	-8.11
高中	-1.744***	(0.359)	-4.86
大专及以上	-2.352**	(1.030)	-2.28
家庭人口负担比	0.075***	(0.028)	2.64
迁移人口比例	-4.036*	(2.090)	-1.93
年龄	0.006	(0.019)	0.32
年龄的平方	-0.000	(0.000)	-0.13
东部地区	-0.668***	(0.105)	-6.38
中部地区	-0.589***	(0.108)	-5.45
常数项	-0.688**	(0.329)	-2.09
LR统计量	221.62***		
R-square	0.058		
Observations	4269		

注:*、**、***分别表示系数在10%、5%、1%的水平上显著。

估计结果显示：第一，职业培训的系数为负，并在1%的水平上显著，说明职业培训对减少贫困有显著的作用，家庭成员中接受过职业培训人口的比例每增加一个单位，农户贫困发生的机会比率减少18.8%。第二，不同教育水平对减少贫困有显著影响，农户劳动力教育水平的提高能显著地降低农户家庭陷入贫困的概率。与农户平均教育程度为文盲的相比，农户劳动力平均受教育水平为小学的其贫困发生机会比率为42.4%，亦即后者比前者陷入贫困的概率低57.6%；与农户平均教育程度为文盲的相比，农户劳动力平均受教育水平为初中的其贫困发生机会比率为20.5%，亦即后者比前者陷入贫困的概率低79.5%；与农户平均教育程度为文盲的相比，农户劳动力平均受教育水平为高中的其贫困发生机会比率为17.4%，亦即后者比前者陷入贫困的概率低81.6%；与农户平均教育程度为文盲的相比，农户劳动力平均受教育水平为大专及以上的其贫困发生机会比率为9.5%，亦即后者比前者陷入贫困的概率低90.5%。

此外，从表6—7可以看出农户家庭的其他特征对贫困也有一定的影响。家庭人口负担比系数为正，并在1%的水平上显著，说明随着家庭人口负担的加重，增加了农户陷入贫困的概率，不利于农村家庭摆脱贫困。从地区来看，东部和中部地区的农村家庭贫困发生的机会比率分别比西部地区低48.7%和44.5%，可见地区经济发展越好，贫困人口越少。

第三节　转移劳动力的培训效果

由前两节的分析可知，职业培训是影响农村居民收入的重要因素，那么，到底哪种职业培训对农村居民的增收作用更有效呢？本节主要从政府培训、企业培训、个人培训三种方式入手，基于三大培训对转移劳动力增收的作用进行对比分析，研究三大培训方式的效果。

一　研究方法

本节首先基于明瑟方程的扩展形式，使用最小二乘估计进行分析。设定的整体模型如下：

$$\text{lnearning} = \beta_0 + \beta_1 age + \beta_2 age^2 + \beta_3 edu + \beta_4 marri + \beta_5 male$$
$$+ \beta_6 year08 + \beta_7 east + \beta_8 central + \sum_{i=1}^{5} \gamma_i train_i + \varepsilon \quad (6—7)$$

设定的分模型如下：

$$\text{lnearning} = \beta_0 + \beta_1 age + \beta_2 age^2 + \beta_3 edu + \beta_4 marri + \beta_5 male$$
$$+ \beta_6 year08 + \beta_7 east + \beta_8 central + \gamma_1 train_1 + \varepsilon \quad (6—8)$$

$$\text{lnearning} = \beta_0 + \beta_1 age + \beta_2 age^2 + \beta_3 edu + \beta_4 marri + \beta_5 male$$
$$+ \beta_6 year08 + \beta_7 east + \beta_8 central + \gamma_2 train_2 + \varepsilon \quad (6—9)$$

$$\text{lnearning} = \beta_0 + \beta_1 age + \beta_2 age^2 + \beta_3 edu + \beta_4 marri + \beta_5 male$$
$$+ \beta_6 year08 + \beta_7 east + \beta_8 central + \gamma_3 train_3 + \varepsilon \quad (6—10)$$

$$\text{lnearning} = \beta_0 + \beta_1 age + \beta_2 age^2 + \beta_3 edu + \beta_4 marri + \beta_5 male$$
$$+ \beta_6 year08 + \beta_7 east + \beta_8 central + \gamma_4 train_4 + \varepsilon \quad (6—11)$$

式中，$earning$ 代表小时收入；age 代表年龄，age^2 代表年龄的平方；edu 代表受教育程度；$marri$ 为婚姻状况；$male$ 代表性别；$year08$ 代表年份，用来控制2008年金融危机的影响；$east$ 代表东部地区，$central$ 代表中部地区，以控制地区水平的影响；$train_1$ 代表个人出资的培训，$train_2$ 代表企业出资的培训，$train_3$ 代表政府出资的培训，$train_4$ 代表企业和个人共同出资的培训，$train_5$ 代表其他培训；ε 为随机误差项。

其次，评估培训实施后的收入效应，最直接的办法是对比参与培训者与未参与培训者的收入，但是否参与培训存在自我选择问题，且由于参与培训者与未参与培训者的个人条件不完全相同，会产生选择偏差。与前面相同，本书使用倾向得分匹配的平均处理效应来估计培训的收入效应，采用"k 近邻匹配法"中的一对四匹配、半径匹配、核匹配对匹配结果进行对比研究。

二 数据来源

本节使用"中国家庭收入调查"（CHIP）中的流动人口数据，流动人口样本来自9个省（市），包括东部地区的上海、广东、江苏、浙江，中部地区的湖北、安徽、河南，西部地区的重庆和四川。由于2008年加入很多新的样本，无法构成面板数据，故本研究将2007年和2008年的数据组成混合面板数据，用于分析。样本总计15168条，剔除不参加培训访问、非农户口及有变量缺失值的样本后,最终所用样本为11027条。

根据样本数据,模型式(6—7)、式(6—8)、式(6—9)、式(6—10)、式(6—11)、式(6—16)中各变量说明及基本统计量如表6—8所示。

表6—8　　　　　　　　6.3节模型的变量说明

变量名(符号)	平均值	标准差	变量说明
收入水平(lnearning)	1.889	0.625	采用当前主要工作的小时收入*
年龄(age)	31.427	10.395	可作为经验的代理变量
年龄平方(age^2)	1095.675	741.218	可作为经验平方的代理变量
受教育程度(edu)	8.935	2.850	用接受正规教育的年限表示
婚姻状况(marri)	0.616	0.486	已婚=1,未婚=0,其中初婚、再婚、同居记为已婚,离异、丧偶、未婚记为未婚
性别(male)	0.584	0.493	男=1,女=0
年份(year08)	0.421	0.494	年份为2008=1,年份为2007=0
东部地区(east)	0.572	0.495	东部=1,其他=0
中部地区(central)	0.314	0.464	中部=1,其他=0
个人培训($train_1$)	0.063	0.244	参加=1,未参加=0
企业培训($train_2$)	0.013	0.111	参加=1,未参加=0,企业培训包括现在雇主与以前雇主出资的培训
政府培训($train_3$)	0.002	0.039	参加=1,未参加=0
企业与个人共同出资培训($train_4$)	0.003	0.052	参加=1,未参加=0
其他培训($train_5$)	0.075	0.263	参加=1,未参加=0

注:由于小时收入(包括自我经营)存在等于0的情况,且参与培训的样本较少,故没有删除收入为0的样本,而是给变量统一加上一个小的正值1后再取对数,这样处理可能存在准确性问题。

资料来源:2007年和2008年"中国家庭收入调查"(CHIP)中的流动人口数据。

三　三大培训对转移劳动力增收的作用

先使用最小二乘法进行估计,检验结果显示,模型存在异方差,故使用STATA软件中的robust命令,得到稳健标准误,结果如表6—9所示。

表6—9　　　　　　　三大培训的收入效应——OLS 估计

解释变量	模型（6—7）	模型（6—8）	模型（6—9）	模型（6—10）	模型（6—11）
年龄	0.046*** (0.004) [0.003]	0.046*** (0.004) [0.003]	0.046*** (0.004) [0.003]	0.046*** (0.004) [0.003]	0.046*** (0.004) [0.003]
年龄的平方	-0.001*** (0.000) [0.000]	-0.001*** (0.000) [0.000]	-0.001*** (0.000) [0.000]	-0.001*** (0.000) [0.000]	-0.001*** (0.000) [0.000]
受教育程度	0.043*** (0.002) [0.002]	0.044*** (0.002) [0.002]	0.044*** (0.002) [0.002]	0.044*** (0.002) [0.002]	0.044*** (0.002) [0.022]
婚姻状况（已婚=1）	-0.008 (0.016) [0.015]	-0.011 (0.017) [0.015]	-0.009 (0.017) [0.015]	-0.011 (0.017) [0.015]	-0.011 (0.017) [0.015]
性别（男=1）	0.227*** (0.011) [0.011]	0.231*** (0.011) [0.011]	0.232*** (0.011) [0.011]	0.234*** (0.011) [0.011]	0.234*** (0.011) [0.011]
年份（2008年=1）	0.147*** (0.011) [0.011]	0.160*** (0.011) [0.011]	0.156*** (0.011) [0.011]	0.160*** (0.011) [0.011]	0.160*** (0.011) [0.011]
东部地区	0.290*** (0.017) [0.018]	0.289*** (0.017) [0.018]	0.287*** (0.017) [0.018]	0.289*** (0.017) [0.018]	0.289*** (0.017) [0.018]
中部地区	-0.091*** (0.019) [0.020]	-0.092*** (0.019) [0.020]	-0.094*** (0.019) [0.020]	-0.093*** (0.019) [0.020]	-0.093*** (0.019) [0.020]
个人培训	0.076*** (0.022) [0.022]	0.064*** (0.022) [0.022]	—	—	—
企业培训	0.224*** (0.048) [0.034]	—	0.207*** (0.047) [0.034]	—	—

续表

解释变量	模型（6—7）	模型（6—8）	模型（6—9）	模型（6—10）	模型（6—11）
政府培训	0.115 (0.135) [0.180]	—	—	0.098 (0.135) [0.180]	—
企业和个人共同出资的培训	0.161 (0.102) [0.103]	—	—	—	0.144 (0.102) [0.103]
其他培训	0.081*** (0.021) [0.017]	—	—	—	—
R^2	0.212	0.209	0.210	0.209	0.209
F值	205.42***	283.44***	287.79***	282.11***	282.00***

注：*、**、*** 分别表示系数在 10%、5%、1% 的水平上显著，"（）"内为常规标准误，"［］"中为异方差 – 稳健标准误。

表 6—9 中的模型（6—7）同时引入了个人培训、企业培训、政府培训、企业和个人共同出资的培训以及其他培训，模型（6—8）单独引入了个人培训，模型（6—9）单独引入了企业培训，模型（6—10）单独引入了政府培训，模型（6—11）单独引入了企业和个人共同出资的培训。

模型（6—7）的回归结果表明：较没有参加过培训的人相比，参加过个人培训、企业培训及其他培训的转移劳动力的收入更高，个人培训、企业培训及其他培训对增加农民工收入都有显著的正向作用，且企业培训较个人培训对农民工增收的作用更大，而政府培训及企业和个人共同出资的培训对收入提高的影响却不显著。单独引入政府培训的模型（6—10）以及单独引入企业和个人共同出资培训的模型（6—11）的结果也分别表明参加过政府培训的农民工与没参加过政府培训的收入没有显著差异，参加过企业和个人共同出资培训的转移劳动力与没参加过的人之间收入没有显著差异。而单独引入个人培训的模型（6—8）及单独引入企业培训的模型（6—9）的归回结果显示，参加过个人培训的转移劳动力比没参加过个人培训的收入更高，参加过企业培训的农民工比没参加过企业培训的人收入更高。

无论是综合模型，还是单独考察的模型都表明，与个人培训和企业培训相比，政府培训的效果最不理想。而三者中企业培训的增收效果最好，能使收入提高约 22.4%，其次是个人培训，可使收入提高约 7.6%。个人培训和企业培训针对性很强，尤其是企业培训，对形成专用性人力资本作用较大，而专用性人力资本在特定的企业中回报率较高。说明对于转移劳动力来说，参加个人培训和企业培训是较为有效的增收途径，可有效提高人力资本。

各个变量的估计系数在五个模型的回归结果中差异较小，且回归结果都表明：教育的回报为正，年龄对收入有重要的影响，根据年龄和年龄平方项的系数符号可判断收入随年龄的增长呈倒"U"形变动。在当前主要工作收入中存在较为严重的性别歧视，在其他条件不变的情况下，男性较女性的收入约高 22.7%。而结婚与否对收入无显著影响。较为有意思的变量是年份和地区，在金融危机下，农民工 2008 年的收入仍然高于 2007 年，但并不意味着金融危机没有影响农民工增收，只是在金融危机影响下，农民工的收入保持了上涨趋势。地区变量中，在东部地区工作的农民工较在西部地区工作的收入高，而在中部地区工作的农民工比在西部地区工作的收入更低。

获得上述估计结果后，本书将年龄、年龄的平方、受教育程度、婚姻状况、性别、年份、地区变量作为可测变量，采用倾向得分匹配法来评估培训对收入的平均处理效应（见表6—10）。

表6—10　　　　　　三大培训对收入的平均处理效应

培训类型	一对四匹配 ATE	ATT	ATU	半径匹配 ATE	ATT	ATU	核匹配 ATE	ATT	ATU
个人培训	0.096*** (0.029)	0.068** (0.029)	0.098*** (0.030)	0.092*** (0.023)	0.060*** (0.021)	0.094*** (0.024)	0.104*** (0.024)	0.093*** (0.021)	0.104*** (0.024)
企业培训	0.253*** (0.052)	0.191*** (0.046)	0.254*** (0.053)	0.257*** (0.044)	0.218*** (0.035)	0.258*** (0.045)	0.300*** (0.036)	0.298*** (0.034)	0.300*** (0.036)
政府培训	0.217 (0.270)	0.094 (0.211)	0.217 (0.270)	0.219 (0.268)	0.135 (0.201)	0.219 (0.269)	0.143 (0.184)	0.143 (0.182)	0.143 (0.184)

注：**、***分别表示系数在5%、1%的水平上显著，括号内为Bootstrap standard error。Bootstrap检验进行500次抽样。

三种倾向得分匹配的估计结果显示：个人培训与企业培训的平均处理效应都显著为正，可对农民工收入增加起到积极的作用，而政府培训的平均处理效应并不显著。且企业培训对收入提高的效果最好，其次是个人培训，政府培训的效果最不明显。三种方法得到的三大培训的平均处理效应的估计值和显著性都较为类似，说明估计结果较为稳健。无论是对于个人培训、企业培训、还是政府培训来说，三种倾向得分匹配的结果都表现出 ATU > ATE > ATT 的趋势。表明对于没有参加培训的转移劳动力来说，参加培训后会比实际参加培训的农民工收益提高的更多，尤其是那些没有参加过个人培训和企业培训的农民工，如果参加个人或企业培训，预计会产生较好的增收效果。

将倾向得分匹配的估计结果与最小二乘估计结果对比，发现二者估计的结果较为接近。所得结果都表明政府培训对农民工收入增加并没有起到显著的作用，而个人培训和企业培训却有较好的效果，且企业培训最有效。

上述的实证分析结果都显示企业培训是最有效的培训方式，要提高转移劳动力的工资水平，应采用企业培训。那么，为什么企业培训较政府培训和个人培训更有优势呢？

一方面，企业培训较政府培训和个人培训的针对性、实用性、匹配性更强。企业培训主要是根据企业对人才的需要开展，员工参与培训后可立即使用其所获技能，提高企业生产率进而获得更高收入。而个人培训虽然也具有针对性和实用性，是按照个人的需求来进行的培训，但其较企业培训的匹配性弱，完成个人培训后，不能及时获得适合的工作岗位。而对政府培训来说，不仅匹配性弱，针对性和实用性也不强。但是可能政府培训更接近于就业前的引导性培训，为就业准备一些必要的基本技能，很难有效提高人力资本水平（翁杰，2012）。且完成政府培训后，转移劳动力需要花费一定的时间寻找工作，并且进入企业后政府培训中所学的知识也不一定有用。

另一方面，企业培训主要是提高转移劳动力的专用性人力资本，而个人培训和政府培训则更多的是提高其通用性人力资本。获得企业专用性人力资本的转移劳动力更多的会继续留在原企业工作，而参与个人培训和政府培训的人通常会转换工作，一定程度上造成了人力资本损失，进而影响收入提高。而且有研究表明企业专用性人力资本的提高对工资增长的影响高于通用性人力资本，且影响越来越显著（孟大虎，2009）。

第四节　本章小结

本章采用最小二乘法、倾向性得分匹配法以及 Logit 模型，并基于 CFPS 2014 年的微观数据、CHIP 2007 年和 2008 年的混合面板数据，首先，从收入角度考察了职业培训对劳动力非农收入影响；其次，从职业培训对贫困影响的可能性视角，实证分析了职业培训对贫困的作用；最后，对个人培训、企业培训及政府培训的效果进行了实证分析。实证结果表明：

第一，劳动力的受教育水平对其非农年收入的获得有显著正向影响，随着教育水平的提高，教育收益率也随之提高。与小学及以下文化程度的劳动力相比，初中、高中、大专及以上学历劳动力的非农年收入分别约高 13%、21%、63%，教育水平的提高能显著的提高劳动力的非农年收入。同时，农户劳动力教育水平对减少贫困也存在显著影响，教育水平的提高能显著降低农户家庭陷入贫困的概率。与农户平均教育程度为文盲的相比，农户劳动力平均受教育水平为小学、初中、高中、大专及以上的其贫困发生机会比率分别为 42.4%、20.5%、17.4%、9.5%。

第二，职业培训对劳动力的非农收入有显著提升效应，相较于未参与培训的劳动力，培训使劳动力非农年收入提高了 29.1%—32.2%。就培训内容来看，非技能型培训与技能培训都对劳动力非农年收入增加起到积极的作用，并且技能型培训对非农收入的提升效应大于非技能型培训。而就职业培训对农户贫困发生的影响而言，职业培训对减少家庭贫困有显著的积极作用。家庭成员中接受过职业培训的比例每增加一个单位，农户陷入贫困的概率就较少 18.8%。

第三，劳动力参加培训次数及每次职业培训的时间对非农收入增长存在影响。就参加职业培训的次数来看，参与培训次数越多，对非农收入的提升作用就越大；与没有参加过职业的劳动力相比，培训过 1 次的劳动力非农年收入将提高 16.3%，培训过 2 次者提高 21.6%，而培训过 3 次及以上者将高出 30.4%。就参与职业培训的时长来看，劳动力非农年收入水平并不是随着培训时间的延长而不断提高，甚至出现了培训时间越长，培训效果越差的现象。如果职业培训时长超过 168 小时，事实上将不会显著提高劳动力非农年收入，而在 72 小时以内的职业培训可使劳动非农年收入提高 23.5%，在 72—168 小时的培训可使非农年收入提高 12.8%。

第四，不同类型的职业培训对不同文化程度劳动力非农收入的影响存在显著差异。对高中文化程度的劳动力来说，非技能型培训不能显著增加其非农年收入，而技能型培训对非农收入的增长作用显著，对劳动力非农年收入提高效应为 30.6%—32.0%。对大专及以上文化程度的劳动力来说，技能型培训与非技能型培训对非农年收入的增加均起到积极的作用，其中，非技能型培训带来的收入效应（26.5%—31.3%）远大于技能型培训（12.5%—15.5%）。对初中及以下文化程度的劳动力来说，技能型培训和非技能型培训对其非农收入提升效应的幅度小于高中、大专及以上学历的劳动者，即职业培训对高中、大专及以上文化程度劳动力收入的提高效果更好。

第五，对于不同的培训主体，职业培训效果存在差异。个人培训和企业培训的平均处理效应都显著为正，而政府培训的平均处理效应虽然为正，却不显著；对转移劳动力而言，企业培训效果最佳，是有效的增收途径，其次是个人培训，且此两大培训都优于政府培训；对于那些没有参加过个人培训和企业培训的农民工而言，参加培训后会比实际参加培训的农民工收益获得的更多。企业培训之所以会产生较好的培训效果，主要原因可以归纳为两个方面：一是企业培训所提升的专用性人力资本是促进转移劳动力工资增加的关键原因，而个人培训和政府培训所形成的通用性人力资本在特定企业内较之专用性人力资本促增收作用弱；二是企业培训较强的针对性、实用性、匹配性是导致其培训效果优于个人培训和政府培训的重要原因。

由此可见，职业培训可以在破解"迁移谜题"中起到相应的作用，而为了使其作用更好地发挥，应该注意职业培训的方式。

第七章

"迁移谜题"的破解机制探讨

　　理论上，在不受限制的条件下，劳动力从边际生产率较低的农业部门向边际生产率较高的工业部门转移，会起到缩小城乡收入差距的作用。劳动力流动是缩小城乡收入差距的一种重要机制，通过流动，同质劳动力收入上的差别便可消减，进而实现收入均等。但是，这些都建立在劳动力自由流动和要素同质的假设前提之下，而前述以人力资本为线索的分析表明，对于大量农村劳动力来说，只要他们的人力资本水平不断提升，收入也会随之提高。但是要想这种提高达到缩小城乡收入差距的目的必须满足两个条件：一是城镇化滞后，即大量外出和务工农村劳动力回到农村，他们在统计上还属于农村居民；二是提供一个提高农村劳动力人力资本的制度环境。首先看我国的现实情况是否能满足劳动力自由流动和要素同质假设。一方面，我国农村劳动力流动是有选择性的，无论是流出还是回流，个人特征及外部环境都会影响农村劳动力的流动决策，因而无法满足劳动力自由流动；另一方面，流出的农村劳动力显然并不同质，根据前述分析，人力资本在我国"迁移谜题"的形成中起到了重要作用，相对来说高素质农村劳动力更容易在城里找到工作，因而他们更容易实现流动，并且迁移对他们的收入提高及贫困改善作用更强。再来看由农村人力资本提升而缩小城乡收入差距的两个条件：第一，靠城镇化滞后来达到缩小城乡收入差距显然与经济发展的一般规律相违背，不过，我们需要了解在现有的制度条件下，农村外出务工劳动力的现实行为是否会带来城镇化滞后；第二，提供一个提高农村劳动力人力资本的制度环境是缩小城乡收入差距的根本，对于破解"迁移谜题"问题非常重要。因此，"迁移谜题"的破解，需要综合考虑这些方面。

本章先从与我国"迁移谜题"形成密切相关的制度环境着手,从我国户籍制度改革和土地制度改革的演进分析破解"迁移谜题"的制度背景;再使用"中国流动人口动态监测调查"(CMDS)微观数据分析现有制度背景下农民工在城乡之间的选择(是回流到农村还是在城市定居)及其影响因素,来判断农村外出务工劳动力的现实行为是否会带来城镇化滞后;最后,基于这些分析,探讨"迁移谜题"的破解机制。

第一节　破解"迁移谜题"的制度背景

针对劳动力自由流动这个假设与我国国情不相符的事实,大多数文献都对我国"迁移谜题"产生的外部原因进行了的探讨,正如本书第一章所分析的,他们的观点主要集中于以户籍制度为主的制度因素和发展因素。而就我国目前的情况来看,2014年以来,一些顶层设计的制度因素正在发生变化,因此,紧跟外部影响因素尤其是制度环境的变化,探讨新制度下"迁移谜题"的破解,是我们需要重点关注的问题。

一　户籍制度改革

我国的户籍制度始于1958年颁布的《中华人民共和国户口登记条例》,在此后长达二十几年的时间内我国一直执行严格控制农村人口向城市迁移的政策,直到1984年才开始有所松动。

根据户籍制度对农村转移劳动力迁移行为的约束,可以把我国的户籍管理制度大致划分为四个阶段:自由迁移阶段、严格控制阶段、初步开放阶段、不完全开放阶段,各阶段的相关政策及主要内容如表7—1所示。

表7—1　不同阶段户籍制度对农村转移劳动力迁移行为的约束情况

阶段	发布时间	发布部门	文件名称	主要内容
自由迁移阶段	1950.08	公安系统	《特种人口管理暂行办法(草案)》	内部颁发,正式开始对重点人口的管理工作。我国户籍制度开始的起点

续表

阶段	发布时间	发布部门	文件名称	主要内容
自由迁移阶段	1951.07	公安部	《城市户口管理暂行条例》	新中国成立后最早的一个户籍法规，基本统一了全国城市的户口登记制度
	1954.09	全国人大	第一部《宪法》	规定公民有"居住和迁徙的自由"
	1955.06	国务院	《关于建立经常户口登记制度的指示》	开始统一全国城乡的户口登记工作
	1956—1957	国务院	连续颁发4个限制和控制农民盲目流入城市的文件	文件名称从"防止"农村人口盲目外流到"制止"农村人口盲目外流，对农民外流限制越来越严格
严格控制阶段	1958.01	全国人大	《中华人民共和国户口登记条例》	对人口自由流动实行严格限制和政府管制。第一次明确将城乡居民区分为"农业户口"和"非农业户口"两种不同户籍。在事实上废弃了1954年宪法关于迁徙自由的规定
	1975.01	全国人大	1975年《宪法》	正式取消了有关迁徙自由的规定，此后一直没有恢复
初步开放阶段	1984.10	国务院	《关于农民进入集镇落户问题的通知》	在集镇有固定住所，有经营能力，或在乡镇企事业单位长期务工的，公安部门应准予落常住户口，及时办理入户手续，统计为非农业人口
	1997.06	国务院	《国务院批转公安部小城镇户籍管理制度改革试点方案和关于完善农村户籍管理制度意见的通知》	允许已经在小城镇就业、居住并符合一定条件的农村人口在小城镇办理城镇常住户口。理顺农村户籍管理体制，逐步在全国农村建立健全户籍管理机构切实改变农村户籍管理薄弱的状况

续表

阶段	发布时间	发布部门	文件名称	主要内容
初步开放阶段	2001.03	国务院	《国务院批转公安部关于推进小城镇户籍管理制度改革意见的通知》	改革小城镇户籍管理制度，引导农村人口向小城镇有序转移。凡在县级市市区、县人民政府驻地镇及其他建制镇有合法固定的住所、稳定的职业或生活来源的人员及与其共同居住生活的直系亲属，均可根据本人意愿办理城镇常住户口
不完全开放阶段	2014.07	国务院	《关于进一步推进户籍制度改革的意见》	促进有能力在城镇稳定就业和生活的常住人口有序实现市民化，稳步推进城镇基本公共服务常住人口全覆盖。标志着进一步推进户籍制度改革开始进入全面实施阶段
	2016.09	国务院办公厅	《推动1亿非户籍人口在城市落户方案》	深化户籍制度改革，加快完善财政、土地、社保等配套政策，促进有能力在城镇稳定就业和生活的农业转移人口举家进城落户。"十三五"期间，城乡区域间户籍迁移壁垒加速破除，配套政策体系进一步健全

资料来源：作者的整理，原始资料来自官方网站。

初步开放阶段始于1984年10月国务院出台的《关于农民进入集镇落户问题的通知》。文件指出凡申请到集镇务工、经商、办服务业的农民和家属，在集镇有固定住所，有经营能力，或在乡镇企事业单位长期务工的，公安部门应准予落常住户口，及时办理入户手续，发给《自理口粮户口簿》，统计为非农业人口，并对粮油供应、住房提供支持。1997年5月20日，公安部发布《小城镇户籍管理制度改革试点方案》和《关于完善农村户籍管理制度的意见》。6月10日国务院转发这两个文件（国发〔1997〕20号），指出"逐步改革小城镇户籍管理制度，完善农村户籍管理制度,是国家一项重要的基础性工作,事关经济发展、社会进步和维护社会稳定的大局",要求各级政府"精心组织实施,积极稳妥地把这项工作做好"。2001年3月,国务院再次转发公安部《关于推进小城镇户籍管理制度改革的意见》(国发〔2001〕6号),意味着我国对农民进入小城镇(县级市市区、县人民政府驻地镇及其他建制镇)落户基本放开。

2014年7月,《国务院关于进一步推进户籍制度改革的意见》(国发〔2014〕25号)出台,指出为适应推进新型城镇化,要进一步推进户籍制度改革,落实放宽户口迁移政策,有序推进农业转移人口市民化,并要求各地因地制宜,抓紧出台本地区具体可操作的户籍制度改革措施。这项政策的出台,表明国家对农村转移劳动力落户进一步开放,但是仍未达到完全开放,因而我们称其为不完全开放阶段。2016年9月,国务院办公厅印发《推动1亿非户籍人口在城市落户方案》,指出要"促进有能力在城镇稳定就业和生活的农业转移人口举家进城落户"。9月,北京市公布《北京市人民政府关于进一步推进户籍制度改革的实施意见》,至此,全国出台户籍制度改革方案的省份增加到30个。[①] 可以看出,从户籍制度本身来看,城乡之间的流动阻碍已经基本消除,但是,这些改革还并未完全涉及附加在户籍制度之上的社会保障和公共服务,也就是说目前城乡之间的那道"墙"还未完全拆除,农村劳动力虽然可以自由流动,但是他们在城市还无法完全享受与城市居民完全相同的福利待遇,在这种外部环境下,劳动力的自由流动显然无法实现。庆幸的是,国家正在逐步推倒这层障碍。

2019年3月底,国家发展改革委印发了《2019年新型城镇化建设重点任务》(发改规划〔2019〕617号),其中除了提出要"积极推进已在城镇就业的农业转移人口落户"之外,还明确提出要"推进常住人口基本公共服务全覆盖""实现公办学校普遍向随迁子女开放""全面推进建立统一的城乡居民医保制度""推进城乡居民养老保险参保扩面""推进农民工职业技能培训扩面提质""扩大公租房和住房公积金制度向常住人口覆盖范围"。可以看出,这些附加在户籍制度之上的社会保障及公共服

[①] 张璐:《全国30个省份已出台户籍制度改革方案》,新华网新闻,2016年9月20日,http://www.xinhuanet.com/politics/2016-09/20/c_129288694.htm。

务正在逐步向落户城市的农村转移劳动力扩散,从而让农民工真正实现市民化。但是,这仍然需要一个过程。

根据 2019 年国民经济和社会发展统计公报数据,我国常住人口城镇化率为 60.60%、户籍人口城镇化率为 44.38%,按年末全国内地总人口 140005 万人计算,户籍为农民的城镇常住人口为 22709 万人,① 而全国农民工总量是 29077 万人,两者相差 6368 万人,按照农民工的统计口径,② 这是在外从业少于 6 个月的农民工规模。我们先不考虑这 6368 万人,仅考虑常住城镇的 22709 万农民工,即使按《推动 1 亿非户籍人口在城市落户方案》要求,实现了 1 亿农民工在城市落户,仍然还有 1.27 亿农民工需要解决身份转变的问题。并且,要破解"迁移谜题"还面临着如何提高农民收入问题。关于此,土地制度改革可以起到一定的作用。

二 土地制度改革

中国的土地制度经历了"农民土地所有制(1950)—集体所有制(1953)—家庭联产承包制(1978)—三权分置(2016)"四个阶段。改革开放以后,随着家庭联产承包制的全面推行,农业生产的效率得到显著提高,生产率的提高使得农村之前的隐性失业逐渐显现,于是出现了大规模的农民进城务工。而伴随着大量农村劳动力外流,如何发挥土地在城镇化进程中的作用也成为改革中的一个难题。

党的十八大以来,我国在农村土地制度方面进行了系列改革,十八届三中全会明确了农村土地制度改革的方向和任务。2014 年 11 月,中共中央办公厅、国务院办公厅印发《关于引导农村土地经营权有序流转发展农业适度规模经营的意见》,提出各地应结合自身实际,引导农村土地(指承包耕地)经营权有序流转、发展农业适度规模经营,为优化土地资源配置、提高劳动生产率、保障粮食安全和主要农产品供给、促进农民增收提供保障。2014 年 12 月,中央全面深化改革领导小组第七次会议和

---

① 假设他们均为在外从事非农产业的农民工。
② 年度农民工数量包括年内在本乡镇以外从业 6 个月及以上的外出农民工和在本乡镇内从事非农产业 6 个月及以上的本地农民工两部分。

中央政治局常委会会议审议通过《关于农村土地征收、集体经营性建设用地入市、宅基地制度改革试点工作的意见》，指出要坚持"土地公有制性质不改变、耕地红线不突破、农民利益不受损"三条底线。2015年2月27日，十二届全国人大常委会第十三次会议审议通过《关于授权国务院在北京市大兴区等33个试点县（市、区）行政区域暂时调整实施有关法律规定的决定》，[①] 试图通过试点，形成多样化的农民住房保障形式，找到赋予农民更多财产权利的渠道。2015年8月24日，国务院下发《关于开展农村承包土地的经营权和农民住房财产权抵押贷款试点的指导意见》（国发〔2015〕45号），指出要"按照所有权、承包权、经营权三权分置和经营权流转有关要求，以落实农村土地的用益物权、赋予农民更多财产权利为出发点""有效盘活农村资源、资金、资产""促进农民增收致富和农业现代化加快发展"。2016年10月，中共中央办公厅国务院办公厅正式对外公布《关于完善农村土地所有权承包权经营权分置办法的意见》，将土地承包经营权分为承包权和经营权，实行所有权、承包权、经营权分置并行（三权分置），着力推进农业现代化。2018年12月19日，农业农村部、国家发展改革委、财政部、中国人民银行、国家税务总局、国家市场监督管理总局等六部门联合发布《关于开展土地经营权入股发展农业产业化经营试点的指导意见》，让农民分享农业全产业链利润，扩展农民财产性收入来源。2018年12月，《中华人民共和国农村土地承包法》进行了第二次修正。2019年2月19日出台的中央"一号文件"提出要深化农村土地制度改革，落实三权分置，"坚持保障农民土地权益、不得以退出承包地和宅基地作为农民进城落户条件"。2月21日，中共中央办公厅、国务院办公厅印发《关于促进小农户和现代农业发展有机衔接的意见》，提出要稳定完善小农户土地政策，保持土地承包关系稳定并长久不变，衔接落实好第二轮土地承包到期后再延长三十年的政

[①] 同时授权在试点地区暂时调整实施《中华人民共和国土地管理法》《中华人民共和国城市房地产管理法》有关法律规定，授权期限截至2017年12月31日。随后原国土资源部研究制定了《农村土地征收、集体经营性建设用地入市和宅基地制度改革试点实施细则》；印发了《关于深化统筹农村土地制度改革三项试点工作的通知》，落实中央对试点工作的新部署；财政部等有关部门出台《农村集体经营性建设用地入市土地增值收益调节金征收使用管理办法》等配套制度，完善试点配套政策。

策,建立健全农村土地承包经营权登记制度,为小农户"确实权、颁铁证",通过扶持小农户,提升小农户生产经营水平,拓宽小农户增收渠道。8月26日,我国对《中华人民共和国土地管理法》作出修改,新土地管理法提出,"过去限制转让、出租的农村集体经营性建设用地,将在符合规划的前提下,可以出租、出让并可以转让、赠予、抵押使用权,与国有土地同地同权、同权同价",充分体现了对农民土地权利的尊重,体现了对农民土地权益的关注和保护。新修订的《中华人民共和国土地管理法》于2020年1月1日起施行。

概括来说,党的十八大以来我国在农村土地制度的改革主要包括以下六个方面:一是建立农村土地"三权分置"制度,二是开展农村土地承包经营权确权登记颁证,三是发展多种形式适度规模经营,四是明确第二轮土地承包到期后再延长三十年,五是统筹推进农村土地征收、集体经营性建设用地入市、宅基地制度改革,六是建立土地产权流转交易制度(韩长赋,2018)。这些改革旨在通过土地增加农民的财产性收入,最终达到农民增收的目标。

如果说户籍制度改革是让农民留在城市,实现市民化,那上述土地制度改革则是让农民有留在农村的依赖,通过土地增加收入。一边是留在城市,另一边是留在农村,农民工是如何选择的?哪些因素会对影响他们的选择?要保持一个怎样的平衡才能更好地破解"迁移谜题"问题?

为了更好地回答这些问题,有必要对农民工的现实选择进行具体分析。在接下来的两节,本书将使用2017年"中国流动人口动态监测调查"(China Migrants Dynamic Survey,CMDS)[①] 数据分别对外出农民工的回流决策和城市定居意愿进行实证分析,以期了解现阶段农民工市民化的现实选择,为破解"迁移谜题"问题提供现实依据。然后,在现有制度背景下,从农民工市民化视角找到"迁移谜题"的破解路径。

[①] 该调查是一项由国家卫生健康委自2009年起进行的大规模全国性流动人口抽样调查。本书使用的是国家卫生健康委于2018年12月发布的2017年数据。感谢卫健委提供的CMDS数据。

第二节 现有制度背景下农民工的回流决策

伴随着我国人口城镇化进程步入中后期，我国流动人口的规模和特征也发生了变化，过去以内陆—沿海、乡—城为主要流向的流动人口迁移增速开始放缓。同时，中西部地区的劳动力需求因经济发展而不断增加，各地纷纷出台人才、户籍新政等举措吸引人口迁入，流动人口的迁移决策也在悄然发生改变，出现了从东部沿海向中西部地区的人口回流现象。在此环境下，农民工的迁移决策是否也发生了变化，他们会返回自己的家乡吗？

人口迁移是一种社会现象，是受社会经济、地方政策、自然环境、个人以及家庭等诸多因素的影响而形成的复杂社会行为。综合已有研究可将国内外学者对人口回流决策影响因素的主要观点梳理为以下三大方面，即个人特征、社会经济特征和家庭特征（见表7—2）。

表7—2　　　　　　　　流动人口回流意愿的主要研究

影响因素	具体特征	研究结论
个人特征因素	性别	男性的迁移率更高，但回流意愿的影响并不显著
	年龄	回流意愿随年龄增长而增强，但也有不同意见
	受教育程度	结论各不相同。一派认为文化程度越低，回流意愿越强；另一派则认为中等受教育程度者回流意愿最高
社会经济特征因素	经济发达程度和收入水平	经济发达地区对人口的吸引更高，收入越高，回流意愿越弱
	社会保障	参加城镇养老保险、医疗保险的流动人口回流意愿较弱
	生活成本	在迁入地生活成本增幅大于收入增幅，则回流意愿强烈
	职业性质	稳定工作和较高职位的流动者回流意愿较低，但有不同意见
家庭特征因素	婚姻状况	已婚流动人口的回流意愿较低
	家庭规模	迁出地家庭规模对回流意愿有正面影响，流入地的家庭规模对回流意愿有消极影响

综合已有研究，多集中于人口迁移的规模和方向，而研究回流相关问题的文献较为缺乏。现有的人口回流相关研究表明，个人特征因素、社会经济特征因素、家庭特征因素等都会对流动人口的回流意愿产生影响，但尚未形成统一定论。同时，不同时期和不同地区的流动人口会做出不同的迁移决策，不同区域的经济发展状况、户籍政策、人文环境都会影响人口迁移的形态（吕青，2018）。由于目前仍缺乏完备的回流人口统计数据，多数学者都以某一地区作为研究对象，部分研究所依赖的数据样本较小，会导致统计结果的准确性和真实性有所偏差。同时，利用全国样本研究整体回流人口的还比较少，缺乏对整体回流人口现状的把握。此外，少数人口回流决策相关文献研究都是以流动人口的回流意愿为依据，对其回流决策进行深入研究的还非常少。

一 理论依据及研究假设

决策是所有主观行为的依据和基础。经济学认为，每个人都是"理性人"，都以追求和实现个人利益最大化为决策的落脚点和出发点。显然，农民工也是如此。西方人口学界以大量人口迁移活动的经验性研究为基础，从不同角度总结出了人口迁移理论，其中关于劳动力回流决策的相关理论可从个人利益最大化为角度进行提炼总结，主要的相关理论有比较经济利益理论、推—拉理论、投资（成本）—收益理论等。这些理论为本研究解释变量的选取和结果分析提供了理论依据。

（一）比较经济利益理论

17世纪古典经济学创始人威廉·配第首次从经济学的角度提出，人口迁移决策的关键是比较经济利益，当经济收益出现差异时，就会推动人口向比较经济利益更高的地区迁移，从而获得更大的经济效用。持同样观点的还有发展经济学家托达罗，他认为决定乡—城人口迁移的主导因素是城乡实际收入的差别以及能否在城市找到一份工作。舒尔茨也认为迁移是一种由成本决定行为的活动，只有迁移收益高于迁移成本，人们才会做出迁移的决策（李袁园，2014）。由此，当流动人口在迁入地所获得的经济利益低于在迁出地的机会成本时，做出回流决策的概率会更高，而收入是获取经济利益的直接表现。这一理论也为后面的推—拉理论、投资（成本）—收益理论等奠定了基础。

(二) 推—拉理论

回流是迁移决策的一个方面,因此研究回流决策的影响因素首先要从人们的迁移决策入手。20 世纪 30 年代,赫博尔(Herberle)最先提出了人口迁移"推力"和"拉力"的概念。1966 年,李(E. S. Lee)提出了系统的推—拉理论,首次划分了影响人口迁移决策的因素,他认为这些是人口迁移过程中存在的障碍因素,并将其分为"推力"和"拉力"两个方面,前者是促使人口离开原居住地的消极因素,后者则是吸引想要改善生活现状的人口迁入住地的积极因素。古典推—拉理论认为人口迁移的主导因素是迁入地和迁出地的工资差别。人口迁出导致迁出地的劳动力供给减少,从而使迁出地的工资水平上升;而迁入地的工资水平会随着劳动力供给的增加而下降,最后当迁入地与迁出地的工资水平达到均衡时,人口将停止迁移流动(李袁园,2014)。唐纳德·丁·博格(D. J. Bogue)从迁出地和迁入地的自然环境、就业机遇、社会经济发展差异等方面形成的推力和拉力进行分析,对人口迁移决策进行解释。

在推—拉理论中,"拉力"主要由更高的经济收入、更好的发展机会、更多样的社会服务以及更广泛的社会关系网等构成;而"推力"则包括沉重的家庭经济负担、稀缺的就业机会、恶劣的生活环境等因素。无论是人口迁出地还是人口迁入地,都存在"拉力"和"推力"的共同作用,当流动人口迁入经济较为发达的地区却没有因城市健全的社会保障体系、完善的服务设施、较高的薪资水平等"拉力"而改善自己生活水平(Murphy,2002)时,或受政策优惠、产业转型、家庭亲情等因素影响,使得家乡的"拉力"作用增强(Christiansen,1983)时,流动人口将做出回流决策。

(三) 投资(成本)—收益理论

舒尔茨在比较经济利益理论的基础上,从人力资本的角度提出了投资—收益理论,认为迁移成本和收益的比较是影响人口迁移决策的主要因素。一般情况下,人力资本越高,在流入地能获得的收益就越高,因此回流的概率也越低(殷江滨、李郁,2012)。但如果高人力资本的流动人口返乡能够得到更高的报酬,高于迁移成本与当前收入之和,那么回流的概率就越大(Li 等,2014)。

除了人力资本外,人口迁移过程中所花费的现金成本和非现金成本也可看作投资，而迁移后得到的收入或其他优待则是收益，迁移与否则取决于在迁入地获得的平均收益是否能超出在迁出地的机会成本和迁移过程中花费的成本之和。达万佐（DaVanzo，1976）对迁移成本和收益做了较为系统的总结，得到了人口迁移成本（包括交通成本、信息成本、心理成本、寻找工作和待业过程中的收入损失、迁出地的资产损失等）和迁移收益（包括工资水平上升、享受更完善的福利服务、更宜人的气候等）。

一项对墨西哥移民回流意愿影响因素的研究发现，若将迁移距离和被逮捕的风险看作迁移成本，则迁移成本越高，墨西哥移民在美国的停留时间就越长（Carrión，2018）。从收益角度来看，社会保障因素作为一种福利待遇，对人口的流入有一定的吸引力，参加社保的流动人口回流概率更低（余运江等，2014）；城市服务保障的缺失是流动人口回流的重要原因之一（石智雷、易成栋，2013）。可见，当迁移收益与成本之差低于预期时，流动人口做出回流决策的概率就会更高。

（四）研究假设

以比较经济利益理论为基础，通过对推—拉理论（见图7—1）和投资（成本）—收益理论的分析，可知我国省际流动人口的回流决策受到多种因素的综合推力和拉力的影响，并以利益最大化为基本原则，通过成本和收益的衡量做出决策（见图7—2）。

图7—1 人口迁移的拉力和推力

基于人口迁移理论和国内外学者的研究成果，结合我国农民工迁移的新模式，本节从个人特征、社会经济特征、家庭特征三个方面提出研究假设。

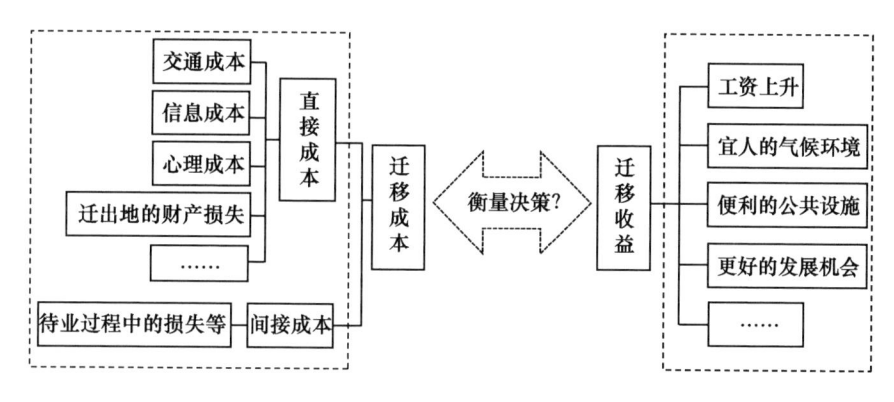

图7—2 迁移成本和收益的决策

第一，个人特征方面。由于男性能承担更多体力活，在就业市场上普遍更受欢迎，同时也更具有拼搏创业的野心，因此提出：

假设1a：男性更容易做出回流的决定。

基于投资（成本）—收益理论，人力资本的投入包括知识、技能、社会阅历、工作经验的积累，一般认为人力资本越低，回流决策的可能性越高（殷江滨、李郇，2012）。随年龄的增长，流动人口人力资本也将随工作适应性的增强而相应增长；流动人口的受教育程度也会影响其回流决策，文化程度较低的流动人口越难找到收入较高且相对稳定的工作，因此回流的可能性会更大；同时，健康状况也是人力资本的体现形式之一，健康状况不佳的流动人口往往选择提前返乡。由此，提出：

假设1b：年龄越大，越偏向于回流迁移；

假设1c：受教育程度越低，越偏向于回流迁移；

假设1d：健康状况越差，越倾向于回流迁移。

第二，社会经济特征方面。城市户籍、稳定的工作、较高的经济收入、健全的社会保障是投资—收益理论中最为突出的收益，也是吸引流动人口迁入的强大"拉力"，但如果长时间未能在迁入地实现预期收益，考虑到相对高昂的生活成本、心理成本、信息成本等因素，流动人口可能会倾向于做出回流决策，基于此提出：

假设2a：农村户籍更偏好于回流迁移；

假设2b：不同的职业性质对流动人口的回流决策的有影响；

假设2c：收入越低，更易做出回流的决策；

假设2d：缺乏社会保障的人越容易做出回流决策。

第三，家庭特征方面。推—拉理论中，家庭因素往往被看作是迁出地对于流动人口的"拉力"，是吸引人口回流的重要因素之一。一般来说，婚姻是家庭形成的标志，因此提出：

假设3a：已婚流动人口更倾向于做出回流决策。

同时，社会关系网也是流动人口迁移的强大"拉力"之一，流动人口在迁出地的家庭成员越多，说明在其在当地社会关系网越密集，回流的"拉力"作用更强，另一方面来看，在迁入地的同住人口越多，需要负担的经济压力越大，就会形成"推力"，在共同的"推—拉"作用下，流动人口形成回流决策的可能性也会提高，因此提出：

假设3b：同住人口越多，越容易做出回流决策。

二 回流农民工的特征

学界对"回流"的定义是流动人口从"迁入地"向"迁出地"流动的迁移行为。2017年CMDS问卷中的"流动范围"是依据流动人口户籍地区与现居住地判断的，因此，首次进行跨省流动迁入外省，但本次又在本省范围内流动的人口符合"回流"定义。故本节以省际流动农民工作为研究对象，将问卷中"首次流动范围"为跨省流动，但"本次流动范围"却为省内跨市或市内跨县范围（说明他们已经从外省向本省回流）的农村户籍人口定义为回流农民工；而流出农民工则是在调查问卷的"本次流动范围"一问中选择"跨省流动"一项的农村户籍人口。

结合现有文献，本节选取的农民工回流决策影响因素主要包括性别、年龄、受教育程度、健康状况、职业性质、收入水平、社保办理情况、婚姻状况和家庭成员数等。其中，年龄用"2017—出生年份"表示；职业性质用"目前就业的单位性质"一题作为观测变量，根据受访者就业的实际情况，将其划分为"国有行业""个体及私营单位""外资单位"和"无单位及其他"四类；社保办理情况选用问卷中"个人社会保障卡的办理情况"一题作为观测变量，为便于处理，将"不清楚"一类归入"未办理"中。2017年全部样本为169989条，剔除缺失值后共得到110014条有效样本，其中，回流农民工9544人，占8.68%。样本基本情况如表7—3所示。

表 7—3　　　　　　　　回流农民工的基本情况

变量		频数（人）	百分比	变量		频数（人）	百分比
性别	女	3578	37.5	社保办理情况	已办理	4742	49.7
	男	5966	62.5		未办理	4802	50.3
受教育程度	小学及以下	1271	13.3	职业性质	国有行业	572	6.0
	初中	4842	50.7		个体及私营单位	7357	77.1
	高中/中专	2419	25.3				
	专科	683	7.2		外资单位	282	3.0
	本科及以上	329	3.4		无单位及其他	1333	14.0
婚姻状况	未婚	1181	12.4	健康状况	健康	9398	98.5
	已婚	8158	85.5		不健康	144	1.5
	离异/丧偶	205	2.1		不能自理	2	0.0
变量		均值	标准差	变量		均值	标准差
年龄（岁）		35.39	8.510	家庭成员人数（人）		3.34	1.166
最近一个月的收入（元）		4099.40	3431.18				

注：年龄用"2017—出生年份"计算得到；家庭成员人数包括本人在内的配偶、子女及同住的家庭成员总人数。

数据来源：2017 年"中国流动人口动态监测调查"数据，经整理所得，下同。

由表 7—3 可知，我国回流农民工以男性为主，占比为 62.5%，高于女性的 37.5%。回流农民工的平均年龄为 35.39 岁，受教育程度不高，初中水平的回流农民工最多，有 4842 人，占到回流样本总体的 50.7%；小学及以下、高中/中专、专科和本科及以上水平的占比分别为 13.3%、25.3%、7.2% 和 3.4%，或许中等文化水平的农民工回流的意愿越强。98.5% 的回流农民工身体状况是健康的，不健康和不能自理者仅有 146 人，占 1.53%，说明他们的身体素质还是很好的。这与回流农民工平均年龄还较低有关。大部分回流农民工目前就业于个体及私营单位，占比 77.1%，国有行业和外资单位分别占比 6.0% 和 3.0%。农民工最近一个月的平均收入水平为 4099.40 元，标准差为 3431.18 元，可见回流农民工的工作还不十分稳定，且个体间存在较大的差距。回流农民工的社保办理情况差异不大，已办理和未办理的分别占比 50.3% 和 49.7%。从家庭特征方面来看，已婚农民工有8158人，占比85.5%，未婚占12.4%，离异/丧偶的占2.1%，平均家庭同住人数为3.34人，由此可知，大部分回流人口都拥有较为稳定的家庭。

三 回流决策的影响因素

（一）模型构建

根据上述分析，将农民工的迁移决策（Y）作为被解释变量，其中分为"流出"和"回流"两类，并分别赋值0和1。使用二元Logistic回归模型来研究其与相关解释变量之间的关系。最终决定省际流动农民工个体选择回流的概率的模型如下：

$$Logit(p) = \ln \frac{p}{1-p} = \alpha + \sum \beta_i PE_i + \sum \gamma_j SE_j + \sum \lambda_k FA_k + \varepsilon$$

(7—1)

式中，p表示省际流动农民工做出回流决策的概率，$(1-p)$则表示做出流出决策的概率，$p/(1-p)$为两事件发生概率比（Odds）。自变量均表示省际流动农民工回流决策的影响因素，PE为个人特征变量，SE是社会经济特征变量，FA表示家庭特征变量，β_i、γ_j、λ_k分别表示这些影响因素的回归系数，ε为随机误差项。

（二）变量选取

本文将农民工的迁移性质作为衡量其回流决策的指标，作为被解释变量。回流农民工是指曾经流动向外省，但在调查时间重新迁返回原户籍省份的农村户籍流动人口；流出农民工是指在调查时间从户籍所在省份主动向其他省流动的农村户籍人口。基于前人的研究结论和本节提出的研究假设，从个人特征因素、社会经济特征因素和家庭特征因素三个方面选择解释变量。

个人特征因素包括性别、年龄、受教育程度和健康状况。参考石人炳等（2017）的研究，将年龄变量划分为"15—30岁""31—45岁""46—55岁"和"56岁及以上"，受教育程度划分为"小学及以下""初中""高中/中专""专科""本科及以上"。考虑到"不能自理"和"不健康"具有显著区别，故健康状况划分为"健康""不健康""不能自理"三类。

社会经济因素包括职业性质、收入水平和社保办理情况。其中，职业性质变量则根据受访者就业的单位性质,将其职业划分为"国有行业""个体及私营单位""外资单位"和"无单位及其他"四类。收入方面,选用"个人上个月(或上次就业)工资收入"作为观测变量,并根据样本平均收入水平,将收入(月)划分为"3000 元及以下""3001—5000 元"和"5000 元以上"。

家庭特征因素包括婚姻状况和家庭成员人数。将婚姻状况划分为"未婚""已婚"和"离婚、丧偶",其中,"未婚"中还包括同居情况,"已婚"则包含了初婚和再婚情况。家庭成员人数是指本人、包括在本地、老家和其他地方的配偶和非已婚分家的子女,以及在本户同住的其他家庭成员(包括同居者、保姆、司机等)。

(三)实证分析结果

为探究各变量对省际流动农民工回流决策的影响,将个人特征因素、社会经济特征因素和家庭特征因素依次引入模型,得到 3 个模型,不仅可以简化模型,还能够防止内生性问题出现(石人炳,2017)。研究结果如表 7—4 所示。

表 7—4　　　　　　　农民工回流决策影响因素分析结果

变量		模型 1 B	模型 1 Exp (B)	模型 2 B	模型 2 Exp (B)	模型 3 B	模型 3 Exp (B)
个人特征 (PE)	性别	0.215***	1.239	0.261***	1.299	0.286***	1.331
	年龄(15—30 岁=参照组)						
	31—45 岁	0.231***	1.260	0.225***	1.252	0.040	1.041
	46—55 岁	−0.215***	0.807	−0.240***	0.787	−0.412***	0.663
	56 岁及以上	−0.716***	0.489	−0.758***	0.468	−0.911***	0.402
	受教育程度(小学及以下=参照组)						
	初中	0.292***	1.339	0.288***	1.333	0.295***	1.343
	高中/中专	0.467***	1.596	0.455***	1.577	0.490***	1.633
	专科	0.150***	1.162	0.131**	1.140	0.196***	1.217
	本科及以上	0.239***	1.269	0.231***	1.260	0.316***	1.371
	健康状况(健康=参照组)						
	不健康	0.215**	1.240	0.207**	1.230	0.199**	1.220
	不能自理	1.828**	6.223	1.785**	5.960	1.894**	6.646

续表

变量		模型1		模型2		模型3	
		B	Exp (B)	B	Exp (B)	B	Exp (B)
社会经济特征 (SE)	职业性质（国有行业=参照组）						
	个体及私营单位			0.100**	1.105	0.094**	1.099
	外资单位			-0.314***	0.731	-0.258***	0.772
	无单位及其他			-0.056	0.945	-0.078	0.925
	收入水平（3000元及以下=参照组）						
	3001—5000元			-0.173***	0.841	-0.185***	0.831
	5000元以上			-0.143***	0.867	-0.194***	0.823
	社保办理情况			-0.127***	0.880	-0.108***	0.898
家庭特征 (FA)	婚姻状况（未婚=参照组）						
	已婚					0.407***	1.502
	离婚/丧偶					0.524***	1.689
	家庭成员人数					0.075***	1.078
	Constant	-2.826***	0.059	-2.745***	0.064	-3.244***	0.039
	N	110014		110014		110014	
	R^2	0.013		0.016		0.022	

注：*** 表示 p 值 <0.01，** 表示 p 值 <0.05，* 表示 p 值 <0.1。

第一，个人特征因素对省际流动人口回流决策的影响。模型1的回归结果反映，样本中农民工的个人特征因素（收入、年龄、受教育程度、健康状况）对其回流决策具有显著影响。首先，从性别上看，男性农民工回流的概率显著高于女性，是女性的1.239倍。相比女性而言，男性更能承担压力，也更有想法，因此回流决策的可能性更大。

其次，就年龄特征分析，56岁以上的农民工回流迁移的概率最低；31—45岁组的概率最高，是15—30岁组的1.260倍。由此看来，年龄与农民工的回流决策存在倒"U"形关系，农民工回流决策的概率以31—45岁为峰值向两侧递减。迁移初期的农民工在外打工拼搏的意愿强烈，但随年龄增长，工作经验和社会财富积累，逐渐会考虑回流迁移，返乡创业，因此回流决策的概率不断提高，但是年龄增长到一定程度后，更安于现状，做出回流决策的概率又会下降，故中年阶段的农民工返乡回流的可能性最高。

再次,看受教育程度对农民工回流决策的影响,各组全部显著。初中、高中/中专、专科和本科及以上农民工回流决策的概率分别是小学及以下文化程度的 1.339 倍、1.596 倍、1.162 倍和 1.269 倍,由此可知,受教育程度与省际流动人口的回流决策也存在类似的倒"U"形关系,这在模型 2 和模型 3 中也有体现,可能是因为其预期的流出收益会因文化程度递增,更能在迁入地获得优质的工作和更高的报酬;受教育程度较低者,无论流出或是回流,所得到的薪酬可能并没有太大的差别,但外流城市往往拥有更好的基础设施和公共服务、更多的就业机会,因此这部分人更倾向于向外流动,寻觅更多的机会;而受教育程度中等的农民工具备一定的文化素养和专业技能,积累了一定的社会工作经验后,相比继续在外打拼奋斗,返乡创业对他们来说或许是回流的一大动力所在。此外,健康状况对农民工的回流决策也起到显著作用,不健康和不能自理的农民工回流概率分别是健康者的 1.256 倍和 6.223 倍,这表明健康的身体状态是农民工在外打工的重要前提,与此同时,不能自理的农民工难以继续在流入地找到谋生的工作,更需要回村受到亲戚朋友的照顾,因此其回流决策的可能性也要远高于健康者和不健康者。

第二,社会经济特征因素对省际流动人口回流决策的影响。模型 2 在模型 1 的基础上引入了社会经济特征因素(职业性质、收入水平和社保办理情况),个人特征因素的结果依然显著,只是影响系数有所变化。整体回归结果显示,社会经济特征因素中的职业性质、收入水平和社保办理情况对农民工的回流决策均有显著影响。首先,职业性质对农民工的回流决策具有显著影响,但其中无单位或其他职业对农民工回流决策没有显著影响。回归结果表明在外资单位从业的农民工回流决策的概率最低,而在个体及私营企业从业的农民工回流决策的概率最高,分别是国有行业的 0.731 倍和 1.105 倍。一方面,个体及私营企业相较国有行业而言,流动更多也更为自由,有利于为农民工的返乡回流甚至创业奠定良好的基础;另一方面,国有行业限制较多,工作也相对稳定,就业保障也更为全面,从事相关工作的流动人口抛弃一份安稳体面的工作而回乡流动的可能性较低。在外资企业工作的农民工无论从能力还是收入方面都得到了社会的一定认可,能够接触到更好的社会资源,因此,相对也更倾向于继续在外奋斗，寻找更好机会。其次，收入水平对农民工的回流决策也有显著影响。收入水平在 3000 元以下的农民工回流迁移的概率最高，3000—5000 元的回流可能性最低，仅为 3000 元以下的 0.841 倍。原因在于，过低的收入难以支撑农民工的生活成本，比起留城，回流是收益更大化的选择。而收入在 3000—5000 元的农民工，处于正在储蓄积累阶段，因此更倾向于留城奋斗。此外，社保作为公共服务保障的重要体现，对农民工的回流决策具有显著影响。回归结果显示，未办理社保的流动人口的回流概率是已办理社保的 0.880 倍，表明已办理社保的流动人口回流迁移的可能性更大，这与假设有所矛盾。由于问卷中未附对该题定义的详细说明，无法得知流动人口是在原籍地还是流出地办理的社保，因此这里的原因还有待探究。

第三，家庭特征因素对省际流动人口回流决策的影响。模型 3 加入了家庭特征因素（婚姻状况和家庭成员人数），回归结果显示，个人特征因素和社会经济特征因素依然显著，但年龄中 31—45 岁组不显著。家庭特征因素对农民工回流决策的影响通过婚姻状况和同住家庭成员人数两个方面来反映，这两个变量在模型中都显著。回归结果显示，已婚和离婚/丧偶农民工的回流概率分别是未婚人口的 1.502 倍和 1.689 倍，表明拥有（过）家庭的流动人群返乡回流的概率更高。近年来流动人口呈家庭化流动趋势（崇维祥、杨书胜，2015）在一定程度上可以作为解释的原因，受家庭的牵绊，已婚农民工返迁回乡的概率相对更高。从同住家庭人口数量的结果来看，家庭成员数量对省际流动人口的回流决策具有显著正向影响，其系数为 1.078，即同住人口数量每增加一个人，则其做出回流决策的可能性将会提高 7.8%。原因可能在于，一方面，"人往高处走"，一般来说迁入地的经济水平相较于原籍省份会更好，相应的生活成本也更高，而家庭成员越多，则意味着所承担的家庭责任和经济负担就越重，所以为维持目前的生活水平，流动人口会更倾向于回流；另一方面，家庭成员中也包括了不在本地的配偶和子女，由于中国人与生俱来有一些血缘情结，在原籍地的未婚子女越多意味着心中的牵挂越多，就越有可能做出回流的决策，就近寻找工作，便于照顾家庭。

第三节 现有制度背景下农民工的定居意愿

农民工是中国特有的群体，从中国的城镇化趋势来看，进城农民工的根本出路在于市民化，只有市民化才能从根本上解决农民工问题（周建华、周倩，2014）。从农民工过渡到市民是一个漫长的过程（毛丰付等，2017）。长期以来，中国的乡—城迁移群体——农民工呈现的是"候鸟式"迁徙，这种人口迁移在本质上还只能称为"半城市化"或"虚城市化"（罗恩立，2012），未能实现城市定居进而融入城市成为市民，这直接影响了我国的城镇化进程（戚迪明、张广胜，2012）。要实现农民工市民化，就必须要了解他们在城市中定居的真实意愿。这样才能采取有针对性的政策措施吸引外来务工人员自愿从农村走进城市，从而真正促进我国的城镇化发展。

关于我国农民工及流动人口定居意愿的研究非常多，一些学者根据不同方式获得的数据对农民工城市定居意愿的影响因素进行了分析，归纳来看，主要包括个体特征、经济因素、家庭因素、政策因素等。其中，个体特征包括年龄、性别、婚姻状况、受教育程度、工作性质、流动时间等；经济因素主要包括收入水平、成本支出和住房因素等；家庭因素包括子女因素、配偶情况和家庭同住人数等；政策因素包括社会保障、就业服务、户籍制度等。此外，家乡的土地、城镇社会网络、消费方式、情感纽带、居住环境等，都会影响定居意愿。为了更深入地了解农民工的城市定居意愿，结合我国农村转移劳动力的主要流向，本节以农村劳动力主要流入地长三角城市群的农民工样本进行分析。

一 数据来源及样本描述

样本数据来自 2017 年"中国流动人口动态监测调查"，本节选取了流入长三角城市群的农民工作为样本。2017 年 CMDS 数据共有样本 169989 人，从中筛选出户口性质为农业、流入地为长三角城市群的 26 个城市、样本点类型为居委会、流动原因为务工的流动人口，最终得到 8369 条样本数据，剔除部分关键变量存在缺失值的 2752 条样本，有效样本共 5617 条,其中江苏省的样本数量最多,占比达到 35.4%,其次是浙江省和安徽省,分别占 24.7% 和 21.8%,样本量最少的为上海市占 18.1%(见表 7—5)。本小节将从个体特征、人力资本情况、经济因素、在本地及老家的困难四个方面,对这些样本的特征与定居意愿之间的关系进行分析。

表 7—5　　　　　　　　　按流入地分类的样本

地区	涉及城市(市)	城市数量(个)	初始样本量(人)	有效样本频率(条)	有效样本百分比(%)
安徽省	合肥、芜湖、马鞍山、铜陵、安庆、滁州、池州、宣城	8	1719	1225	21.8
浙江省	杭州、宁波、嘉兴、湖州、绍兴、金华、舟山、台州	8	2106	1388	24.7
江苏省	南京、无锡、常州、苏州、南通、盐城、扬州、镇江、泰州	9	2958	1986	35.4
上海市	上海	1	2586	1018	18.1

(一)个体特征描述

从性别来看,样本中男性共有 3140 人,占比 55.9%,比女性数量要高出 10 个百分点左右。从四个省(直辖市)分别来看,男女比例差异最大的是安徽省,为 60.3∶39.7,差异最小的是上海市,样本中男女比例为 51.6∶48.4。总的来看,各省市之间差异不大(见表 7—6)。

表 7—6　　　　　　　7.3 节样本个体特征描述　　　　　单位:人、%

变量		安徽省 样本量	安徽省 比重	浙江省 样本量	浙江省 比重	江苏省 样本量	江苏省 比重	上海市 样本量	上海市 比重	小计 样本量	小计 比重
性别	男	739	60.3	744	53.6	1132	57.0	525	51.6	3140	55.9
	女	486	39.7	644	46.4	854	43.0	493	48.4	2477	44.1
婚姻状况	未婚	48	3.9	249	17.9	249	12.5	139	13.7	685	12.2
	已婚	1177	96.1	1139	82.1	1737	87.5	879	86.3	4932	87.8

续表

变量		现居住地址省（区、市）							小计	
		安徽省		浙江省		江苏省		上海市			
		样本量	比重	样本量	比重	样本量	比重	样本量	比重	样本量	比重
年龄	"40后"	0	0.0	1	0.1	2	0.1	0	0.0	3	0.1
	"50后"	4	0.3	18	1.3	29	1.5	18	1.8	69	1.2
	"60后"	66	5.4	160	11.5	201	10.1	108	10.6	535	9.5
	"70后"	272	22.2	357	25.7	408	20.5	230	22.6	1267	22.6
	"80后"	605	49.4	486	35.0	852	42.9	427	41.9	2370	42.2
	"90后"	278	22.7	361	26.0	491	24.7	234	23.0	1364	24.3
	"00后"	0	0.0	5	0.4	3	0.2	1	0.1	9	0.2
合计		1225	100.0	1388	100.0	1986	100.0	1018	100.0	5617	100.0

婚姻方面，以"是否结过婚"这一行为作为分界点，将问卷中的未婚、初婚、再婚、离婚、丧偶和同居六种情况合并为两类：未婚（包括未婚和同居）和已婚（包括初婚、再婚、离婚和丧偶）。从整体上看，样本中已婚者占87.8%，远远高于未婚。分地区看，安徽省样本中已婚人数比例高达96.1%，江苏省次之，为87.5%，浙江省最低，已婚比例为82.1%（见表7—6）。

从年龄来看，出生年份的平均数为1982年，即样本平均年龄为35岁，其中，年龄最大的为70岁，年龄最小的仅17岁。从表7—6中可以看出，"80后"和"90后"为进城务工的主体，占全部样本的66.5%。外出务工人员仍然以年轻人居多，新生代人员依然是农民工的主体。分地区来看，年龄分布非常一致，占比最高的是"80后"，其次是"90后"，再次是"70后"。

（二）人力资本情况

关于受教育程度，有超过一半的人是初中及以下学历，没有接受过高中教育。拥有初中或高中/中专学历的人数较多，占比65.5%，文化程度为大专及以上的占比为20.9%（见表7—7）。数据显示，在长三角城市群就业的农民工文化程度要远远高于全国农民工的整体水平（参照表2—5）。

表7—7　　　　　　　　　样本受教育程度及务工年限　　　　　　　单位：人、%

个体特征		现居住地址省（区、市）								小计	
		安徽省		浙江省		江苏省		上海市			
		样本量	比重	样本量	比重	样本量	比重	样本量	比重	样本量	比重
受教育程度	小学及以下	137	11.2	266	19.2	239	12.0	120	11.8	762	13.6
	初中	508	41.5	638	46.0	858	43.2	386	37.9	2390	42.5
	高中/中专	292	23.8	283	20.4	464	23.4	253	24.9	1292	23.0
	大学专科	204	16.7	129	9.3	271	13.6	145	14.2	749	13.3
	大学本科	81	6.6	67	4.8	143	7.2	102	10.0	393	7.0
	研究生	3	0.2	5	0.4	11	0.6	12	1.2	31	0.6
务工年限	5年以内	647	52.8	735	53.0	1033	52.0	364	35.8	2779	49.5
	5—10年	405	33.1	329	23.7	498	25.1	292	28.7	1524	27.1
	10—20年	150	12.2	283	20.4	369	18.6	291	28.6	1093	19.5
	20年以上	23	1.9	41	3.0	86	4.3	71	7.0	221	3.9
合计		1225	100.0	1388	100.0	1986	100.0	1018	100.0	5617	100.0

其次是进城务工年限。为了便于运算，本研究将进城务工时间未满一年的均作为一年处理。全部样本务工年限的平均值为7.26年，接近一半的农民工在城市务工时间小于五年，27.1%的农民工在城市务工时间在5—10年，19.5%的农民工务工时间为10—20年，3.9%的农民工在城市务工时间超过20年。分地区来看，各地区按务工时间分组的农民工在每组中所占百分比的差异与全部样本一致，但是各地区略有不同。经济发达地区务工时间较长的农民工占比较高，如上海的样本中，务工时间为20年以上农民工占7.0%，而安徽这个比例仅为1.9%，务工时间为10—20年的也相似，上海和安徽分别为28.6%和12.2%。

（三）经济因素分析

首先分析农民工的收入情况。问卷对受访者家庭平均每月总收入进行了调查，数据分析发现，不同家庭的平均月收入差距较大，最低的仅为875元，最高的高达90000元，全部样本的平均值为8981.97元。将收入进行分段分析，会发现平均月收入在5000—8000元的家庭最多，共2154人，占38.35%；3000—5000元的样本有1009人，占17.96%；1000元以下的为221人，占3.93%。总体上来说，家庭平均月收入集中在 3000—20000 元。其次是住房支出。问卷中对每月住房支出的定义为租房支出或者房贷，在删除了缺失的数据之后进行整理，得到家庭每月住房支出的平均值为 1449.97 元，其中一半以上的人月花费在 1000 元以下，超过 90% 的人月住房支出在 3000 元以内。此外，本研究对样本人口在户籍地老家是否有承包地进行了分析。数据显示，61.7% 的人在农村老家拥有承包地。

（四）面临的困难

CMDS 数据对流动人口面临的困难进行了统计，主要分为了在工作城市的困难以及在老家的困难（见表 7—8）。

表 7—8　　　　　　　　　　农民工面临的困难

在本地的困难	频率（条）	比重（%）	在老家的困难	频率（条）	比重（%）
生意不好做	811	14.4	赡养老人	1427	25.4
难以找到稳定工作	1073	19.1	照看子女	495	8.8
买不起房子	1992	35.5	子女教育费用	322	5.7
被本地人看不起	442	7.9	配偶生活孤单	78	1.4
子女上学问题	1028	18.3	家人有病缺钱治	546	9.7
收入太低	2061	36.7	土地耕种等缺劳动力	697	12.4
生活不习惯	220	3.9	其他	280	5.0
其他	250	4.5			

有 3080 人表示在本地有困难，其中收入太低与买不起房子是人们面临的最主要困难，难以找到稳定工作与子女上学问题也是人们面临较多的问题。认为在老家有困难的人要略少一些，共 2087 人。赡养老人成为人们担心的头号问题，家里耕种劳动力的缺乏、对家里经济问题以及对子女的担心这些问题，也深深羁绊着在外务工的人们。

二　长三角城市群农民工的定居意愿

将"是否愿意把户口迁入本地"作为对定居意愿的代理变量。数据显示，43.4% 的人明确表示自己愿意定居；32.2% 明确表示不愿意，而持没想好态度的人占比 24.4%。因此可以看出，人们的定居意愿总体上来说还是较为强烈的，但是还有很多人并不确定，对是否定居持观望态度。本书假定愿意定居的人群是对定居这一行为持有较为明确态度的，因此在之后的分析中将把持不确定态度的归入不愿意定居这一类。从长三角城市群涵盖的四个省（直辖市）来看，上海市愿意定居的比例最高，达到75.6%；而安徽省不愿意定居的比例最高，达到了79.1%。江苏省愿意定居的比例略高于地区的总体水平，而浙江省的比例比总体水平更低。

（一）个体特征与定居意愿

女性中有45.8%的人表示愿意定居，这一比例要略高于男性的41.6%。从婚姻状况来看，未婚人士和已婚人士中是否愿意定居的比例相差并不大，已婚人士中愿意定居的比例要更高一些。最后是年龄，除了年龄较大的"40后"和年龄较小的"00后"愿意定居的比例较低，其余年代的人们愿意定居的比例都在41%—46%，差别不大（见表7—9）。

表7—9　　不同性别、婚姻状况、年龄农民工的定居意愿　　单位：人

变量		不愿意		愿意		合计
		样本量	比重（%）	样本量	比重（%）	
性别	男	1835	58.4	1305	41.6	3140
	女	1343	54.2	1134	45.8	2477
婚姻状况	未婚	398	58.1	287	41.9	685
	已婚	2780	56.4	2152	43.6	4932
按年龄分组	"40后"	2	66.7	1	33.3	3
	"50后"	39	56.5	30	43.5	69
	"60后"	312	58.3	223	41.7	535
	"70后"	747	59.0	520	41.0	1267
	"80后"	1288	54.3	1082	45.7	2370
	"90后"	782	57.3	582	42.7	1364
	"00后"	8	88.9	1	11.1	9

（二）经济特征与定居意愿

首先是家庭平均月收入，数据表明，随着月收入的提高，愿意定居

的比例呈现出明显的先上升后下降的情况，即倒"U"形关系。具体来看，平均月收入在10000元以下的人群愿意定居的比例在40%左右，且这部分家庭的定居意愿差异不大，特别是月收入在3000元以下和3000—5000元的家庭。家庭平均月收入在20000—50000元这个区间的人愿意定居的比例最高，达到了75.3%。而月收入在50000元以上的家庭愿意定居的比例最低，只有16.7%（见表7—10）。

表7—10　　　　　　不同经济特征农民工的定居意愿　　　　　单位：人

变量		不愿意		愿意		合计
		样本量	比重（%）	样本量	比重（%）	
家庭平均月收入	3000元以下	139	62.9	82	37.1	221
	3000—5000元	633	62.7	376	37.3	1009
	5000—8000元	1312	60.9	842	39.1	2154
	8000—10000元	630	56.1	493	43.9	1123
	10000—20000元	422	44.2	532	55.8	954
	20000—50000元	37	24.7	113	75.3	150
	50000元以上	5	83.3	1	16.7	6
住房支出	1000元以下	1943	62.3	1176	37.7	3119
	1000—3000元	1037	52.6	935	47.4	1972
	3000—5000元	157	39.8	237	60.2	394
	5000—10000元	40	33.1	81	66.9	121
	10000元以上	1	9.1	10	90.9	11
老家是否有承包地	没有	1042	48.4	1111	51.6	2153
	有	2136	61.7	1328	38.3	3464

其次是看住房支出，本研究发现，随着月住房支出的上升，愿意定居的比例也呈现出了明显的上升趋势。每月家庭住房支出在10000元以上的这部分人群，愿意在流入地定居的比例达到了90.9%。

最后是观察老家承包地与定居意愿的关系，可以看到，在老家没有承包地的2153个样本中，愿意留城的比例为51.6%；而在老家有承包地的2136个样本中，愿意在流入地定居的仅占38.3%，说明家乡的土地仍然是农民工选择是否在城镇定居的考虑因素之一。

(三) 人力资本与定居意愿

总体来看，学历越高的人，愿意在流入地定居的比例也越高。在拥有研究生[①]学历的人中，有71%愿意落户定居；而对于小学学历的人来说，这一比例只有35.5%（见表7—11）。

表7—11　　　　　　农民工人力资本与定居意愿　　　　　　单位：人

变量		不愿意		愿意		合计
		样本量	比重（%）	样本量	比重（%）	
受教育程度	未上过小学	70	62.5	42	37.5	112
	小学	419	64.5	231	35.5	650
	初中	1482	62.0	908	38.0	2390
	高中/中专	702	54.3	590	45.7	1292
	大学专科	350	46.7	399	53.3	749
	大学本科	146	37.2	247	62.8	393
	研究生	9	29.0	22	71.0	31
进城务工年限	5年以内	1675	60.3	1104	39.7	2779
	5—10年	864	56.7	660	43.3	1524
	10—20年	544	49.8	549	50.2	1093
	20年以上	95	43.0	126	57.0	221

一般而言，人力资本投资的形式可归纳为四种，一是普通教育、二是在职培训、三是健康保健、四是劳动力流动。从前述分析可知，绝大多数农民工仅接受过普通教育，而未接受过职业技术教育、在职培训及健康保健等,[②] 对于这些进城务工的农民工来说，通过"干中学"是其积累经验最有效的途径，因此，我们将进城务工时间作为其人力资本的另一种表现。从表7—11中可以看出，随着农民工进城务工时间的增加，他们愿意定居的比例也在逐渐上升。

---

① 在数据筛选过程中，我们发现样本中有少量受教育程度为"研究生"的农民工，这可能是他们未将户口从农村迁移出来而导致的。

② 我们研究的是农民工的人力资本，故人力资本投资形式中的"劳动力流动"不予考虑。

三 定居意愿的影响因素

农民工定居意愿的影响因素是多种多样的。根据前面的分析，农民工在流入地及老家都面临着一些困难，而其中经济方面的困难是主要的。从理论方面来看，农民工留城这一行为不是简单的"拍脑袋"决策，而是在对成本和收益的理性思考下、在流入地和流出地各自推拉力的共同作用下，经过深思熟虑之后才做出的抉择。同时，在对文献梳理之后可以发现，有部分影响因素的结论存在争议，不同学者有着不同甚至完全相反的结论，如性别、婚姻状况、受教育程度、进城务工年限等（罗恩立，2012；李树茁等，2014；王玉君，2013）。因此，我们重点研究经济因素以及已有文献中存在争议的因素对定居意愿的影响，选取经济因素（家庭平均月收入、家庭平均月住房支出、老家是否有承包地）及人力资本因素（受教育程度、务工年限）作为自变量，个体特征中的性别、年龄与婚姻状况作为控制变量进行实证分析。由于在描述统计中发现不同省（直辖市）的定居意愿有一定差异，分两次进行回归，在全样本回归模型中引入一个地域变量，在分地区回归中选用上述变量。各变量的定义及说明如表7—12所示。

表7—12　　　　　　　　7.3节模型的变量说明

变量	变量定义或说明
定居意愿	0 = 不愿意；1 = 愿意
家庭平均每月月收入	元
家庭平均每月住房支出	元
老家是否有承包地	0 = 没有；1 = 有
受教育程度	1 = 未上过小学；2 = 小学；3 = 初中；4 = 高中/中专；5 = 大学专科；6 = 大学本科；7 = 研究生
进城务工年限	年
性别	1 = 男；2 = 女
年龄	年
婚姻状况	0 = 未婚；1 = 已婚
地域	1 = 安徽省；2 = 浙江省；3 = 江苏省；4 = 浙江省

与上一节相似，采用 Logistic 回归，自变量包括家庭平均每月月收入（x_1）、家庭平均每月住房支出（x_2）、老家是否有承包地（x_3）、受教育程度（x_4）、进城务工年限（x_5）、地域变量（x_6），控制变量包括性别（c_1）、年龄（c_2）与婚姻状况（c_3）。为了进行比较，我们首先对全部样本进行回归，然后再分地区回归，结果如表7—13所示。

根据回归结果，家庭月收入、性别和年龄对农民工定居意愿的影响并不显著，未通过检验。地域对定居意愿有影响，相比于上海市，安徽省、浙江省和江苏省农民工在本地定居的可能性更小，其中安徽省愿意定居的可能性最小，浙江省次之。

从整个长三角城市群来看，老家是否有承包地、受教育程度和婚姻状况对农民工是否愿意定居影响较大，而进城务工年限与家庭平均每月住房支出的影响较小。分地域来看，受教育程度对四个地区的定居意愿均具有正向影响，受教育程度越高，农民工愿意定居的可能性越大，这可能是因为学历越高的人群会更向往一个好的发展平台，因此更不愿意回农村。同时，浙江省、江苏省与上海市这三个地区农民工定居意愿的影响因素非常相似，其中浙江省与江苏省样本的回归结果都显示农民工进城务工的时间越长、平均每月住房支出越高、教育程度越高、已婚和老家没有承包地的人定居意愿越强烈；而上海市仅仅是比前者的影响因素少了一个婚姻状况。相比于这三个地区，安徽省农民工定居意愿的影响因素略有不同。从安徽省的样本回归结果来看，进城务工时间越短、平均每月住房支出越高，愿意定居的可能性就越强，除此之外相比于男性来说，女性的定居意愿要更强烈。这些差异可能与不同地区的经济状况有关，浙江省、江苏省与上海市的经济发展水平比较相似，而安徽省相对于这三个地区来说发展还是相对落后一些。

在我们关心的变量中，无论是全部样本还是分地区回归，家庭平均月收入和年龄对农民工的定居意愿影响均不显著。在对定居意愿有影响的因素里，首先对在老家拥有承包地的人来说，回乡的话会拥有一份较为稳定的收入来源，因此家乡对于这部分人群来说还是较有吸引力的。已婚人士相对于单身人士的迁移成本要更高，也或者是为了下一代有更好的成长环境，因此更愿意在工作地定居。有关住房成本与定居意愿成正比这一点，本文推测其不仅仅是单纯的住房成本因素，其背后隐含的

表7—13　　　　　不同因素对农民工定居意愿影响的实证分析结果

影响因素	全部 B	全部 Exp(B)	上海 B	上海 Exp(B)	浙江 B	浙江 Exp(B)	江苏 B	江苏 Exp(B)	安徽 B	安徽 Exp(B)
家庭平均每月收入 (x_1)	0.000	1	0.000	1	0.000	1	0.000	1	0.000	1
家庭平均每月住房支出 (x_2)	0.000132***	1	0.000367***	1	0.00019***	1	0.000102**	1	0.0002***	1
老家是否有承包地（没有）(x_3)	0.317***	1.373	0.327**	1.387	0.298**	1.347	0.329***	1.39	0.138	1.148
受教育程度 (x_4)	0.272***	1.313	0.376***	1.456	0.211***	1.235	0.262***	1.299	0.282***	1.326
进城务工年限 (x_5)	0.025***	1.026	0.053***	1.055	0.023**	1.023	0.025***	1.025	−0.038*	0.963
地域（安徽省）(x_6)	−2.363***	0.094								
地域（浙江省）	−1.390***	0.249								
地域（江苏省）	−1.143***	0.319								
性别（男）(c_1)	−0.121**	0.886	−0.207	0.813	0.033	1.034	−0.027	0.974	−0.485***	0.616
年龄 (c_2)	−0.003	0.997	−0.017	0.983	0.005	1.005	−0.003	0.997	0.012	1.012
婚姻状况（未婚）(c_3)	−0.337***	0.714	−0.169	0.845	−0.47***	0.625	−0.284*	0.753	−0.074	0.929
常量	−0.454***	0.635	−1.229***	0.293	−1.675***	0.187	−1.536***	0.215	−25.961	0
样本量	8369	1018	1388	1986	1225					

注：*** 表示 $p<0.01$，** 表示 $p<0.05$，* 表示 $p<0.1$。变量家庭平均每月收入 (x_1) 不显著，故其系数未显示小数点后第4位。

是这个地区的经济发展水平。住房成本越高，表明他为了在本地生活愿意付出更高的代价，这也侧面证明了这个人较强的定居意愿。至于进城务工年限，对于浙江省、江苏省和上海市这三个地区来说，进城务工时间越长意味着在城市积攒的社会资本越多，就越倾向于定居。而对于安徽省来说，由于该地区的经济发展水平一般，所以人们工作的时间越长会发现这个地区与自己理想中的状态有一定差距，因此会更不愿意在这里定居。

第四节 "迁移谜题"的破解机制

根据前面两节的分析，在影响农民工回流的决策中，性别、年龄、受教育程度、职业、收入、婚姻状况和同住家庭成员数等均对农民工回流有重要影响。其中，男性流动人口做出回流决策的概率更高；回流决策概率会随年龄的增长而递增，但到一定程度（步入中老年阶段）后，又会随之下降，故中年农民工返乡回流的可能性最高；受教育程度在一定程度上反映了人力资本的投资情况，虽然本次研究中的这一变量并不十分显著，但在一定程度上也反映出中等受教育程度的农民工更倾向于返乡回流；从事个体及私营企业和外资企业的农民工返迁回流的概率要更高，因为这部分人群的工作自由度和灵活性都更高，竞争也更激烈；从收入水平来看，月收入水平为 3000—5000 元的农民工回流迁移的概率最高，且向两边递减；未婚农民工做出回流决策的概率最高；同住家庭人口数量对农民工的回流决策也有显著的正面影响，同住人数越多，农民工做出回流决策的概率也越高。而在影响农民工城市定居意愿的因素中，家庭平均月收入和年龄对农民工的定居意愿影响并不显著。老家是否有承包地、婚姻状况、住房成本、进城务工年限、流入地经济发展状况等均对农民工城市定居意愿存在显著影响。在老家没有承包地、已婚人士更愿意在流入地定居；住房成本与定居意愿成正比；进城务工年限对农民工定居意愿的影响存在地区差异，浙江省、江苏省和上海市的农民工进城务工时间越长越倾向于在流入地定居，安徽省则相反。

这些分析采用的是 2017 年全国流动人口抽样调查数据，很明显，无论是回流还是在留下，都是农民工在现有制度背景下的决策。经济理论告诉我们，所有的理性决策都是在一个行为带来的好处和坏处之间进行权衡（陆铭，2016）。尽管农民工在城市面临一系列困难，但是从我国常住人口城镇化率和户籍人口城镇化率的差就可以看出，不管农民工有没有在流入地定居的意愿，都有超过2亿的农民工在城镇居住半年以上，根据我们前面的计算，2019年这个规模（户籍为农民的城镇常住人口）高达22709万人。正是这样一个庞大的农民工群体，在为城镇发展做出巨大贡献的同时，使得我国的城镇化水平不断上升，不至于与工业化水平相差太大。然而遗憾的是，这个过程并没有缩小城乡收入差距。

如果不考虑其他，仅从结果来看，城乡收入差距的缩小无非就是两个途径，要么提高农村居民收入水平，要么降低城镇居民收入水平。显然后者是不现实的。因此，让大规模的农村劳动力转移达到缩小城乡收入差距的目标，从而破解"迁移谜题"问题，最重要的是提高农村居民的收入水平。结合我国目前的制度条件，可以从两个方面达成（见图7—3）。

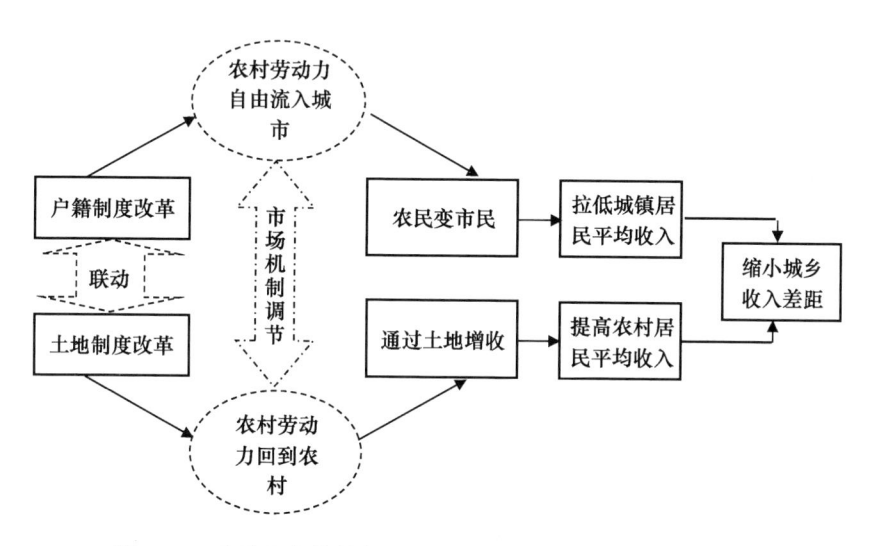

图7—3 土地和户籍制度联动改革下"迁移谜题"的破解路径

第一，在当前户籍制度部分放开农民工落户的条件下，一部分农民工实现了市民化，但是由于他们中的绝大多数人受教育水平不高且未受过在职培训，较低的人力资本导致他们在城市所能获得的收入也不高，正如我们在第二章中的分析，农民工家庭的人均收入不到城镇居民人均可支配收入的60%，如果他们在现有收入水平下实现市民化，则会拉低城镇居民收入水平，在其他条件不变的情况下，可以缩小城乡收入差距，可以达到破解"迁移谜题"的效果，但这只是统计指标计算角度的收入差距缩小，并未真正改善农民工的整体福利水平。因而破解"迁移谜题"问题的关键在于另一个渠道，即如何提高农村居民收入。

第二，在现有土地制度改革的条件下，提高农业劳动生产率，让农民从土地中获得更多收入，进而达到缩小城乡收入差距的目标。但是，鉴于当前大量的青壮年农民外流，要促进农民通过土地增收，更多的还需要依赖那些回流返乡的农民工。为此，我们使用2017年CMDS数据分析了农村土地收入对农民工返乡意愿的影响，研究发现，农村土地收入对农民工的返乡意愿不存在显著影响，农民工的返乡意愿并没有随着土地收入的增加而增强。土地收入对农民工的返乡吸引力还不足够大，对农民工返乡行为的驱动作用非常有限，农村土地收入形成的拉力不及城市务工收入形成的拉力。农民工返乡意愿并不强烈，即使是返乡，他们中的大部分人都是因为需要照顾老人小孩或者因为年龄大或疾病等问题被迫返乡，主动回乡创业的人很少。因此，在当前国家相继出台土地制度改革的相关政策之时，如何深化农村土地制度改革，将三权分置政策落到实处，切实拓展农民财产性收入来源，是破解我国"迁移谜题"的核心。

显然，这个联动改革需要政府和市场共同完成：依靠政府投入改善农村发展的外部环境，利用政府的作用，通过构建人力资本补偿机制，对劳动力流出地进行人力资本反哺，提高农村居民人力资本水平；借助市场调节农村劳动力在城乡之间的流动，引导农村产业发展和劳动力市场一体化，通过劳动力市场一体化建设，引导不同人力资本的劳动力合理流动，形成城乡一体的收入分配机制，调节收入差距，确保分配公平，最终达到缩小城乡收入差距的目标，如图7—4所示。

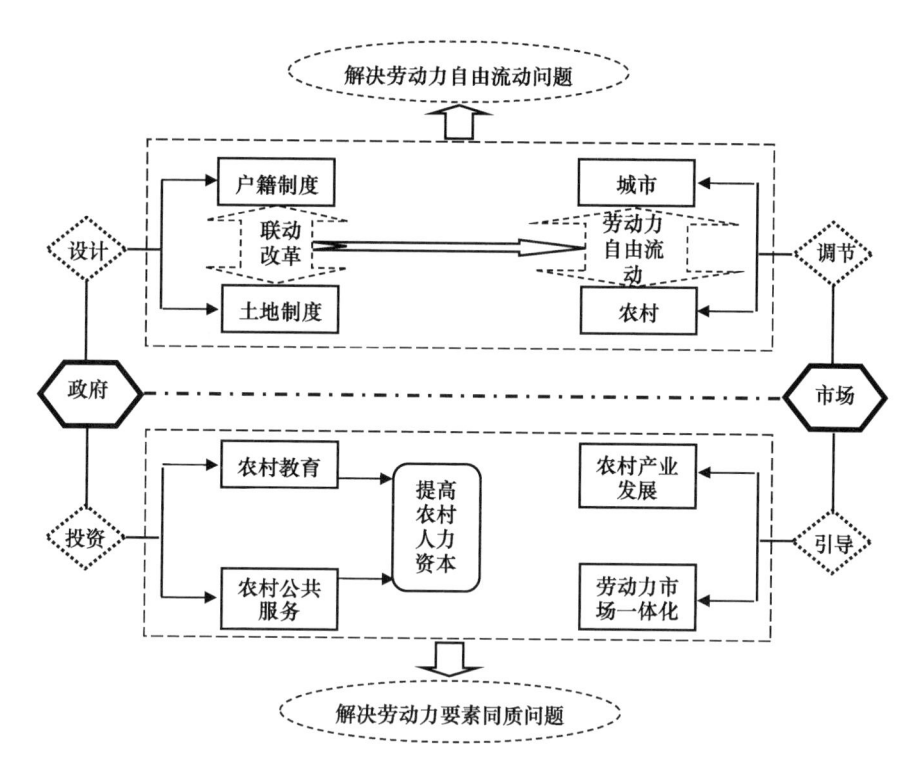

图7—4 我国城镇化进程中"迁移谜题"的破解机制

第八章

研究结论及对策建议

第一节 主要结论

本书重点从人力资本视角探讨了为什么城镇化进程中的大规模劳动力转移并没有有效缩小城乡收入差距，研究了其中的作用机理，并设计了破解机制。基于现状描述、理论分析、实证研究三个方面探究了此问题。概括来说，主要得到了以下结论。

第一，我国存在转移劳动力规模增加与城乡收入差距扩大并存的现象，在我国城镇化进程中产生了"迁移谜题"问题。一方面，我国农村劳动力转移规模逐步扩大，转移劳动力出现"中年化"趋势，但文化程度不断提高，外出农民工中高中以上文化程度比重不断上升，接受过技能培训的比例也不断增加；另一方面，城乡收入差距不断波动上升，农民工家庭与城镇居民的收入差距依然很大。

第二，城乡劳动力所具有的不同人力资本并不能决定城乡收入差距是否收敛，但转移劳动力的不同层次人力资本却能够扩大城乡收入差距。低、中、高层次的总人力资本转移都对其有正向的影响，但低层次的转移人力资本量最小，中等层次的劳动力转移规模最大，向城市转移的人力资本也最多，故其整体影响也最大。近年来农村向城市流入的高层次人力资本量迅速增加，随着农村劳动力大规模转移，不同层次人力资本的外流成为城镇化进程中"迁移谜题"产生的关键因素。在农村劳动力大规模转移的情况下，不同层次人力资本的大量外溢，一定程度上弱化了农村的发展，但却促进了城市的发展，进而促使城乡发展不均衡，使城乡收入差距在大规模劳动力转移下没能有效缩小，进而在城镇化进程中导致"迁移谜题"的产生。因此，破解"迁移谜题"最关键的一环是推动农村的发展，探寻农村新的发展路径。

第三，无论是对城镇劳动力还是对迁移劳动力来讲，教育年限的系数都呈现从低分位到高分位逐步减小的趋势，教育年限对二者收入条件分布底端的人影响较大，而对收入条件分布高端的人影响相对较小，提高教育年限将有助于低收入者获益。而对农村本地工人来说，随着分位数的提高，教育回报率呈现先降低后上升的趋势，教育年限对收入条件分布的中间部分影响低于对两端的影响，增加受教育年限会使两端尤其是底端的人群受益更大。

第四，在控制了教育、健康、职业、性别、地区等因素后，迁移劳动力的收入高于农村本地工人的收入。如果迁移劳动力将收入全部寄回农村，则会提高农村劳动力的平均收入。而在控制了相同因素后，迁移劳动力的收入也高于城镇劳动力，也就是说，如果迁移劳动力与城镇劳动力具有相同的人力资本条件及相同的个人特征、职业特征、并处在相同的地区，迁移劳动力的收入将高于城镇劳动力。在此两个条件下，城乡的收入差距将会缩小。但是，现实条件是，一方面，迁移劳动力在外挣得的收入只有部分汇到了农村，收入的另一部分消费在了城市，且一部分外出务工劳动力永久性迁移到了城镇，对提高农村人均收入起到的作用较小。另一方面，迁移劳动力很少能与城镇劳动力具有相同的个人特征，他们所从事的工作又苦又累，只能以长时间劳动换取相对更高的收入。基于此，转移劳动力数量的大规模增加将加剧收入差距的扩大。

第五，城镇劳动力与迁移劳动力的收入差异主要来自可解释部分即禀赋差异，而价格差异对二者收入差异的解释份额为负值。迁移劳动力与农村本地工人的收入差异也主要来自禀赋差异，而价格差异相对禀赋差异来说对二者收入差距的解释份额较小。

第六，城镇劳动力的平均受教育年限最高，其次是迁移劳动力，农村本地工人的平均受教育年限最低，与此同时，三者的教育回报率大小也出现此种规律，城镇劳动力的教育回报率高于迁移劳动力，迁移劳动力的教育回报率高于农村本地工人。城镇劳动力与迁移劳动力在教育水平及教育回报率上的差异都是导致二者收入差距的重要原因，而对于迁移劳动力与农村本地工人来说，教育水平上的差异是导致二者收入差距的重要原因，但教育回报率上的差异并没有成为造成二者收入差距的重要影响因素。由此，教育水平差异是导致城乡劳动力收入差距的重要因素，农村劳动力的迁移使得农村剩下较低的教育人力资本，如果迁移的劳动力不再回到农村，这种降低作用会更强烈。

第七，健康人力资本对"迁移谜题"的解释较弱。健康因素无论在禀赋差异还是在价格差异上并没有成为导致转移劳动力与城镇劳动力间收入差距的重要影响因素。但健康因素在禀赋差异上对转移劳动力与农村本地工人间的收入差距有重要影响，而在价格差异上没有显著作用。在健康水平方面，迁移劳动力自评健康水平最高，然后是农村本地工人，最后是城镇劳动力。如果迁移的劳动力不再回到农村，健康人力资本外流会使城乡收入差距扩大，且若他们在健康恶化后回到农村，会使农村承担健康损害的成本，而把收益留在城镇。

第八，职业培训对劳动力的非农收入有显著提升效应，非技能型培训与技能培训都对劳动力非农年收入增加起到积极的作用，并且技能型培训对非农收入的提升效应大于非技能型培训。但是，不同培训主体的培训效果存在差异，其中，企业培训的效果最佳，优于个人培训和政府培训。劳动力参与培训次数越多，对非农收入的提升作用就越大，但是培训时间并不与培训效果呈正向关系。不同类型的职业培训对不同文化程度劳动力的非农收入产生显著的差异性影响，职业培训对高中、大专及以上文化程度的劳动力收入的提高效果更好。职业培训对减少家庭贫困有显著的积极作用，参加职业培训可以显著降低农户家庭陷入贫困的概率。因此，职业培训在提高农村劳动力收入水平，改善农村家庭贫困进而缩小城乡收入差距方面有积极作用。

第九，破解"迁移谜题"有赖于户籍制度和土地制度的联动改革。这个过程需要政府和市场的共同作用。一是依靠政府投入改善农村发展的外部环境，利用政府的作用，通过构建人力资本补偿机制，对劳动力流出地进行人力资本反哺，提高农村居民人力资本水平；二是发挥市场的作用，借助市场调节农村劳动力在城乡之间的流动，引导农村产业发展和劳动力市场一体化，通过劳动力市场一体化建设，引导不同人力资本的劳动力合理流动，形成城乡一体的收入分配机制，调节收入差距，确保分配公平，最终达到缩小城乡收入差距的目标。

第二节 "迁移谜题"的破解对策

如上所述,"迁移谜题"的破解有赖于政府和市场的共同作用。根据本书的主要结论,人力资本在"迁移谜题"的形成及破解中起着至关重要的作用,因此,本书建议要以人力资本为核心,分别从政府和市场两个方面着手,全面提高农村劳动力人力资本水平,发挥人力资本在破解"迁移谜题"中的重要作用。对于政府而言,设计好有利于农村劳动力人力资本提升的改革制度,制定以此为导向的相关政策是根本;对于市场而言,在"看得见的手"的引导下,再充分利用"看不见的手"调节劳动力在城乡之间的流动,引导其他要素的自由流动,推动农村产业发展,最终达到缩小城乡收入差距的目标。

一 实现户籍和土地制度联动改革

中国的城镇化问题本质上就是农民进城务工的问题,要在这个过程中达到地区间平衡发展的关键是劳动力(特别是低技能劳动力)能够跨地区自由流动,只有这样,才可能在经济进一步集聚发展的同时实现人均收入和生活质量意义上的差距缩小(陆铭、陈钊,2009)。中国经济的一系列结构性扭曲现象与阻碍劳动力流动的制度有关。受到户籍、土地和社会保障等制度的影响,中国的城镇化进程受阻,并远远落后于由资本积累推动的工业化进程,国际上公认的一个事实是,如果按照中国今天实现的经济发展水平,中国目前的城市化水平低了 10 个百分点左右(陆铭,2016),按 2019 年年末中国人口计算,这个规模是 1.4 亿人。这是一个庞大的群体,在现有系列改革条件下,政府设计因势利导的制度和政策,让农民工在市场引导下作出选择,是破解"迁移谜题"的关键。

从城市来看,任何一个城市的发展除了需要人才之外,低技能劳动力也不能缺少。但是我国现有的户籍制度对农村劳动力流入大城市依然设置了较高的门槛。在 2014 年 7 月国务院发布的《关于进一步推进户籍制度改革的意见》(国发〔2014〕25 号)中,已经规定要取消农业户口与非农业户口性质区分,但是在户口迁移政策方面对于城区人口 300 万—

500万的Ⅰ型大城市和特大城市要求较为严格。① 2019年3月，国家发改委印发的《2019年新型城镇化建设重点任务》（发改规划〔2019〕617号）对已在大城市就业的农业转移人口的条件有所放松，② 但是对于文化程度不高的农民工来说，他们要进入大城市非常困难，更不要说特大城市。以Ⅰ型大城市苏州和超大城市北京为例。苏州市人民政府在2015年12月11日出台了《关于印发苏州市流动人口积分管理办法的通知》（苏府规字〔2015〕6号）和《关于印发苏州市流动人口积分管理计分标准的通知》（苏府规字〔2015〕7号），按此计分标准，③ 对于大多数文化程度较低、没有一技之长的农民工来说，没有任何优势。而按照《北京市积分落户管理办法（试行）》（京政办发〔2016〕39号），④ 获得奖励加分人员更具优势，2018年北京市共有124657名申请人申报积分落户，而市政府研究确定的积分落户公示名单共6019人，对应的最低分值为90.75分，100分及以上高分段人员中35.8%来自高新技术企业，23.4%获得创新创业奖项，12人获评省部级以上劳动模范。⑤ 这样的标准对于农

---

① 文件指出，要"全面放开建制镇和小城市落户限制""有序放开中等城市落户限制""合理确定大城市落户条件""城区人口300万至500万的城市，要适度控制落户规模和节奏，可以作出较严格的规定""严格控制特大城市人口规模"。其中，小城市指县级市市区，中等城市指城区人口50万至100万的城市，大城市指城区人口100万至500万的城市，特大城市指城区人口500万以上的城市。中华人民共和国中央人民政府网站，http：//www.gov.cn/zhengce/content/2014-07/30/content_8944.htm。

② 文件指出，"对于城区常住人口100万—300万的Ⅱ型大城市要全面取消落户限制；城区常住人口300万—500万的Ⅰ型大城市要全面放开放宽落户条件，并全面取消重点群体落户限制。超大特大城市要调整完善积分落户政策，大幅增加落户规模、精简积分项目，确保社保缴纳年限和居住年限分数占主要比例。城市政府要探索采取差别化精准化落户政策，积极推进建档立卡农村贫困人口落户"。中华人民共和国国家发展和改革委员会网站，http：//www.ndrc.gov.cn/zcfb/zcfbtz/201904/t20190408_932843.html。

③ 流动人口的计分标准由三部分组成，即基础分、附加分、扣减分，其中基础分指标包括个人基本情况、参加社会保险情况和居住情况三项内容，附加分指标包括计划生育情况、发明创造、表彰奖励、社会贡献、投资纳税、公共卫生六项内容，扣减分指标包括违反计划生育政策、违法犯罪、失信行为三项内容。苏州市人民政府网站，http：//www.zfxxgk.suzhou.gov.cn/sxqzf/szsrmzf/201512/t20151214_654711.html。

④ 北京市申报落户的积分共包括"合法稳定就业指标""合法稳定住所指标""教育背景指标""职住区域指标""创新创业指标""纳税指标""年龄指标""荣誉表彰指标""守法记录指标"九项。北京市人民政府网站，http：//www.beijing.gov.cn/zhengce/zfwj/zfwj2016/bgtwj/201905/t20190522_59544.html。

⑤ 北京市人民政府网站，http：//www.beijing.gov.cn/renwen/sy/whkb/t1565126.htm。

民工来说，根本不可能达到。

尽管城镇化计算的是常住人口，或者可以不考虑落户问题，但是，对于在中国这样有着"户口情怀"的国家，户口承载着太多户口之外的东西，比如，孩子上学、医疗等。不能落户意味着在这些城市务工的农村劳动力永远无法安定下来，没有归属感，这不利于城镇化的推进，至少造成两个方面的负面影响。一方面，造成城市劳动力市场价格的不匹配。农民工市民化不能只是中小城市的市民化，大城市、特大城市、超大城市都有对低技能劳动力的大量需求，比如，钟点工、保洁人员、建筑小工等，这些岗位基本都是外来务工农村劳动力，他们无法融入城市则意味着城市这些部门就业的不稳定，在某个特定的时期会出现劳动力市场短期的供不应求，导致劳动力价格上升，如在春节期间家政服务市场劳动力供给锐减带来的工资上涨，[①] 从而造成硕士生不如保姆收入高的现象。另一方面，造成农村大量空置新房。农民工不能在所在城市定居，于是他们把常年在外打工的钱用于在家乡盖房，然而可惜的是这些新盖好的房子平时并无人居住，在中国的农村这已经成为普遍现象，大量房屋空置，造成了巨大浪费。

从农村来看，农民收入要提高，农业现代化是有效途径，而要实现农业现代化，必须要实现土地规模经营。自2016年中央提出"三权分置"改革以来，我国土地制度改革逐步推进，我们的最终目标应该是让土地（或其使用权）成为农民的资产，可以变现、交易、入股，为农民增加资产收入，而不只是承担社会保障功能，特别是对于已经进城并且有稳定工作的农民来说，让他们在城市获得社会保障才是现代化的出路，始终将土地视为进城务工人员的社会保障来源，这是不可能实现现代化的（陆铭，2016）。

因此，从政策上来看，要在劳动力自由流动下缩小城乡差距，需要土地和户籍制度联动改革，一方面通过放松农民在城市落户实现农民工市民化，而随着农业人口的减少，农村必然实现规模化经营，农业劳动生产率随之提高，城乡收入差距缩小；另一方面通过土地变现提高农民

[①] 蒋若静、武文娟：《春节家政缺人手保姆月薪涨至6500元》，搜狐社会，2018年2月7日（来源：北京青年报），http://www.sohu.com/a/221444707_815995。

资产收入，同时实现农村土地规模经营，提高农业劳动生产率进而提高农村居民收入，最终达到缩小城乡收入差距的目标。

二 提高农民教育、健康、技能人力资本

事实上，破解"迁移谜题"的核心问题就是增加农村居民收入。一个经济体如果经济持续增长，其国民的收入必须也随之增加。很显然，农村居民收入增加的同时，城镇居民的收入也是增加的，这势必要求由农村居民人力资本提升带来的收入提高要快于城市居民。但是根据前述分析，目前我国城镇劳动力的教育回报率高于迁移劳动力和农村本地工人，因而要让由农村居民人力资本提升带来的收入提高快于城市居民，必须普遍提高农村教育水平、健康水平和技能水平。

（一）加大农村义务教育及高中教育投资，提升农村居民教育水平

本书的实证分析中指出教育是影响收入差距的重要因素，在具有相同的个人特征尤其是教育人力资本条件下，转移劳动力收入会高于城镇劳动力，有助于缩小收入差距。而实际情况是城镇劳动力的教育水平既高于农村转移劳动力又高于农村本地工人，农村教育人力资本不仅本身低于城镇，而且农村劳动力的迁移又使得农村面临中、高人力资本外溢的状况。农村人力资本的弱化以及中、高人力资本的外溢成为城镇化进程中"迁移谜题"产生的重要影响因素。农民工"中年化"趋势及农民工文化程度不断提高是我国城镇化进程中的特征，越来越多的农村优质劳动力进入城市，如果他们不再回流将是对农村的一种剥夺，因此应对农村外流的人力资本进行补偿，加强对农村居民的教育投资。

目前基础教育在农村已经普及，但是农村的教育设施及师资力量与城镇仍然存在较大差距。而高中教育还没有普及，农村的高中教育资源又比较缺乏，农村孩子进入高中学习较为不易，且城市高中的教育资源是农村远不能及的，很多高中都设在城市，只有那些成绩十分优异或是家境很好的农村孩子才能够进入城市就读高中。不仅城乡间高中教育资源在量上存在差异，而且在质上更存在较大差距，使得农村孩子接受高等教育更为困难，需要进行大范围筛选。并且，根据前面的理论分析，提高教育人力资本是提升健康人力资本的一种重要手段。故应该加大对农村义务教育及高中教育的投资，进一步提高农村整体的教育水平，从

根本上提高下一代农村居民的教育水平，缩小城镇与农村在教育水平上的差异，进而促进城乡收入差距的缩小。

（二）加强城乡医疗服务一体化建设，提升农村居民健康水平

健康是人力资本的重要组成部分，本书的实证分析表明健康人力资本会对居民收入产生显著影响，健康人力资本可以通过提高居民的受教育水平从而增加居民收入，健康人力资本的提升会促进教育收益的实现，并且健康人力资本对于居民收入的影响表现出了显著的城乡差异和区域差异，这对于缩小城乡收入差距提供了新的思路，即通过对弱势一方的健康人力资本投资来改善居民的健康状况，进一步达到增加收入的目的。

对于农村转移劳动力与农村本地工人来说，健康是获得高收入的重要资本，他们中大多数人依靠体力挣得相对较高的收入，与城镇劳动力相比，较高的健康人力资本是他们的优势。健康本应是用于缩小城乡劳动力收入差距的重要因素，但是与教育人力资本外溢一样，农村面临健康人力资本外流，更健康的劳动力进入城镇打工。在城市，他们大多从事又脏又累的工作，对健康损害较大，而且还不能平等享受城市的医疗服务，缺乏医疗保障，且他们用健康只换来了相对城镇劳动力来说较低的收入，在健康损害后，他们大多又回到农村，农村承担了健康损害的成本，而健康的贡献却留在了城镇，这会促使城乡收入差距扩大。要缩小城乡收入差距，解决"迁移谜题"，应补偿农村的健康资本外流，加强农村医疗卫生服务的建设。

一方面，城乡医疗卫生资源配置不均衡，多数资源集中在城市，而农村不仅医疗资源数量少，且医疗服务人员的专业素质也明显低于城市。故应加大对农村公共医疗卫生保健基础设施及医疗服务的投入，改善农村基层医疗卫生机构设施条件，使农民能够得到更好的医疗服务，缩小城乡在医疗服务方面上的差距；建立和完善农村医疗救助机制，将医疗救助纳入社会保障体系，建立多渠道筹资机制，充分发挥市场运行机制，让社会资本进入医疗卫生行业，缓解农民因病致贫、因病返贫现象的发生；促进农村健康教育的发展，向他们传播疾病防治知识，并提供相关体育锻炼的公共服务，进而加强农村留守从业人员的健康人力资本建设，进一步提高农民体质，以使在高健康人力资本的劳动力外出后，农村仍具有较高的健康人力资本。

另一方面，农村转移劳动力在城市无法平等享受城市的医疗服务，应建立城乡统一的医疗保险制度，促进农村医疗保险与城镇对接，使转移劳动力能够将在农村参加的医疗保险使用在城镇，并允许转移劳动力参加当地的医疗保险，平等享受城市医疗服务。且在城镇配置医疗资源时，应考虑到农民工的需求，为农民工提供全面的医疗卫生服务。

（三）重视农民职业培训，提升农村居民技能水平

面对农村中高人力资本的外溢，应加强农民就业培训，建立农民学校，加大对农村人力资本的补偿性投资，增加对农村留守从业人员的技术培训，专门培养懂技术、懂管理的农业从业人员，为农业现代化积聚力量。改善农村人力资本发展环境，通过构建人力资本补偿机制，对劳动力流出地进行人力资本反哺。

首先，应采取措施促进农村劳动力积极参加职业培训。努力扩大农村劳动力培训的覆盖面，鼓励更多的农村劳动力接受职业教育，尤其是那些没有培训很难提高收入、能力和技能水平偏低的人，要让他们看到职业教育的真实效果。同时适度调整培训时间，提高培训效率，避免出现过度培训现象。

其次，并不是所有人都适合参加同一类型培训，在参加者本身人力资本存量不同以及后天学习能力参差不齐的实际情况下，培训的提供方应有针对性地开展多种类型的职业培训，这样不仅能够让他们迅速适应新的工作环境，还为他们获取高收入提供人力资本条件。

由上一章的分析可知，中等受教育程度的农民工返乡回流的概率相对较高，他们的专业技能水平不高，因此，回流地也要鼓励、引导当地企业加大对入职员工的工作技能培训，增强其就业稳定性，以此为基础，逐步提高收入水平，从而更好地落户家乡、融入家乡、建设家乡，让"不敢回"和"不愿回"转变为"回得起""想要回"，吸引更多有志向、高素质的人口回流，形成"培养人才、发展经济、吸引人才"的良性循环。

对于农村转移劳动力也应加强职业培训，提高其人力资本，缩小与城镇劳动力的人力资本差异，进而减小两者的收入差距。根据第六章的实证分析结果，企业培训最有效，其次是个人培训，而政府培训的效果最不明显，故应该充分发挥企业在职业培训中的主导作用，实施"以企

业培训为主导，以个人培训为辅助，以政府培训为补充"的转移劳动力培训体系。第一，加强政府培训，对于无法参加企业培训及无资金参加个人培训的转移劳动力而言，政府培训是他们提高技能所依靠的重要途径，可有助于形成一定的通用性人力资本，此举对促进转移劳动力就业也非常必要。第二，政府一方面应鼓励企业对转移劳动力进行培训，并对实施培训的企业给予税收优惠或其他方面的奖励；另一方面可引入竞争机制，通过竞标的方式将政府主导实施的培训交给有能力的企业，并建立相应的培训评价机制与监督机制，以提高培训的有效性。第三，政府和企业都应鼓励有能力自己出钱参与培训的转移劳动力主动进行培训，并在资金、时间上给予支持。一方面，政府可对进行自我投资培训的转移劳动力给予资金奖励；另一方面，政府应激励企业实施带薪个人培训计划。第四，政府应制定相关的政策法规，以解决转移劳动力培训中的性别歧视问题，促进男女参与培训的机会均等化。但是，政府在布点职业教育资源的分布时，应更多关注经济发达的东部地区，让农民工在东部接受职业教育，这样做能够提高职业教育的总体效率（陆铭，2016）。

（四）全方位增加农村公共服务投入

农村人力资本的提升也依赖于农村的公共服务水平，要重视农村基础设施及公共服务的建设，以改善农村人民的生活环境。面临高人力资本劳动力的迁移，农村应通过既发展经济又重视基础服务设施建设，来增强农村的吸引力，吸引高素质人才到农村建功立业，吸引社会资本向农村流动，以实现良性循环发展。然而目前农村的基础设施不仅不完善，而且在有些地区基础设施与公共服务还比较落后。故应加大在农村基础设施与公共服务上的投入，加强一系列农村基础设施与公共服务的建设。

三　依靠市场调节劳动力自由流动

（一）加强劳动力市场一体化建设

构建公平、公正的劳动力市场对于促进农村劳动力合理流动，实现平等就业，确保分配公平有着重要作用。由于劳动力市场存在分割，农村劳动力在流动时会面临各种不公平的待遇，存在城乡居民不能共享劳动收益的情况。在低成本工业化和高成本城镇化的制约下，城乡劳动力面临同工不同酬问题，存在对农村劳动力的歧视现象。城市地区的社会福利和保障体系也是歧视性的，无论是在非正规部门还是在正规部门就业的农民工都很难参加社会保险。在这些约束的限制下，农民工在城市受到就业、生活上的排斥，无法享受平等的待遇和机会，却为城市的发展做出了较大的贡献。为了使农民工自由流动和就业平等得到保障，消除农民工跨地域的就业歧视，让劳动力市场的资源配置作用充分发挥，建立统一的劳动力市场制度迫在眉睫。应改变现阶段劳动力市场流动性不灵活的政策，制定一个完善系统的就业准则，以实现消除在就业方面的户籍身份歧视和地域保护主义，真正做到以就业市场为主体，对劳动力资源进行合理化调配，这样一来不论是城市就业者还是农民工，都能实现平等就业，最终达到就业市场资源的优化配置。

（二）依靠劳动力市场的调节作用

我国的迁移是选择性的，虽然大多数农民工与城市劳动力相比受教育水平低，但他们相对农村不迁移的劳动者而言，受教育程度较高。由于只有较高人力资本的迁移劳动力才能实现稳定就业，故迁出的往往是具有相对较高人力资本的农村劳动力。他们从农村地区迁出意味着人力资本向城市的外溢。在这种情况下，要合理引导不同人力资本的劳动力流动就需要发挥市场作用。劳动力市场对于调节劳动者收入起着至关重要的作用。应发挥市场的决定性作用，以劳动力成本的杠杆分配劳动力，实现劳动力在城乡的优化配置，让市场决定迁移者的数量与素质以及企业应付的劳动力成本，而不是人为扭曲所应支付的劳动力成本，进而引导不同人力资本的劳动力合理流动，调节收入差距。再者，也可依靠市场调节劳动力的供需关系，当迁移劳动力供大于求时，降低劳动力成本，减少迁出；当迁移劳动力供不应求时，增加劳动力成本，促进外迁；当低技能劳动力不足时，提高其工资，激励其迁出；当高技能劳动力缺少时，提升其工资，促进迁移。

四 借助市场引导农业产业化发展

城乡收入差距，归根结底来自于城乡发展的不均衡，在这种不均衡发展的基础上，大量具有中高人力资本的农村劳动力向城市转移，以获得高于在农村务农的收入。然而这种选择性迁移却带来了农村人力资本的弱化，不利于农业现代化的发展。而我国农村人口向城市的转移是必然趋势，也是实现城镇化发展的重要途径，不能阻止高人力资本的农村劳动力向城市转移。面对这样的现状，农村需要开辟一条新的发展路径，以便在选择性迁移下促进农村、农业的发展。

2019年6月28日发布的《国务院关于促进乡村产业振兴的指导意见》（国发〔2019〕12号）明确提出，产业兴旺是乡村振兴的重要基础，是解决农村一切问题的前提。[①] 乡村产业根植于县域，以农业农村资源为依托，以农民为主体，实现农业产业化发展，推动农民向农业工人转变是一条特色的发展路径，对发展农村经济以及破解"迁移谜题"具有重要的作用。而且走以农业致富的发展道路还可以吸引高人力资本人员服务农村建设。具体来说，应做好以下两点。

第一，针对农村人力资本的弱化，应改变农业经营方式，不断向企业经营转变。政府应鼓励农民自主创业、为农民提供贷款和农业技术帮助，注重农业带头人的建设，同时各个地方政府应促进土地的集中利用，可以引导建立农业生产企业，选择有想法、有管理能力的农业带头人作为农业企业的领导人，鼓励农民以土地入股农业企业。一方面，可使农民成为农业企业的股东，服务农业企业建设；另一方面，可促进土地集中化利用，以实现土地的规模效应，有利于改变农业生产方式，提高机械化水平，推动农业与第二产业结合发展。农业产业化发展中，不仅要促进农民向农业工人转变，更要促进农民向农业企业股东的转变，使农民获利更多，进而缩小城乡收入差距。

第二，面对城乡不均衡发展，在促进农业产业化同时，应发展高产、高效、优质、绿色、生态农业，创立本地品牌农产品。并打造农村旅游业，带动农业、农村发展，促进农业与旅游业、餐饮业等第三产业的融合，可举办"农业+旅游"的节庆活动，以吸引城市人到农村旅游消费，促进农民增收，进而推动城市与农村和谐发展。各地应根据自己本地的特色，打造特色农业、农村，使农村在高人力资本劳动力转移后依然可以得到更好地发展，以此提高农民收入，缩小城乡收入差距。

---

① 中华人民共和国中央人民政府网站，http://www.gov.cn/zhengce/content/2019-06-28/content_5404170.htm。

第三节 研究展望

由于多种原因，本研究还存在一些不足与局限，需要在以后的研究中不断完善与改进。

（一）使用更为全面的数据进行分析

本书在第四章中使用了时间序列数据，但是各个变量所需的数据或多或少存在缺失。由于2013—2016年的数据在关键变量上存在缺失，主要是农村劳动力各学历分布比例数据无法获得，难以计算城乡劳动力人均人力资本比、城乡劳动力低、中、高层次的人力资本比等变量，故文中分析没有使用最近年份的数据，只用了1985—2012年的数据，样本量只有28个。同时，若此部分内容能使用面板数据进行分析可能会更好，但转移劳动力文化程度分布的面板数据很难获得，很难找到各个省份有关此方面的数据，故本书也没有使用面板数据进行分析，在以后的研究中我们将试着寻找相关面板数据进行研究。

在本书第五章中，使用了CFPS 2012年的数据，之所以没有采用2014年的新数据，是因为2012年的数据关于离家原因的回答中有外出务工一项，而在2014年的数据中没有这一选项，而我们正是通过这一问题来识别个人是否是外出务工的迁移劳动力。另外，2014年与2012年只相差了两年，观测个体的状态变化不会很大，对结果不会有明显的影响。尽管如此，在今后的研究中，我们将采用更新的数据进行分析。

在第五章健康人力资本的实证研究当中，采用的仅是描述健康人力资本状况的数据，而对于健康人力资本投资这方面的数据未加入计量模型当中，健康人力资本随着年龄的增长而折旧，增加对健康人力资本的投资能减少折旧，从而影响到居民的收入。缺乏健康人力资本投资数据很可能会影响健康人力资本对居民收入效应的估计结果。在后继研究中，我们将尝试使用与健康调查更为相关的调查数据进行实证分析。

在本书第六章第三节中，由于样本中参加过政府培训的人员较少，可能会对政府培训效果评估的准确性造成一定影响。但是由于目前这方面全国层面的调查还不是太多，国家卫生健康委员会组织的"中国流动人口动态监测调查"（CMDS）在2010年和2011年的问卷中涉及过流动人口的培训，但是后续年份的调查没有继续，也没有对 2010 年和 2011 年样本的追踪调查。无论是政府培训、企业培训还是个人自己投资的培训，要了解其效果还有赖于追踪调查或者是生命历程调查。因此，这方面还有许多工作要做。

（二）设计能够用于推导具体理论关系的模型

本书第三章构建的理论模型只是显示城乡收入差距与城乡分配系数、劳动力负担人口、技术水平、物质资本存量、城乡劳动力数量、城乡人力资本、流动人口的不同层次人力资本以及城镇化滞后有关。但在模型推导中并没有探讨出其与物质资本存量、城乡人力资本、流动人口的不同层次人力资本以及城镇化滞后的具体关系。设计能够用于推导具体理论关系的模型将是本书后续的研究方向之一。

（三）使用更为合适的方法进行实证分析

一方面，本书在第五章中使用 CFPS 数据定义的农村转移劳动力可能并不准确，此部分中定义的农村转移劳动力是指离家原因为外出打工且其户口为农业户口的样本，而 CFPS 的问卷先询问被调查者是否住在家中，若受访者选择了否，再询问离家原因。故可能会漏掉受访者和家人一起迁移的那部分样本，从而使农村转移劳动力定义的不准确。另一方面，本书没有找到教育变量适宜的工具变量，故为了解决内生性问题而引入了能力的代理变量，但可能并没有很好的解决内生性问题。寻找适当的工具变量进一步进行研究也是本书后续的研究方向之一。此外，本书对健康人力资本指标测量也存在一定缺陷，由于健康人力资本没有形成统一的标准，本书采用身高、身体质量指数和自评健康来衡量健康人力资本，指标较为简单，能否真正衡量健康人力资本变量有待进一步的对比和考验，寻找能够更好地衡量健康人力资本的变量还有待于进一步探索。在第七章回流决策分析中，研究对象仅限于省际流动农民工，由于所使用的"中国流动人口动态监测调查"问卷中未对流动人口的户籍地进行细分，因此只研究了向原籍省份回流的部分样本；且由于数据的部分缺失，一些变量（如受访者子女数量信息）没有进行分析。使用更为合适的方法对这些问题进行更深入的分析，将是未来的研究重点。

主要参考文献

白南生、李靖:《城市化与中国农村劳动力流动问题研究》,《中国人口科学》2008 年第 4 期。

蔡昉:《农村剩余劳动力流动的制度性障碍分析——解释流动与差距同时扩大的悖论》,《经济学动态》2005 年第 1 期。

蔡昉、王美艳:《为什么劳动力流动没有缩小城乡收入差距》,《经济学动态》2009 年第 8 期。

蔡武、陈广汉:《异质型人力资本溢出、劳动力流动与城乡收入差距》,《云南财经大学学报》2013 年第 6 期。

蔡武、吴国兵、朱荃:《集聚空间外部性、城乡劳动力流动对收入差距的影响》,《产业经济研究》2013 年第 2 期。

陈斌开、林毅夫:《发展战略、城市化与中国城乡收入差距》,《中国社会科学》2013 年第 4 期。

陈斌开、张鹏飞、杨汝岱:《政府教育投入、人力资本投资与中国城乡收入差距》,《管理世界》2010 年第 1 期。

陈传波、阎竣:《户籍歧视还是人力资本差异?——对城城与乡城流动人口收入差距的布朗分解》,《华中农业大学学报》(社会科学版) 2015 年第 5 期。

陈强:《高级计量经济学及 Stata 应用(第二版)》,高等教育出版社 2014 年版。

陈锡文:《工业化城镇化要为解决三农问题做出更大贡献》,《经济研究》2011 年第 10 期。

陈耀波:《培训前工资、劳动者能力自我筛选与农村劳动力培训结果:浙江农村劳动力培训计划的一项试点调查研究》,《世界经济文汇》2009

年第 3 期。

程开明、李金昌:《城市偏向、城市化与城乡收入差距的作用机制及动态分析》,《数量经济技术经济研究》2007 年第 7 期。

"城镇化进程中农村劳动力转移问题研究"课题组:《城镇化进程中农村劳动力转移:战略抉择和政策思路》,《中国农村经济》2011 年第 6 期。

崔传义:《农业富余劳动力转移与城乡居民收入差距变动——基于中国改革以来的情况分析》,《农村经济》2010 年第 9 期。

董长瑞、韩勇、梁纪尧:《农村人口流动与城乡收入差距关系研究》,《山东经济》2008 年第 3 期。

董全瑞:《路径依赖是中国城乡收入差距扩大的内在逻辑》,《经济学家》2013 年第 10 期。

范剑勇、王立军、沈林洁:《产业集聚与农村劳动力跨区域流动》,《管理世界》2004 年第 4 期。

樊士德:《中国劳动力流动与收入差距的库兹涅茨效应研究》,《经济评论》2011 年第 4 期。

范晓莉:《城市化、财政分权与中国城乡收入差距相互作用的计量分析》,《现代财经》2012 年第 3 期。

冯涛、罗小伟:《劳动力市场扭曲与收入差距研究——基于"身份"型社会视角》,《经济管理》2015 年第 37 卷第 4 期。

冯招容:《收入差距的制度分析》,《中共中央党校学报》2002 年第 3 期。

傅振邦、陈先勇:《城市化、产业结构变动与城乡收入差距——以湖北省为例》,《中南财经政法大学学报》2012 年第 6 期。

郭剑雄:《劳动力转移的选择性与中国农业发展的前景》,《陕西师范大学学报》2011 年第 40 卷第 5 期。

国务院研究室课题组:《中国农民工调研报告》,中国言实出版社 2006 年版。

韩长赋:《中国农村土地制度改革》,中华人民共和国农业农村部网站 2018 年 12 月 29 日,http://www.moa.gov.cn/xw/zwdt/201812/t20181229_6165797.htm。

侯风云、徐慧:《城乡发展差距的人力资本解释》,《理论学刊》2004 年第 2 期。

胡德龙：《经济转型期人力资本对经济发展的作用：理论分析和基于江西的实证》，博士学位论文，南昌大学，2007年。

黄丙志、刘燕：《城乡收入差距：基于人力资本流动视角的分析》，《求实》2006年第10期。

［美］加里·贝克尔：《人力资本（原书第3版）》，机械工业出版社2016年版。

江金启、张广胜、杨肖丽：《异质性培训、技能分化与农民工的工资收入决定》，《农业技术经济》2016年第10期。

靳涛、李帅：《中国城乡收入差距是内殖于体制吗?》，《经济学动态》2015年第2期。

匡远凤：《选择性转移、人力资本不均等与中国城乡收入差距》，《农业经济问题》2018年第4期。

匡远凤、詹万明：《选择性转移、转移成本与中国城乡收入差距变动》，《中国人口·资源与环境》2016年第26卷第8期。

李实：《中国个人收入分配研究回顾与展望》，《经济学季刊》2003年第2卷第2期。

李树茁、王维博、悦中山：《自雇与受雇农民工城市居留意愿差异研究》，《人口与经济》2014年第2期。

李宪印：《城市化、经济增长与城乡收入差距》，《农业技术经济》2011年第8期。

李晓宁、姚延婷：《劳动力转移与工资差距同时扩大的"悖论"研究——基于市场分割的视角》，《当代财经》2012年第4期。

李勋来：《农村劳动力流动与城乡收入差距关系研究综述》，《中共福建省委党校学报》2009年第2期。

李袁园：《中国省际人口迁移和区域经济发展研究——基于"六普"数据的分析》，社会科学文献出版社2014年版。

李治国：《论基于人力资本溢出视角下的城乡收入差距问题》，《乡镇经济》2008年第8期。

李子叶、韩先锋、冯根福：《中国城市化进程扩大了城乡收入差距吗——基于中国省级面板数据的经验分析》，《经济学家》2016年第2期。

梁明、李培、孙久文：《中国城乡人口迁移数量决定因素的实证研究：

1992—2004》,《人口学刊》2007年第5期。

廖显浪:《我国农村劳动力流动与城乡收入差距研究》,《人口与经济》2012年第6期。

刘冰:《企业在职培训与农村转移劳动力的人力资本形成》,博士学位论文,浙江大学,2009年。

刘国永、郭云吉:《制约我国农村劳动力转移培训的因素及应对策略》,《华东师范大学学报》(哲学社会科学版)2009年第1期。

柳劲松:《省域外出务工农民技能培训效率的非均衡性研究》,《教育与经济》2013年第1期。

刘维奇、韩媛媛:《城市化与城乡收入差距——基于中国数据的理论与经验研究》,《山西财经大学学报》2013年第35卷第5期。

龙翠红、洪银兴:《农村人力资本外溢与中国城乡居民收入差距关系的实证分析》,《经济经纬》2012年第3期。

陆铭:《大国大城》,上海人民出版社2016年版。

陆铭、陈钊:《城市化、城市倾向的经济政策与城乡收入差距》,《经济研究》2004年第6期。

陆铭、陈钊:《为什么土地和户籍制度需要联动改革——基于中国城市和区域发展的理论和实证研究》,《学术月刊》2009年第41卷第9期。

罗斌、彭绍宗:《发展农村教育是解决中国农村就业问题最重要的途径》,《理论前沿》2003年第12期。

罗恩立:《就业能力对农民工城市居留意愿的影响——以上海市为例》,《城市问题》2012年第7期。

罗锋、黄丽:《人力资本因素对新生代农民工非农收入水平的影响——来自珠江三角洲的经验证据》,《中国农村观察》2011年第1期。

吕青:《流动人口迁移的家庭化过程及影响因素——基于江苏2017年流动人口动态监测调查》,《人口与社会》2018年第34卷第5期。

吕炜、高飞:《城镇化、市民化与城乡收入差距——双重二元结构下市民化措施的比较与选择》,《财贸经济》2013年第12期。

毛丰付、卢晓燕、白云浩:《农民工城市定居意愿研究述评》,《西北农林科技大学学报》(社会科学版)2017年第17卷第5期。

孟大虎:《专用性人力资本研究:理论及中国的经验》,北京师范大学出版社 2009 年版。

宁光杰、尹迪：《自选择、培训与农村居民工资性收入提高》，《中国农村经济》2012 年第 10 期。

戚迪明、张广胜：《农民工流动与城市定居意愿分析——基于沈阳市农民工的调查》，《农业技术经济》2012 年第 4 期。

屈小博：《培训对农民工人力资本收益贡献的净效应——基于平均处理效应的估计》，《中国农村经济》2013 年第 8 期。

阮杨、陆铭、陈钊：《经济转型中的就业重构与收入分配》，《管理世界》2002 年第 11 期。

石人炳、陈宁：《经济"新常态"下农民工再迁移决策研究——基于全国流动人口动态监测数据的分析》，《学习与实践》2017 年第 7 期。

石智雷、易成栋：《长期保障、投资回报与迁移劳动力回流决策》，《经济评论》2013 年第 3 期。

宋光辉、谭奇、陈丽：《发展职业教育还是普通教育——基于经济增长和教育回报视角的文献述评》，《财经科学》2012 年第 1 期。

宋月萍、张涵爱：《应授人以何渔？——农民工职业培训与工资获得的实证分析》，《人口与经济》2015 年第 1 期。

谭永生：《农村劳动力流动与中国经济增长——基于人力资本角度的实证研究》，《经济问题探索》2007 年第 4 期。

万广华、朱翠萍：《中国城市化面临的问题与思考：文献综述》，《世界经济文汇》2010 年第 6 期。

万晓萌：《农村劳动力转移对城乡收入差距影响的空间计量研究》，《山西财经大学学报》2016 年第 38 卷第 3 期。

王海港、黄少安、李琴等：《职业技能培训对农村居民非农收入的影响》，《经济研究》2009 年第 9 期。

王晓清、刘东：《教育对区域间城乡收入差距的影响分析》，《经济与管理研究》2012 年第 7 期。

王学龙、于潇、白雪秋：《破解城乡差距之困：基于劳动力流转模型的实证分析》，《财经研究》2012 年第 38 卷第 8 期。

王玉君：《农民工城市定居意愿研究——基于十二个城市问卷调查的实证分析》，《人口研究》2013 年第 37 卷第 4 期。

王玉霞、葛继红、季春红:《东部地区农村转移劳动力技能培训:认知、评价、需求分析》,《统计与决策》2010年第10期。

韦伟、傅勇:《城乡收入差距与人口流动模型》,《中国人民大学学报》2004年第6期。

魏众:《健康对非农就业及其工资决定的影响》,《经济研究》2004年第2期。

温小林、庄义庆、张玉军:《农村劳动力选择性转移背景下的农业发展——基于拉尼斯—费模式的讨论》,《山东农业大学学报》2012年第3期。

翁杰:《政府对农村转移劳动力人力资本投资的效果评估——来自浙江省杭州市制造业的调查》,《中国人口科学》2012年第6期。

翁杰、郭天航:《中国农村转移劳动力需要什么样的政府培训?——基于培训效果的视角》,《中国软科学》2014年第4期。

"我国农民工工作'十二五'发展规划纲要研究"课题组:《农民工培训实态及其"十二五"时期的政策建议》,《改革》2010年第9期。

吴先华:《城镇化、市民化与城乡收入差距关系的实证研究——基于山东省时间序列数据及面板数据的实证分析》,《地理科学》2011年第31卷第1期。

夏德孝、张道宏:《劳动力流动与城市化的地区差距》,《西北大学学报》2008年第38卷第3期。

肖尧:《城镇化、房地产价格与城乡收入差距——基于我国省区面板数据的经验分析》,《财经科学》2013年第9期。

谢冬水:《农地转让权、劳动力迁移与城乡收入差距》,《中国经济问题》2014年第1期。

谢冬水、周灵灵:《农地转让权权能与城乡居民收入差距——基于劳动力转移中介机制的经验研究》,《上海经济研究》2016年第6期。

谢佳春、李兴绪:《农村劳动力转移培训效应分析》,《统计研究》2013年第30卷第11期。

邢春冰:《迁移、自选择与收入分配——来自中国城乡的证据》,《经济学(季刊)》2010年第9卷第2期。

邢春冰:《农民工与城镇职工的收入差距》,《管理世界》2008年第5期。

许昆鹏、黄祖辉、贾驰：《农村劳动力转移培训的市场机制分析及政策启示》，《中国人口科学》2007年第2期。

徐世江：《乡城迁移与城乡收入差距扩大化：人力资本异质性视角的解释》，《农业经济》2013年第3期。

许召元、李善同：《区域间劳动力迁移对经济增长和地区差距的影响》，《数量经济与技术经济研究》2008年第2期。

严浩坤、徐朝晖：《农村劳动力流动与地区经济差距》，《农业经济问题》2008年第6期。

杨国涛、段君：《明瑟收入方程的若干改进和思考》，《统计研究》2014年第31卷第7期。

杨建军、李勇辉：《劳动力流动、流动方向和城乡收入差距》，《湘潭大学学报》（哲学社会科学版）2016年第40卷第6期。

杨俊、黄潇、李晓羽：《教育不平等与收入分配差距：中国的实证分析》，《管理世界》2008年第1期。

杨森平、唐芬芬、吴栩：《我国城乡收入差距与城镇化率的倒U关系研究》，《经济与金融管理》2015年第11期。

杨蔚、胡博、杨锦秀、傅新红：《省际人口迁移缩小地区收入差距的作用机制探讨》，《农业技术经济》2008年第6期。

杨新铭、周云波：《技术进步与人力资本对城乡收入差距的作用——基于我国1995—2005年分省数据面板分析的实证研究》，《山西财经大学学报》2008年第30卷第5期。

杨玉梅、曾湘泉：《农民工培训与就业能力提升——基于河南省阳光工程培训效果的实证研究》，《中国劳动经济学》2011年第1期。

杨玉萍：《健康的收入效应——基于分位数回归的研究》，《财经科学》2014年第4期。

殷江滨、李郇：《外出务工经历对回流后劳动力非农就业的影响——基于广东省云浮市的实证研究》，《中国人口·资源与环境》2012年第22卷第9期。

尹继东、王秀芝：《农村劳动力转移对城乡收入差距的影响：基于江西的实证》，《南昌大学学报》（人文社会科学版）2008年第2期。

尹志超、魏昭：《营养、健康对城镇居民工资的影响》，《财经科学》2014

年第 6 期。

应瑞瑶、马少晔：《劳动力流动、经济增长与城乡收入差距——基于 1993—2007 年重新估算的面板数据》，《南京农业大学学报》2011 年第 11 卷第 2 期。

于大川、潘光辉：《健康人力资本与农户收入增长——基于 CHNS 数据的经验研究》，《经济与管理》2013 年第 27 卷第 3 期。

余吉祥、沈坤荣：《跨省迁移、经济集聚与地区差距扩大》，《经济科学》2013 年第 2 期。

余菊、刘新：《城市化、社会保障支出与城乡收入差距——来自中国省级面板数据的经验证据》，《经济地理》2014 年第 34 卷第 3 期。

余运江、孙斌栋、孙旭：《社会保障对农民工回流意愿有影响吗？——基于上海调查数据的实证分析》，《人口与经济》2014 年第 6 期。

翟琼：《剩余劳动力转移与缩小城乡收入差距》，《西南农业大学学报》2010 年第 8 卷第 5 期。

展进涛、黄宏伟：《农村劳动力外出务工及其工资水平的决定：正规教育还是技能培训？——基于江苏金湖农户微观数据的实证分析》，《中国农村观察》2016 年第 2 期。

张柏杨：《产业结构、劳动力转移与收入差距问题探讨》，《理论探讨》2014 年第 3 期。

张车伟：《营养、健康与效率——来自中国贫困农村的证据》，《经济研究》2003 年第 1 期。

张川川：《健康变化对劳动供给和收入影响的实证分析》，《经济评论》2011 年第 4 期。

张军、吴桂英、张吉鹏：《中国省际物质资本存量估算：1952—2000》，《经济研究》2004 年第 10 期。

张辽：《要素流动、产业转移与经济增长——基于省区面板数据的实证研究》，《当代经济科学》2013 年第 35 卷第 5 期。

张启良、刘晓红、程敏：《我国城乡收入差距持续扩大的模型解释》，《统计研究》2010 年第 27 卷第 12 期。

张庆、管晓明：《单纯依靠农村剩余劳动力转移并不能缩小城乡收入差距》，《经济纵横》2006 年第 3 期。

张世伟、武娜：《培训时间对农民工收入的影响》，《人口学刊》2015 年第 4 期。

张义博、刘文忻：《人口流动、财政支出结构与城乡收入差距》，《中国农村经济》2012 年第 1 期。

赵海：《教育和培训哪个更重要——对我国农民工人力资本回报率的实证分析》，《农业技术经济》2013 年第 1 期。

赵红军：《新农村建设、农业转型与工业化城市化———个新农村建设作用机制的经济学分析》，《南开经济研究》2010 年第 6 期。

赵伟、李芬：《异质性劳动力流动与区域收入差距：新经济地理学模型的扩展分析》，《中国人口科学》2007 年第 1 期。

甄小鹏、凌晨：《农村劳动力流动对农村收入及收入差距的影响——基于劳动异质性的视角》，《经济学（季刊）》2017 年第 16 卷第 3 期。

钟甫宁：《劳动力市场调节与城乡收入差距研究》，《经济学动态》2010 年第 4 期。

周建华、周倩：《高房价背景下农民工留城定居意愿及其政策含义》，《经济体制改革》2014 年第 1 期。

周世军、刘丽萍、卞家涛：《职业培训增加农民工收入了吗？——来自皖籍农民工访谈调查证据》，《教育与经济》2016 年第 1 期。

周云波：《城市化、城乡差距以及全国居民总体收入差距的变动——收入差距倒"U"形假说的实证检验》，《经济学（季刊）》2009 年第 8 卷第 4 期。

邹璇：《劳动力流动、区际变量冲击及宏观经济影响》，《南方经济》2011 年第 5 期。

朱长存、王俊祥、马敬芝：《农村劳动力转移、人力资本溢出与城乡收入差距》，《宁夏社会科学》2009 年第 3 期。

朱文伟：《河南省农村劳动力转移培训：成效、问题及应对策略》，《农业经济》2013 年第 8 期。

朱云章：《我国城乡劳动力流动影响收入差距变化的机理分析》，《科学·经济·社会》2010 年第 28 卷第 1 期。

Andrew Mountford and Hillel Rapoport, "The Brain Drain and the World Distribution of Income", *Journal of Development Economics*, No. 95, 2011.

Au C. C. and J. V. Henderson, "How Migration Restrictions Limit Agglomeration and Productivity in China", *Journal of Development Economics*, Vol. 80, No. 2, 2006.

Barro, R., "Economic growth in a Cross Section of Countries", *The Quarterly Journal of Econnmics*, Vol. 106, No. 2, 1991.

Barro, R. and Sala-I-Martin, X., "Regional growth and migration: A Japan-United States comparison", *Journal of the Japanese and International Econnmies*, Vol. 6, No. 4, 1992.

Becker G S.. "Investment in Human Capital: a Theoretical Analysis", *Journal of Political Economy*, Vol. 70, No. 5, 1962.

Borjas George J., "The Economics of Immigration", *Journal of Economic Literature*, Vol. 32, No. 4, 1994.

Carmen E. Carrión-Flores, "What Makes You Go Back Home? Determinants of the Duration of Migration of Mexican Immigrants in the United States", *Journal of Development and Migration*, Vol. 8, No. 3, 2018.

Christiansen, R. E. and J. G. Kidd., "The Return of Malawian Labor from South Africa and Zimbabwe", *The Journal of Modern Africa Studies*, No. 21, 1983.

Duncan Thomas and John Strauss., "Health and Wages: Evidence on Men and Women in Urban Brazil", *Journal of Econometrics*, Vol. 77, No. 1, 1997.

Etsuro Shioji, "Composition Effect of Migration and Regional Growth in Japan", *Journal of the Japanese and International Economies*, Vol. 15, No. 1, 2001.

Fei C. H. and G. Rains., "A Theory of Economic Development", *American Economic Review*, No. 51, 1961.

Gerhard Sorger, Oded Stark and Yong Wang, "Migration and Dynamics: How a Leakage of Human Capital Lubricates the Engine of Economic Growth", *International Review of Economics and Finance*, No. 28, 2013.

Haan A. D., "Livelihoods and Poverty: The Role of Migration-A Critical Review of the Migration Literature", *The Journal of Development Studies*, Vol. 36, No. 2, 1999.

Jacob Mincer, "Investment in Human Capital and Personal Income Distribution", *Journal of Political Economy*, Vol. 66, No. 4, 1958.

John R. Harris and Michael P. Todaro, "Migration, Unemployment and Development: A Two-Sector Analysis", *The American Economic Review*, Vol. 60, No. 1, 1970.

Jordan Rappaport, "How does Labor Mobility Affect Income Convergence", *Journal of Economic Dynamics and Control*, Vol. 29, No. 3, 2005.

Juan Braun, Essays on Economic Growth and Migration, Ph. D. dissertation, Harvard University, 1993.

Julie DaVanzo, "Difference Between Return and Nonreturn Migration: An Econometric Analysis", *The International Migration Review*, Vol. 10, No. 1, 1976.

Lewis W. A. , "Economic Development with Unlimited Supply of Labor", *Manchester School of Economics and Social Studies*, No. 22, 1954.

Li Y. Liu H. and Tang Q. , "Interprovincial Migration in China 1985 – 2005: A Gravity Modeling Approach", *Chinese Journal of Population Resources & Environment*, No. 2, 2014.

Lin J. , G. W. Wang and Y. H. Zhao, "Regional Inequality and Labor Transfers in China", *Economic Development and Cultural Change*, Vol. 52, No. 3, 2004.

Meer J. , "Evidence on the Returns to Secondary Vocational Education", *Economics of Education Review*, Vol. 26, No. 5, 2007.

Michael Grossman, "On the Concept of Health Capital and the Demand for Health", *The Journal of Political Economy*, Vol. 80, No. 2, 1972.

Michael P. Todaro, "A Model of Labor Migration and Urban Unemployment in Less Developed Countries", *The American Economic Review*, Vol. 59, No. 1, 1969.

Mincer J. , "On-the-Job Training: Costs, Returns, and Some Implications", *Journal of Political Economy*, Vol. 70, No. 5, 1962.

Rachel Murphy ed. , *How Migrant Labor is Changing Rural China*, Cambridge University Press, 2002.

Rivera B. and Currais L. , "Public Health Capital and Productivity in the Spanish Regions: A Dynamic Panel Data Model", *World Development*, Vol. 32, No. 5, 2004.

Robert E. Jr. Lucas. "On the Mechanics of Economic development", *Journal of Monetary Economics*, Vol. 22, No. 1, 1988.

Rubin D. B., "Estimating Causal Effects of Treatments in Randomized and Nonrandomized Studies", *Journal of Educational Psychology*, No. 66, 1974.

Schultz Theodore W., "Investment in Human Capital", *American Economic Review*, Vol. 51, No. 1, 1961.

Taylor A. M. and J. G. Williamson, "Convergence in the Age of Mass Migration", *European Review of Economic History*, No. 1, 1997.

Vianney Dequiedt and Yves Zenou, "International Migration, Imperfect Information, and Brain Drain", *Journal of Development Economics*, No. 102, 2013.

Whalley J. and S. Zhang, "Inequality Change in China and Labor Mobility Restrictions", *NBER Working Paper*, No. 10683, 2004.

Yang D. T., "Urban-Biased Policies and Rising Income Inequality in China", *The American Economic Review*, Vol. 89, No. 2, 1999.

致　　谢

　　在本书完成之际，谨向在书稿完成过程中给予帮助和支持的人们表示诚挚的谢意！感谢我的研究生以及参与课题研究的小伙伴们，她们对本书的完成做了大量基础性工作。她们是：北京师范大学劳动经济学专业博士研究生孙妍，在本书写作的初期，孙妍帮助申请与收集数据，承担了大量数据分析的基础性工作，并与我一起指导师弟师妹进行数据分析，现在孙妍正是毕业的最后冲刺阶段，祝她毕业顺利，进入高校继续她热爱的研究工作！2014级管理科学与工程专业研究生、宜春市袁州区国投集团有限公司的易婷，2015级区域管理与公共政策专业研究生、百度在线网络技术（北京）有限公司上海软件技术分公司的王雯，2015级经济学专业车逸清、北京航空航天大学2015级经济学专业余睿婕，她们为本书的数据分析做了大量工作，祝愿她们在现在的工作岗位上有更大进步！

　　本书的出版得到了国家社会科学基金项目（14BJL066）、南昌航空大学科研成果专项资助基金的资助。感谢南昌航空大学科技处的吕小波处长和沈婷科长，感谢南昌航空大学经济管理学院黄蕾教授，她们一直在督促我完成本书的写作，并帮助申请学校资助，在此表示感谢！感谢南昌大学彭迪云教授，他为本书初稿提出了大量建设性意见，彭老师是我的硕士导师，在我硕士毕业之后的博士学习阶段和进入高校工作的十多年里，彭老师一直非常关心，在此向他表示衷心的感谢！感谢长江学者、南昌大学副校长刘耀彬教授，他对本书的研究工作及出版都提出了许多建议，在此表示感谢！感谢我的先生一直以来对我学术研究的理解和支持！

　　本书使用的数据来自国家统计局官方网站和不同研究机构进行的全

国性抽样调查数据库，他们是：北京大学中国社会科学调查中心"中国家庭追踪调查"（Chinese Family Panel Studies，CFPS）数据库，北京师范大学中国收入分配研究院"中国家庭收入调查"（China Household Income Projects，CHIP）数据库，国家卫生健康委"中国流动人口动态监测调查"（China Migrants Dynamic Survey，CMDS）数据库，在此，向收集上述数据的所有工作人员表示最诚挚的感谢！此外，本书还参考了大量国内外文献，并尽可能做了标注，特向这些文献的作者表示感谢，如有个别文献标注遗漏，在此表示歉意。

　　由于本人的学识和能力有限，书中可能存在不足与谬误，敬请各位读者批评指正！

王秀芝
2020年3月15日